DER BAUM DES LEBENS

KABBALAH DER UNSTERBLICHKEIT

von

Elias Rubenstein

Der Autor Elias Rubenstein

Elias Rubenstein ist Autor mystischer Schriften und amtierender Großmeister des Alten Ordens der Rosenkreuzer (A.O.R.). Er ist heute eine führende Autorität der modernen europäischen Rosenkreuzer-Bewegung. Elias Rubenstein ist Eingeweihter der Hohen Mysterien und zählt zu den großen Lehrern der Kabbalah, Hermetik, Alchemie, Gnostik und der Archetypen des Tarot. Als international anerkannte Autorität für sakrale Riten der unterschiedlichsten Kulturen, Religionen und Mysterientraditionen wird er von zahlreichen Autoren, Forschern, Wissenschaftlern und Universitäten zu Rate gezogen. Außerdem ist er als Vortragender in vielen Ländern Europas eine gefragte Autorität.

Dieses Buch widme ich allen Menschen, die Gott ersehen.

© **7. Auflage, Copyright 2019 by Bohmeier Verlag, D-04357 Leipzig, Oelssnerstr. 2, Germany, Tel.: +49 (0) 341-6812811 - Fax: +49 (0) 341-6811837. Immer erreichbar über unsere Internet-Homepage: www.magick-pur.de**

© **Coverbild: Wir bedanken uns für das wunderschöne Cover bei Elias Rubenstein. Weiterhin danken wir Lisa Schamschula für die Innenbilder.**

Gesamtherstellung: Bohmeier Verlag, Printed in Germany

ISBN 978-3-89094-665-8

INHALTSVERZEICHNIS

VORWORT

Dieses Buch ist eine Zusammenfassung von Vorträgen, die Elias Rubenstein in seiner Funktion als souveräner Großmeister des Alten Ordens der Rosenkreuzer in den Jahren 2007 und 2008 gehalten hat. Die digitalen Mitschnitte von 50 ausgewählten Vorträgen wurden von Aaron Ben-Ain in Schriftform gebracht und von Elias Rubenstein in Buchform übertragen. Einige Live-Mitschnitte dieser Vorträge sind beim Alten Orden der Rosenkreuzer als CDs erhältlich. Die Kabbalah birgt seit Jahrtausenden die mächtigsten Schlüssel für die menschliche Evolution.

Damit dieses Buch auch fortgeschrittenen Schülern und Theologen als umfassendes Lehrmaterial dienen kann, finden sich in den Fußnoten Verweise zu entsprechenden Bibelstellen und die Originalschreibweise wichtiger kabbalistischer Begriffe. Obwohl manche deutsche Umschriften hebräischer Begriffe anders plausibler wären, so wurden gängige und traditionelle Umschriften in diesem Buch übernommen.

א	Aleph	A
ב	Beth	B
ג	Gimel	G
ד	Daleth	D
ה	Heh	H
ו	Vav	V
ז	Zain	Z
ח	Cheth	Ch
ט	Teth	T
י	Yod	I, Y
כ	Kaph	K

ל	Lamed	L
מ	Mem	M
נ	Nun	N
ס	Samech	S
ע	Ayin	O
פ	Peh	P
צ	Tzadi	Tz
ק	Qoph	Q
ר	Resch	R
ש	Schin	Sh
ת	Tav	Th

EINFÜHRUNG

Es gibt zahlreiche Möglichkeiten sich mit dem Sinn des Lebens auseinanderzusetzen. Eine der wunderbarsten wie auch geheimnisvollsten, die seit Jahrtausenden in stets kleinen und erlesenen Kreisen von verständigen Schülern unterrichtet wird, ist die Kabbalah. Die Kabbalah fordert von ihren Hütern die stärkste Zurückhaltung und Bescheidenheit in der Enthüllung, da sie die praktischen Schlüssel bietet, um die verschlossenen Tore der Bibel zu öffnen. Die Bibel ist das großartigste und umfassendste Buch kabbalistischer Weisheit. Jeder Satz des Alten Testaments wurde von grandiosen Gelehrten und Meistern des Lebens inspiriert verfasst. Jedes Wort ist gezählt, jeder einzelne Buchstabe hat seine grundlegende Bedeutung, denn Gott hat die Welt nach dem *Gesetz der Tora* erschaffen. Einige wenige kabbalistische Bücher findet man noch heute, meist schwer auffindbar, in Bibliotheken. Nur wenige authentische Schriften[1] sind in deutschen Übersetzungen erhältlich, daher möchte dieser kleine Wegweiser der kabbalistischen Tradition dem interessierten Sucher eine mystische Landkarte in die Hand geben. Diese Landkarte kann je nach Geschick des Wanderers sowohl zu den innersten Schätzen als auch höchsten Ebenen der Weisheit führen. Sie kann aber auch missbraucht werden und den Verstand in das dunkelste Labyrinth der Irrmeinungen und des Wahnsinns führen. Dieses Buch kann nur als Leitfaden verstanden werden, denn es will sich weder mit den großen Schriften der Kabbalah noch mit der herrlichen Pracht der Bibel vergleichen. Dennoch kann man hier Hinweise finden, um die verborgene Aussage dieser rätselhaften kabbalistischen Meisterwerke zu lüften. Die Kabbalah verwendet eine spezielle metaphorische Sprache. Kabbalistische Bücher wie die Bibel verwenden zwar Wörter dieser Welt, sprechen aber von höheren Welten. Die Begriffe der unteren Welt sind vergleichbar mit den Zweigen eines Baums, die obere Welt ist dessen Wurzel. Die Kabbalah tritt, sowohl historisch wie auch spirituell gesehen, vor jeder Religion in Erscheinung. Religionen treten erst in unsere Welt, wenn der höhere Kontakt verloren gegangen ist. Die äußere Form bleibt bestehen, doch der Inhalt entschwindet. Die Spiritualität in der Bibel kann man aber erst durch das Studium der Kabbalah entdecken – und erfahren. Man kann die Kabbalah aber auch dann studieren, wenn man sich vorher mit der Bibel noch nicht befasst hat. Obwohl einige wichtige Bücher der Kabbalah frei erhältlich sind, bleibt die *Hermetische Kabbalah* dennoch eine Geheimlehre. Die Kabbalah ist verborgen, da sie von Bereichen handelt, die erst außerhalb der gewöhnlichen Sinne erfahr-

---

1 Sepher Sohar, Sepher ha-Bahir, Sepher Yetzirah, Sheva Netivot Ha-Tora, Tora (Altes Testament der Bibel).

bar sind – so zum Beispiel mit der Frage nach dem Sinn des Lebens. Bestimmte Bereiche dürfen und sollen auch gegenwärtig jedem Menschen frei zugänglich gemacht werden. Manche praktische Anwendungen bleiben jedoch aus gutem Grund weiterhin eine Geheimlehre, so auch die bereits erwähnte hermetische Kabbalah, die nur unter der persönlichen Aufsicht eines Lehrers weitergegeben werden darf.

Es ist zu befürworten, dass manche spirituelle Lehrer der Neuzeit Inhalte aus kabbalistischen Schriften zur psychologischen Lebenshilfe anwenden. Jede mystische Lehre, die dem Menschen mehr Licht und Hoffnung schenkt, vollbringt ein gutes Werk. Seit einigen Jahren erlebt die Kabbalah in manchen Ländern einen scheinbaren Massenansturm und füllt im Sinne eines Gesellschaftstrends sogar die Boulevardpresse. Die Kabbalah hingegen ist eine fundierte und überprüfbare Lehre, fernab jeder populistischen Absicht und sogenanntem esoterischen Zeitgeist. Vielfach wird die Kabbalah jüdischen Quellen zugeordnet. Das Wissen, um das es hier geht, ist uralt – und ein Erbe der gesamten Menschheit. Die kabbalistische Lehre fließt auch in die Lehre des Neuen Testaments der Bibel sowie in mystische Schriften ein, welche auch in griechischen und lateinischen Übersetzungen aufliegen. Die Kabbalah lüftet den Code der Bibel und weist einen Weg, um die dargebotene Vorsehung zu verwirklichen. In orthodoxen Kreisen wird oft die Meinung vertreten, dass die Kabbalah ausschließlich einem bestimmten Personenkreis, abhängig ihrer religiösen Herkunft, zugänglich sein sollte. Dieses starre Weltbild beruht auf Unkenntnis. Die inneren Lehren der Kabbalah, welche in der hermetischen Kabbalah ihren Kulminationspunkt finden, bleiben heute wie auch in der Vergangenheit eine Geheimlehre. Schon der Versuch, Teilbereiche der Kabbalah öffentlich zugänglich zu machen, beruht auf dem Unverständnis und der Naivität mancher sogenannter Lehrer. Diese entpuppten sich früher oder später als Scharlatane. Die Geheimlehre selbst kann nur auf dem initiatorischen Wege praktisch weitergegeben werden. Die Mittel sind geheim, auch den autorisierten Hütern ist es strengstens untersagt, die Schleier zu lüften, die das Innere Heiligtum vor dem profanen Blick schützen. Die in diesem Buch enthüllten Mysterien können den empfänglichen Schüler auf den richtigen Weg führen. Die „zwischen" den Zeilen verborgenen Hinweise enthüllen dem Eingeweihten versteckte Zusammenhänge. Der Strebende bekommt ein strukturiertes und reichhaltiges System in die Hand, welches zum ersten Mal in dieser Form außerhalb einer Mysterienschule erhältlich ist.

KABBALAH - EMPFANGEN

Die Kabbalah befasst sich mit Gesetzmäßigkeiten, die der exoterischen Wissenschaft, heute wie auch in vergangenen Zeiten, verborgen sind. Solange sich der exoterische Forscher mit dem äußeren Schein befasst und nur die oberflächliche Erscheinung analysiert, bleibt ihm die wahre Realität verborgen. Das Resultat einer solchen Vorgehensweise hat dann all zu oft Scheinwissen, manchmal auch eine Scheinlehre zur Folge. Bedauerlicherweise beruhen viele der heutigen universitäreren Lehrgebiete und Angebote auf einem derartig niedrigen und zweifelhaften Niveau. Angenommen man bekommt einen Brief und würde diesen mit wissenschaftlichen Methoden analysieren. Man würde seine Länge, Breite und Winkel abmessen, ihn wiegen und chemisch analysieren. Das erscheint sehr paradox, da man hierbei den eigentlichen Inhalt des Briefs verpasst. Die wahre Information und der Zweck des Briefs finden sich natürlich auf einer anderen Ebene. Die Entstehung der meisten populären kabbalistischen Schriften wird von historischen Experten nach Christi Geburt angesiedelt. Aber das betrifft natürlich nur die materielle Form der Schriften, denn der Inhalt der überlieferten Texte ist wesentlich älter. Weder die universitäre Theologie noch die Naturwissenschaften bieten überprüfbare Antworten auf die essentiellen Fragen des Lebens. Damit geht einher, dass die moderne westliche Schulerziehung, die Schulmedizin, die Politik und das Gesellschaftssystem auf erschreckende Weise auf materialistischen Illusionen begründet sind. Materialismus wird von den meisten Menschen als einseitiges Streben nach Geld und materiellen Gütern verstanden, begründet auf dem falschen Verständnis, dass die materielle Ursache das Fundament des Lebens sei. So mutet es lächerlich, fast infantil an, dass sich der moderne Mensch im Vergleich zur Antike intelligenter und entwickelter glaubt. Dies ist nur eine verzerrte Teilwahrheit, denn die essentiellen Antworten sind dem heutigen Menschen genauso verborgen wie dem damaligen Durchschnittsmenschen.

Die Zeit und die Welt der Erscheinungen hat sich zwar geändert, doch welcher moderne Wissenschaftler hätte die Kapazität und das Wissen, mit den technischen Methoden antiker Kulturen ein Weltwunder wie die Pyramiden zu erbauen. Der Schulmediziner hat wenig wirklich relevante Kenntnisse in Bezug auf das Wunder des Menschen und des Menschseins. Er beweist zwar Geschick bei komplizierten chirurgischen Eingriffen und bemüht auch die Chemie, um Symptome anstelle deren Ursachen zu bekämpfen. Bereits die alten Ägypter waren vor Jahrtausenden in der Gehirnchirurgie bewandert. Die Wirkungsweisen und Indikationen von Heilpflanzen waren den antiken traditionellen chinesischen Ärzten vertrauter als manchem heutigen Pharmazeuten. Ayurvedische Mediziner hatten bereits vor Jahrtausenden mehr Einblick in die Gesetzmäßigkeiten der Psyche, als die moderne Medizin und die heutige Psychologie, die vergleichbar mit dem alten Wissen noch immer in den Kinderschuhen steckt. Die wahren Kabbalisten haben seit Jahrtausenden mehr Einsicht in die Schöpfung, in die Ursache allen Seins, als die profane Naturwissenschaft, die ihre Erkenntnis allein aus der begrenzten Empirie ableitet. Bereits das reale Zusammenspiel von Mikro- und Makrokosmos, dem Menschen und der Umwelt, ist für die profane Vorgehensweise der aktuellen exoterischen Naturwissenschaften außerhalb ihrer Reichweite. Die Kabbalah überliefert ein System, welches die Welten und Ebenen klassifiziert, die den Erscheinungen der materiellen Ebene vorausgehen. Viele herausragende und ernstzunehmende Wissenschaftler der Neuzeit interessierten sich für die Kabbalah, allen voran der Nobelpreisträger und geniale Entdecker der Relativitätstheorie, Albert Einstein. Er vertrat die Ansicht, dass der echte Wert des Menschen durch den Grad definiert wird, mit dem er sich vom Egoismus befreit hat und durch die Mittel, die er anwendet, dies zu erreichen. Diese altruistische Einstellung wird insbesondere in den Lehren der Kabbalah vermittelt. Es ist äußerst selten, dass der Durchschnittsmensch mit der Kabbalah in Berührung kommt, es sei denn, in einer profanisierten Form, wie wir es heute oft feststellen können. Da nur wenige ernstzunehmende Schriften erhältlich sind, ist es umso schwieriger, in einer „normalen" Buchhandlung qualitativ hochwertige kabbalistische Literatur zu erwerben. Verlockend wirken hierbei wissenschaftlich universitär anmutende Abhandlungen, welche jedoch nur die oberflächliche Erscheinung betrachten und geradewegs das wahre Wesen der Kabbalah verabsäumen. Genauso verhalten sich nüchterne historische Analysen und Bezüge. Sie vergiften den wissbegierigen Geist und lenken vom eigentlichen Sinn der Kabbalah hinweg. Die kabbalistische Terminologie erschreckt den Laien und erschwert dem Interessenten den ersten Zugang zu dieser königlichen Wissenschaft.

Auch wenn manche kabbalistische Schriften erst seit 2000 Jahren bekannt sind, so ist die Tradition um vieles älter. Im Alten Testament wird Abraham als einer der großen Propheten beschrieben. Die mündliche Tradition berichtet, dass er bestimmte Aspekte der Kabbalah empfing und weitergab. Diese Tradition ist in den biblischen Schriften verborgen. Es ist unmöglich, das Licht der Bibel zu empfangen, wenn die kabbalistische Ausbildung fehlt. Sogar Jesus, dem die Hauptwerke des Neuen Testaments gewidmet sind, werden eindeutige kabbalistische Aussagen zugesprochen. Das Vater-Unser-Gebet folgt den Regeln und Zuordnungen des Lebensbaums, einer der wichtigsten Glyphen der Kabbalah. Die kabbalistische Ausbildung ist mehrschichtig. Hierzu zählen die theoretische als auch die praktische Schulung. In der Theorie erfährt man die Hintergründe der Zahlenmystik, Buchstabenlehre, Sphären, Welten und der Schöpfung. Sofern der strebsame Schüler bereit ist, empfängt er die Grundlagen dieser Theorien, doch erst dann, wenn er Beharrlichkeit bewiesen hat und die ethische Voraussetzung erfüllt, darf er mit der praktischen Seite der Kabbalah in Berührung kommen. Hierzu zählen auch Methoden der Meditation, des Gebets und der Theurgie[2]. So wird der Schüler allmählich vorbereitet, um empfänglich zu werden. Seine Persönlichkeit wird korrigiert, damit er an der Meditation teilhaben kann. Erst wenn diese Voraussetzung geschaffen ist, ist er für die höheren Ebenen der Kabbalah geeignet. Die praktische Kabbalah setzt voraus, dass der Schüler die Kunst der Meditation beherrscht, denn die Schöpfung ist ein Prozess der Meditation, die im Geiste Gottes stattfindet. Dann ist der Schüler wahrhaft für die Lehre empfänglich. „Empfangen" bedeutet auf Hebräisch „KIBEL"[3], das ist die Sprachwurzel von „KABBALAH"[4], der Tradition von Mund zu Ohr. Dies bedeutet, dass jemand die Lehre offenbart, und dafür benötigt man genauso jemanden, der sie empfängt. Der Offenbarer dieser Mysterien ist Gott. Oft wirkt Gottes Wort durch seine Instrumente, welche als Brücke dienen. Dies sind die hohen Eingeweihten der Kabbalah. Alles ist abhängig vom göttlichen Willen. Wenn es Gottes Wille ist, dass der Schüler bestimmte Bereiche der kabbalistischen Tradition empfängt, dann geschieht dies auch. Dieser Schüler wird einem Lehrer begegnen, der ihm diese Gesetzmäßigkeiten enthüllt, für die er bereit ist, sie zu empfangen. Dies ist ein mehrschichtiger Vorgang. Auch wenn er sich einbildet, dass er aus sich selbst die Erkenntnis macht, so kommt sie dennoch aus einer höheren Quelle. Diese Erkenntnisse sind stets auf einer transpersonalen Ebene vorhanden. Gott in Seinem Weisheits- und Verständnispotential ist fortwährend allgegenwärtig. Alle Erkenntnisse, die je waren, sind oder sein werden, sind präsent.

Erst wenn sich der Empfänger auf die spezielle Vibration des Weisheitspotentials eingestimmt hat, kann er die Nachricht empfangen. Diese Einstimmung ist vergleichbar mit einem Radio, dass für einen Kanal empfänglich gemacht wird. Das Sensorium des Schülers wird für eine bestimmte Schwingungsrate, für eine bestimmte Frequenz empfänglich. Überall gibt es tausende Frequenzen, zahlreiche Schwingungen, doch ein Radio kann nur das Programm wiedergeben, auf das es eingestimmt ist. Nur dieses wird es empfangen und übertragen. Gleichermaßen liegt es in den Möglichkeiten des Menschen, sein Vehikel auf unterschiedliche Schwingungsvibrationen einzustimmen. Er kann die göttliche Offenbarung empfangen. Die kosmische Weisheit ist stets vorhanden, sie ist im All gegenwärtig. Dies inkludiert auch, dass jede erfahrene Weisheit empfangen werden kann. Für den unentwickelten Menschen erscheint es so, als ob die Weisheit aus ihm selbst hervorkommen würde. Dies käme aber dem gleich, als ob die Musik aus dem Radio ihre Ursache im Radio selbst hätte. Der eigentliche Offenbarer unterscheidet sich vom Empfangsinstrument. Die Offenbarung der

---

2 Theurgie: wirken wie Gott wirkt. Die praktische Anwendung von Worten der Kraft und Verwendung von Symbolen.

3 Hebr.: QBL, Kibel: empfangen.

4 Hebr.: QBLH, Kabbalah.

Weisheit hat ihre Ursache in einer höheren Ebene. Innerhalb einer bestimmten Frequenz spielen sich alle Eindrücke und Erfahrungen im Leben ab. Ändert man den „Sender", so ändert sich die Welt. Obwohl andere Optionen bereits vorhanden sind, bleiben sie dennoch außerhalb der Reichweite, da der Sender auf eine andere Frequenz eingestellt ist. Ein armer Mensch wird solange Armut erfahren, wie sein Sender darauf eingestellt ist. Es ist für ihn undenkbar, dass der Reichtum bereits in seiner Reichweite vorhanden ist. Sobald er einen anderen Kanal wählt, spielt ein anderer Film auf der Bühne seines Lebens.

Es gibt im deutschen Alphabet 26 Buchstaben. Aus diesen kann man unzählige Wörter zusammenstellen. Daraus lassen sich ebenso viele grundverschiedene Sätze formulieren. Aus sich heraus sind die einzelnen Buchstaben unseres Alphabets bedeutungslos und leer. Der Sinn ergibt sich erst, wenn eine Idee mit ihnen formuliert wird. Man könnte dann mit einigen wenigen Worten tiefe Weisheiten formulieren. Solange jemand unfähig ist, diesen Sender zu empfangen, werden diese Worte für ihn sinnlos erscheinen. Sobald man für eine höhere Weisheit empfangsbereit ist, kommt die Erkenntnis möglichenfalls durch ein Buch, ein klärendes Gespräch, einen Vortrag oder vermittels der Meditation. Die Erkenntnis war schon vorher vorhanden. Man könnte ein bestimmtes Buch bereits jahrelang besitzen, doch nur wenn man dafür bereit und offen ist, wird dieses Buch als Übermittler für die dahinterliegende Weisheit fungieren. So kann es sein, dass man beispielsweise seit Jahren in Vorträgen immer wieder die gleiche Botschaft hört, aber erst dann, wenn man bereit ist und der Empfänger darauf eingestimmt ist, wird man eine bestimmte Erkenntnis empfangen. So ist es verständlich, weshalb man mit exoterischen und wissenschaftlichen Methoden nur eine begrenzte Vibration der Wirklichkeit erfahren und überprüfen kann. Die Kabbalah ist aber eine allumfassende Wissenschaft, die in verschiedene Bereiche unterteilt ist. Diese werden in unterschiedlichen Schulungssystemen angeboten, abhängig davon, zu welchen Bereichen der Kabbalah der Schüler zugelassen wird. Der geheimste Aspekt ist der Einweihungsweg. Diese Geheimlehre bleibt geheim, da sie zu kraftvoll ist, um sie unvorbereiteten Menschen zu übergeben. Es wäre verantwortungslos, kleinen Kindern radioaktive Substanzen zum Spielen zu geben, denn die Folgewirkungen erstrecken sich über Generationen hinweg. Wenn ein unreifer Mensch Zugang zu bestimmten Geheimlehren bekommt, dann ist das wahrhaft gefährlich. So hat die an sich harmlose Lehre des Ostens über die Evolutionsströme der verschiedenen Menschenrassen bei unreifen europäischen Okkultisten zu entstellten Schlussfolgerungen geführt. Diese Menschen haben okkulte Symbole für eigennützige Zwecke und egoistische Machttendenzen missbraucht. Der Zweite Weltkrieg kann diesbezüglich als Mahnmal und ernste Warnung angesehen werden. Jeder übereifrige Esoteriker, der okkulte Methoden publiziert, übernimmt die Verantwortung für die Folgen. Diese Warnung ist angebracht, da zahlreiche Scharlatane, die vorgeben, Erlöser zu sein, Kindern gefährliches Material zum Spielen geben. Die Kabbalah ist ein sehr mächtiges Instrument, genauso wie das Leben sehr mächtig ist. Die Instrumente der Kabbalah sind sehr kraftvoll, denn in ihr liegt ein mächtiges Potential versteckt.

Die höheren Bereiche der Kabbalah, wie zum Beispiel jene der hermetischen Kabbalah, bleiben verhüllt. Es gibt Bücher über die magische Kabbalah, doch diese Bücher sind wertlos. Sie wurden von jenen verfasst, denen die wahren Zugänge fehlten. Hätten sie die wahren Kontakte, dann würden sie um die umfassende Wirkung mancher Methoden wissen. Nur wenn man gewisse initiatorische Bewusstseinsetappen erreicht hat, ist es sinnvoll, diese hermetischen Instrumente anzuwenden. Der initiatorische Pfad geht schrittweise vor. Die inneren Wirkungen von manchen Instrumenten bewirken in unvorbereiteten Schülern chaotische Erfahrungen, die sogar die schlimmsten Variationen von Geistesverwirrung hervorrufen können. Es gibt mannigfache Möglichkeiten, die Lehren dieses Buchs zu studieren. Daher ist es ratsam, sich dafür ausreichend Zeit zu lassen. In manchen Kabbalistischen Schulen wird wesentlich weniger in mehreren Jahren unterrichtet. Sobald man mit dem Buch fertig ist, wird ein wiederholtes Durchlesen des gesamten Buchs verborgene Inhalte und weitere wichtige Aspekte an die Oberfläche bringen. Das Unterbewusstsein benötigt einige Zeit, damit gewisse Deduktionen ausgearbeitet werden können. Einige Leser werden sich überhastig auf die mentale Kost stürzen und damit riskieren, das meiste nur oberflächlich mit ihrer Aufmerksamkeit zu streifen und unverdaut zu belassen. Der strebsame Schüler wird diese Ratschläge beherzigen und gerade dadurch die beachtlichen Früchte der Weisheit ernten.

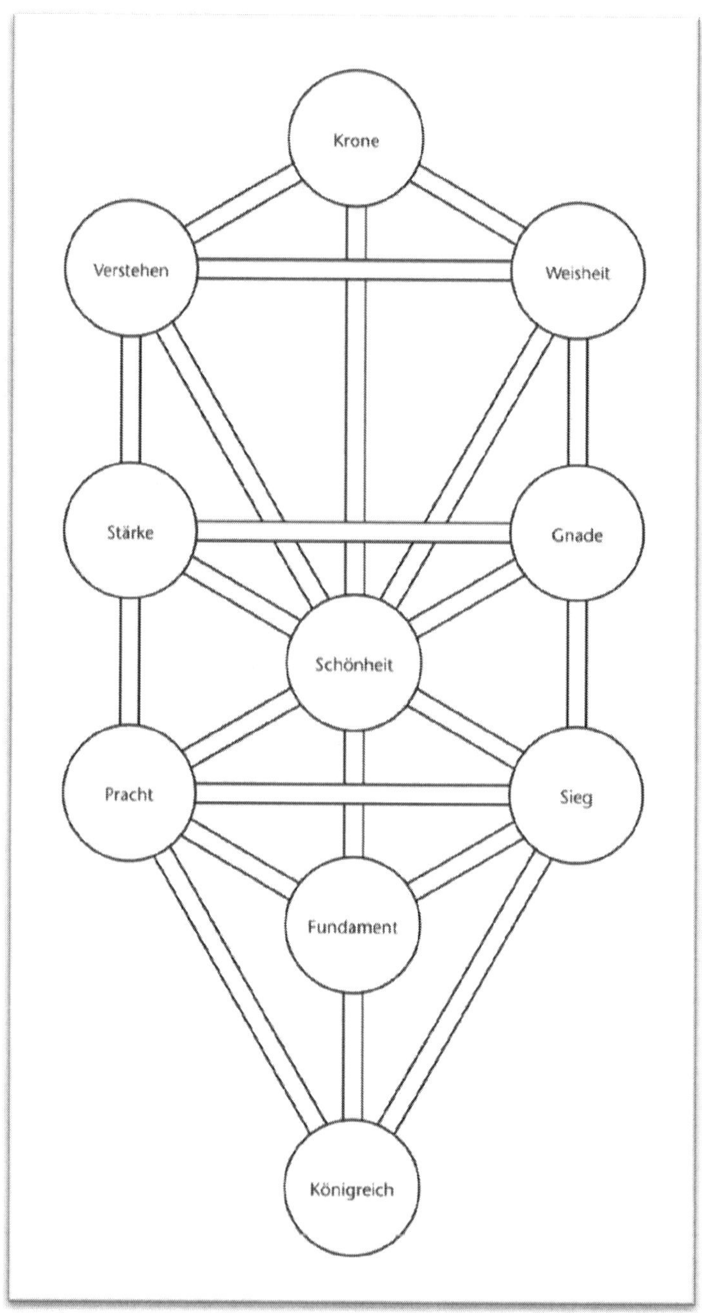
Krone
Verstehen
Weisheit
Stärke
Gnade
Schönheit
Pracht
Sieg
Fundament
Königreich

DER LEBENSBAUM

„Alle Kraft ist jetzt hier.“

Das wichtigste und erhellendste Symbol der Kabbalah ist der Lebensbaum[5]. Es stellt ein Diagramm des menschlichen Bewusstseins und des kosmischen Lebens dar. Es gibt unterschiedliche Darstellungen des Lebensbaums. Der Lebensbaum ist aber mehr als ein Diagramm, er ist eine Darstellung der mikrokosmischen und makrokosmischen Wirklichkeiten. In diesem Buch wird der initiatorische Lebensbaum beschrieben. Der Begriff „Wirklichkeiten“ ist ganz bewusst im Plural gewählt worden. Durch die kategorischen Zuordnungen des Lebensbaums kann man das Zusammenspiel aller inneren und äußeren Kräfte veranschaulichen. Der Lebensbaum ist unter anderem in unterschiedliche Säulen und Triaden unterteilt. Auffallend ist das Wechselspiel der polaren Kräfte. Die linke Säule stellt den weiblichen Pol, die rechte den männlichen dar. Diese werden durch einen Vermittler, nämlich die mittlere Säule harmonisiert. Die feminine Kraft im Lebensbaum hat ganz andere Ausdrucksformen als die maskuline. Die maskuline feurige Säule entspricht dem Prinzip des Gebens, also der Projektion. Die feminine wässrige Säule ist das Symbol für das Prinzip des Empfangens, des Annehmens. Die mittlere Säule der Luft ist das versöhnende Prinzip zwischen diesen. Die rechte Säule ist die Säule des Selbstbewusstseins, die linke ist jene des Unterbewusstseins und die mittlere Säule stellt die Aspekte des Überbewusstseins dar. Das Prinzip des Selbstbewusstseins ist es, zu geben, das Prinzip des Unterbewusstseins ist es, zu empfangen. Diese beiden Prinzipien werden durch die mittlere Säule ausgeglichen. So ist der überbewusste Aspekt die Vermittlung zwischen rechts und links, zwischen männlich und weiblich. Am ersten Tag der Schöpfung entsteht die rechte Säule, am zweiten die linke. Das ist der Beginn der Polarität. Der zweite Tag ist auch der einzige der Schöpfungstage in der Genesis, der von Gott nicht als gut befunden wurde. Durch die Schöpfung des zweiten Tags kommt das Prinzip des Übels in Erscheinung. Der dritte Tag schafft den Ausgleich, von da an wird die Schöpfung wieder als gut betrachtet.

[5] Hebr.: OTz ChIIM, Otz Chim: Baum des Lebens.

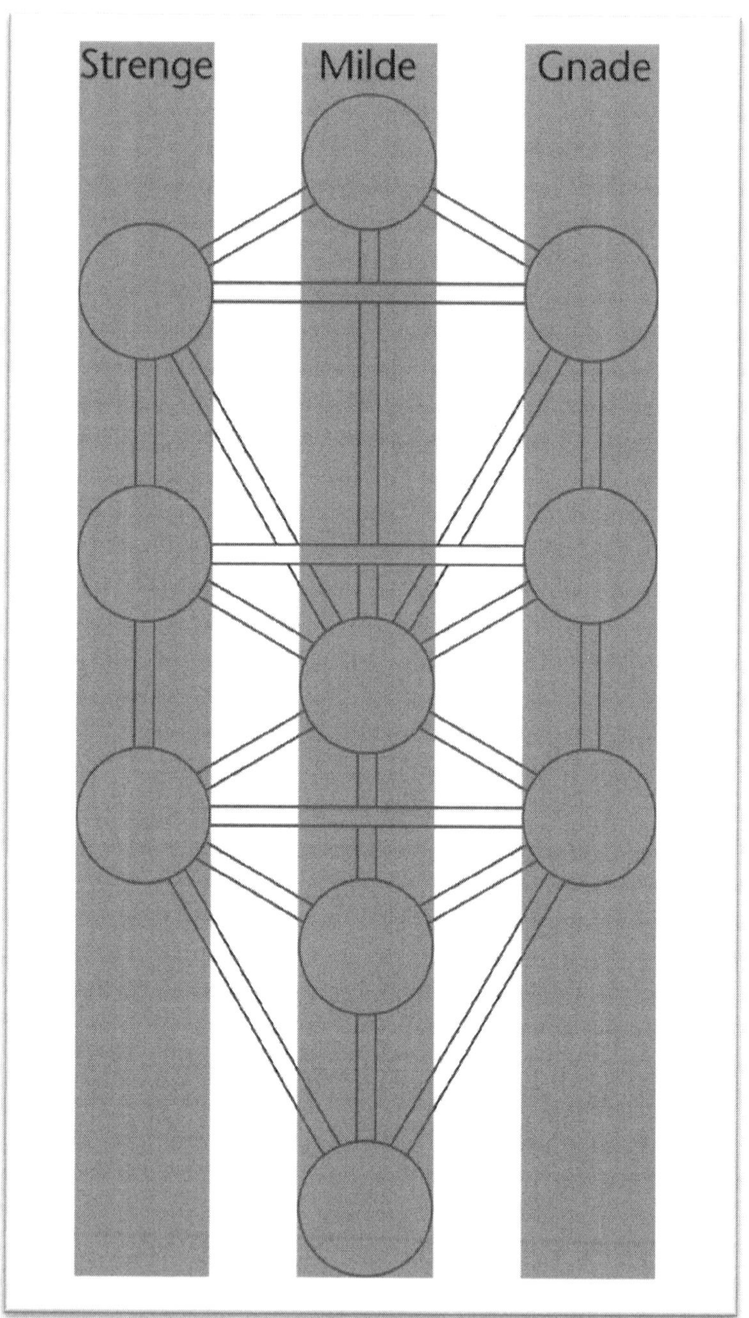
Strenge
Milde
Gnade

Der Lebensbaum beinhaltet zehn Sphären, welche als Sephiroth[6] bezeichnet werden.

1. Kether (Krone)
2. Chokmah (Weisheit)
3. Binah (Verstehen)
4. Chesed (Barmherzigkeit)
5. Geburah (Kraft)
6. Tiphareth (Schönheit)
7. Netzach (Sieg)
8. Hod (Pracht)
9. Yesod (Fundament)
10. Malkuth (Königreich)

Die erste und höchste Sephirah Kether krönt alle anderen Sephiroth und ist gleichzeitig der höchste Punkt der mittleren Säule. Ihr folgt als zweite Sephirah Chokmah, welche die höchste Sphäre der maskulinen Säule ist. Danach kommt die dritte Sephirah Binah, welche die Spitze der femininen Säule bildet. Diese drei Sephiroth werden als höchste Triade oder die göttliche Hierarchie bezeichnet. Ihr folgen in der Triade der Individualität die vierte Sephirah Chesed, welche sich in der Mitte der maskulinen Säule befindet. Ihr gegenüber ist die fünfte Sephirah Geburah, danach folgt die sechste Sephirah Tiphareth, die der Mittelpunkt des Lebensbaums ist, sie ist das Zentrum der mittleren Säule. Die unterste Triade stellt die Persönlichkeitsebene dar, repräsentiert durch die siebente Sephirah Netzach, der achten Sephirah Hod und der neunten Sephirah Yesod. Die letzte Sephirah am untersten Punkt des Lebensbaumes ist Malkuth, das ist die materielle Welt.Die zehn Sphären entsprechen den ersten zehn Pfaden im Lebensbaum. Sie werden durch 22 weitere Pfade verbunden. Diese 22 Verbindungspfade entsprechen den 22 hebräischen Buchstaben. Jede Sephirah stellt eine spezifische Ausdrucksform von bestimmten Kräften dar. Der Lebensbaum ist als Gesamtbild betrachtet ein Abbild des Göttlichen, oder anders gesagt, wie sich das Göttliche durch den Menschen offenbart. Kaum ein anderes Symbol enthüllt so viele Gesetzmäßigkeiten wie dieses schematisch einfache kabbalistische Diagramm. Es gibt unterschiedliche Darstellungen dieses Baumes. Manche ähneln schlampigen Skizzen, wo die inneren und entscheidenden Proportionen vernachlässigt wurden.

---

[6] Hebr.: SPR, Sepher (Singular) Sphäre: Emanation.
SPIRVTh, Sephiroth (Plural): Sphären.

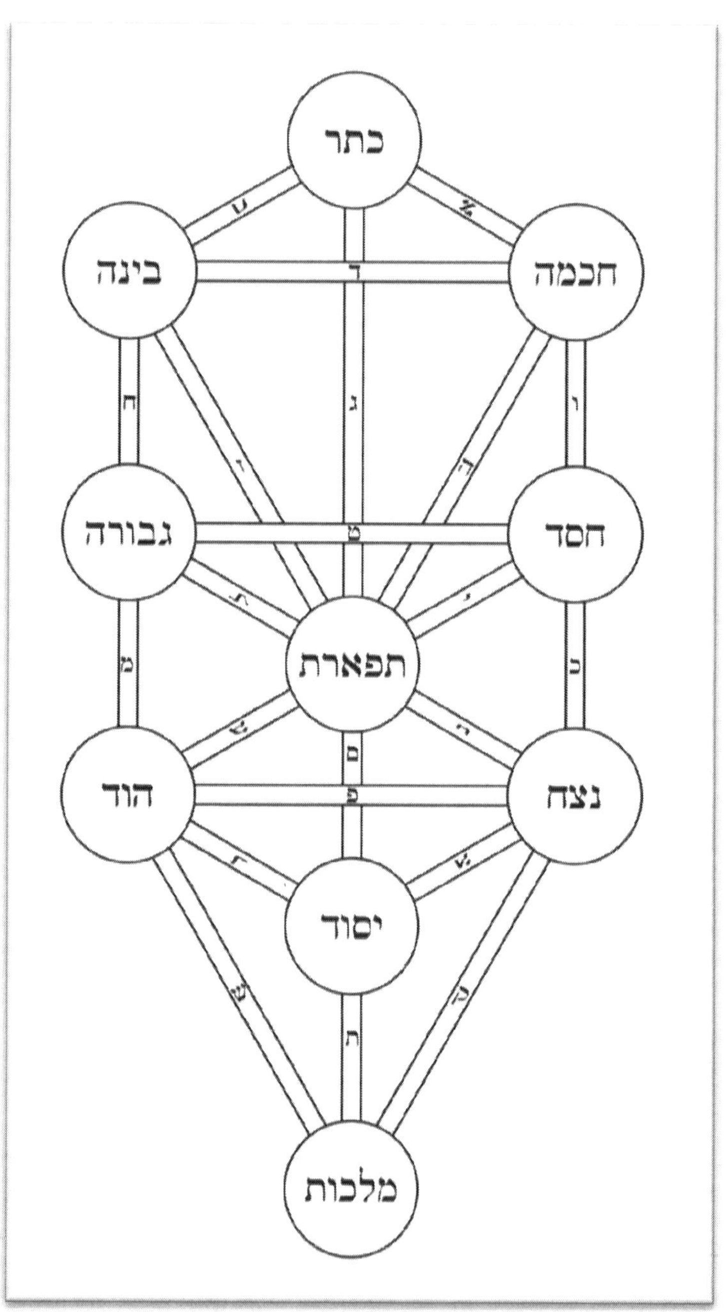
כתר
חכמה
בינה
חסד
גבורה
תפארת
נצח
הוד
יסוד
מלכות

Der Lebensbaum wird in der Genesis der Bibel erwähnt. Der ursprüngliche Lebensbaum ist frei von jeglicher Polarität und stellt die Einheit des Lebens dar. Seine Darstellung ist geheim, da sie den Schlüssel der Schöpfung beinhaltet. Im Garten Eden befinden sich zwei symbolische Bäume: der *Baum der Erkenntnis von Gut und Böse* und der *Lebensbaum*. Beide Bäume entsprechen einer kosmischen Gesetzmäßigkeit, demnach auch zwei Bewusstseinstypen. Der Mensch nahm vom Baum der Erkenntnis und fiel durch das göttliche Wissen der Unterscheidung von Gut und Böse aus dem Garten Eden. Dies brachte ihm die Erfahrung der Trennung und somit des Leids. Es wird auch erwähnt, dass die Götter[7] den Lebensbaum bewachen ließen, damit der Mensch in seiner Unreife nicht die Unsterblichkeit der Götter erlangt. Bemerkenswert ist, dass Gott in der Genesis im weiblichen Plural beschrieben wird. Der Baum des Lebens entspricht dem Bewusstsein des Lebens, erst durch das Bewusstsein des Lebensbaumes erwacht der Mensch zum wahren Leben, er wird also unsterblich. Als der Mensch die Frucht vom Baum der Erkenntnis aß, fiel er aus dem Paradies in die Welt der Unterscheidung und der Dualität. Durch diese Dualität wird auch der Gegenpol zum Leben, nämlich der Tod erfahrbar, damit kommt die Sterblichkeit des Menschen in Erscheinung. Der Auftrag an den Menschen lautet somit, das Bewusstsein des Baumes des Lebens in sich zu entfalten.

Jede einzelne Sephirah bringt den Menschen näher an das Bewusstsein der Unsterblichkeit. Jede Phase, die man durch die zehn Sephiroth erreichen kann, stellt eine Harmonisierung der unterschiedlichen Aspekte des Menschen dar. So wird der Mensch vom sterblich profanen zum unsterblich sakralen Wesen. Die Reise zurück zum Paradies der Unsterblichkeit beginnt in der untersten Sphäre Malkuth und endet in Kether, der Krone. Dazwischen liegen die Proben und Prüfungen des menschlichen Daseins. Im Baum des Lebens werden geistige Gesetzmäßigkeiten enthüllt. Diese werden heute von Schulen der Geisteswissenschaften erforscht, wie zum Beispiel der Psychologie, der Philosophie, der Metaphysik, im weitesten Sinne auch von den „sogenannten" Naturwissenschaften. Der Lebensbaum und die kabbalistische Tradition sind jedoch Jahrtausende alt und fernab jeder naturwissenschaftlichen Betrachtung. Es gibt zwar zehn Sephiroth, doch in jeder einzelnen Sephirah befindet sich ein weiterer Baum. Jede Sephirah gibt es desgleichen in den vier Welten, auf die in späteren Kapiteln eingegangen wird. So begegnen uns 400 Ebenen, die man im Lebensbaum erforschen kann. Zusätzlich gibt es die Verbindungspfade, welche die Sephiroth untereinander verbinden, doch darüber gibt es kaum schriftliche Aufzeichnungen. Dieses Buch ist eines der wenigen, die auch über die Eigenschaften und Mechanismen der Verbindungspfade berichtet.

---

[7] Hebr.: ALHIM, Elohim: in der Bibel mit „Gott" übersetzt.

Jenseits des Lebensbaums gibt es die drei Schleier: AIN[8], AIN SOPH[9] und AIN SOPH AUR[10]. Jede Sephirah entspricht in systematischer und chronologischer Folge einer entsprechenden Zahl. Die drei Schleier selbst befinden sich jenseits, vor dem Konzept der Zahlen. Sie sind zahlenlos. Die zehn Sphären stellen die korrekte Folge dar, wie die Schöpfung manifestiert wird. Das Erstaunliche in diesem Konzept ist, dass es hinter diesen zehn Zahlen noch eine Realität gibt. In unserem Zahlensystem würde man Null sagen. Doch Null ist so abstrakt, dass sie für die meisten Menschen nur auf dem Papier realisierbar ist. Null bedeutet gleichermaßen Nichts. Wie kann etwas Vorhandenes das NICHTS realisieren? Realisieren kann man nur ETWAS. Das NICHTS ist vor dem ETWAS. Genau dieses Gedankenkonzept veranschaulicht uns die Dimension der Kabbalah. Innerhalb der Kabbalah gibt es verschiedene Pfade, die den Schüler zum Licht führen. Das grenzenlose Licht (Ain Soph Aur) ist ein Synonym für unser Streben. Alles, was wir im Lebensbaum erforschen, ist eine Emanation dieses grenzenlosen Lichts. Das grenzenlose Licht ist die spirituelle Substanz, welche unser Universum erfüllt. Sie ist die Grundlage für alles Bestehende, hierzu zählen auch Gedanken und Gefühle. Die Materie ist die trägste Ausdrucksform des grenzenlosen Lichts. Man erlebt die materielle Welt im Spannungsfeld der Zeit, da die Sinne auf diese Vibration eingestimmt sind. Manche Tiere nehmen den Faktor Zeit anders wahr, die Tiere erleben die „materielle" Welt anders als der Mensch, sie sehen die Welt anders. Manche Tiere hören andere Frequenzen als der Mensch. Die Sinnesorgane des Menschen sind auf ein bestimmtes Erfahrungsfeld eingestimmt. Materie erscheint hart, da die Sinne uns Materie als hart interpretieren lassen. Jedes Atom besteht aus purer Energie. Der Mensch nimmt nur einen Bruchteil der Realität wahr, die Kabbalah zeigt uns einen Weg, um einen höheren Prozentsatz wahrzunehmen. Die materielle Welt ist eine Auswirkung und eine Ebene von vielen. Sie ist ein Aspekt der spirituellen Welten, welche die dahinterliegende Realität sind. Die Grundintention der Kabbalah ist es, den Schüler darauf vorzubereiten, die anderen Welten bewusst zu erleben. So kann man bewusst durch diese Welten tätig sein, die ihren Ausdruck in der materiellen Ebene haben.

---

8 Hebr.: AIN, Ain: Nichts, Negation.

9 Hebr.: AIN SVP, Ain Soph: Unbegrenzt, Nichtbegrenzt.

10 Hebr.: AIN SVP AVR, Ain Soph Aur: Grenzenloses Licht.

Es gibt vier Grundwelten[11]:

- ATZILUTH[12], die archetypische Welt,
- BRIAH[13], die schöpferische Welt,
- YETZIRAH[14], die formgebende Welt,
- ASSIAH[15], die materielle Welt.

Hinter diesen vier Welten befindet sich eine andere, verborgene Welt: ADAM KADMON[16]. Das ist der Mensch der Himmel, das himmlische Prinzip des Menschen. Das materielle Universum ist die Kleidung dieses himmlischen Menschen. Das Universum ist also der Körper des makrokosmischen Menschen. Jeder Mensch, der auf diesem Planeten je gelebt hat und jetzt lebt, ist ein Abbild Gottes, er ist das Ebenbild der ELOHIM. Die Elohim sind die Schöpfergottheiten, welche in der Genesis beschrieben werden. Durch kabbalistische Schriften, besonders aber durch die Schulungssysteme der Kabbalah, kann man Zugang zum grenzenlosen Licht finden, denn die hebräischen Buchstaben sind Formulierungen und Aspekte von AIN SOPH AUR. Wem diese Gnade zuteilwird, der erhebt sich automatisch aus der Sphäre der Probleme, er erhebt sich in den überbewussten Wirkungsbereich der Wirklichkeit. Der einzige Sinn der kabbalistischen Schulung ist es, den Menschen aus dem verblendeten profanen Dasein der materiellen Welt zur strahlenden Wirklichkeit zu führen, weg von der Sterblichkeit, hin zum ewigen Leben, welches hier und jetzt erlebt werden kann. Diese Verheißung wird an vielen Stellen in der Bibel erwähnt. Der Mensch hat hier und jetzt die Möglichkeit, Unsterblichkeit in einem unsterblichen Vehikel bewusst zu erleben. Das sind die höheren Mysterien der Kabbalah. Die niederen Mysterien unterrichten den Schüler, wie er die elementare Natur in sich und in seiner Welt beherrschen kann. Nur, wenn er sie in seinem Bewusstsein beherrscht, kann er sie auch in seiner Welt beherrschen. Erst wenn der Schüler diese Elemente in sich gemeistert hat, ist er für die höheren Mysterien bereit. Die bewusste Unsterblichkeit wird in der westlichen Mysterientradition als die erste Stufe des Adepten bezeichnet. Er erlangt so die Verbindung zum Messias-Bewusstsein, also zur Erleuchtung. Das ist die Chymische Hochzeit, wo die männlichen und weiblichen Aspekte im Menschen harmonisch miteinander vereint sind. Dann entfaltet sich das neue Bewusstsein. Die Geburt des neuen Bewusstseins ist symbolisch in der biblischen Geschichte von der Geburt des Christuskindes zu finden. Die Entfaltung und den Weg dieses hohen Bewusst-

---

[11] Hebr.: OVLM, Olam: Welt.

[12] Hebr.: OVLM ATzILVTh, Olam Atziluth: Archetypische Welt.

[13] Hebr.: OVLM BRIAH, Olam Briah: Schöpferische Welt.

[14] Hebr.: OVLM ITzIRH, Olam Jetzirah: Formgebende Welt.

[15] Hebr.: OVLM OShIH, Olam Assiah: Welt der Handlungen.

[16] Hebr.: ADM QDMVN, Adam Kadmon: der ursprüngliche Mensch.

seins kann man in den Evangelien nachlesen. Dieses Bewusstsein, dass im Menschen inkarniert, bezeichnet man in der christlichen Terminologie als Christus-Bewusstsein. In der Kabbalah heißt dieses Bewusstsein Messias[17] , im Hinduismus Krishna-Bewusstsein und im Buddhismus ist es das Buddha-Bewusstsein. Dieses Bewusstsein ist der Beginn der hohen Mysterien. Hier gibt es verschiedene Etappen, wie dieses Bewusstsein sich transzendiert. So gesehen gibt es unterschiedliche Phasen der Erleuchtung, auch die Erleuchtung ist ein steter Prozess. So wie die Unendlichkeit etwas Grenzenloses ist, ist auch die Erfahrung der bewussten Erleuchtung grenzenlos. Jede Sphäre im Lebensbaum beinhaltet ein gesamtes Konzept der Wirklichkeit. In jeder Sphäre ist das gesamte Potential des Lebensbaumes enthalten, aus jeder Sphäre heraus kann man die Wirklichkeit interpretieren. Das ist das phantastische Erbe der Kabbalah. Es gibt viele Bücher über Kabbalah, es gibt auch viele Unterrichtsmethoden, viele Seminare, viele Vorträge – doch es gibt einen wesentlichen Unterschied zu jener Kabbalah, die in initiatorischen Mysterienschulen weitergegeben wird: das ist die initiatorische Flamme. Die rituelle Einweihung in die verschiedenen Sphären ist das göttliche Geschenk der Gnade, welches nur in einer authentischen hermetisch-kabbalistischen Mysterienschule bewahrt und praktiziert wird. Die gezielte Harmonisierung der jeweiligen Sphären öffnet den Eingeweihten für die spezielle Bewusstseinserfahrung, welche weit außerhalb des Vorstellungsvermögens des Uninitiierten liegt.

---

17 Hebr.: MShICh, Meschiach: Erlöser Messias.

KAPITEL I –
ZEHN EMANATIONEN

MALKUTH – KÖNIGREICH – DAS BEWUSSTSEIN DES GLANZES

מלכות

„Das geistige Königreich ist verkörpert."

So wie jedes Bild aus verschiedenen Teilen besteht, so ist auch dieses Universum aus diesen verschiedenen Aspekten zusammengestellt. Das Gesamtbild ist im Lebensbaum ersichtlich. Die initiatorische Reise beginnt in der untersten Sphäre des Baums und geht graduell aufwärts, von einer Sphäre zur nächsthöheren. Malkuth[18] ist die zehnte Sephirah. Das wahre Prinzip von Malkuth wird nur von wenigen Mystikern korrekt interpretiert. Jene Mystiker, die die östlichen Lehren studierten, kommen leider früher oder später zum Trugschluss, dass es erstrebenswert sei, der materiellen Welt mit ihren Konsequenzen zu entfliehen. Sie betrachten die physische Realität als Missgeschick, doch das Gegenteil ist der Fall. Die irdische Welt ist die königliche Frucht im Lebensbaum. Die Erde ist die Krönung der Manifestation. Die Sephirah Kether ist in Malkuth, so wie Malkuth in Kether ist, das Höchste ist im Tiefsten und das Tiefste im Höchsten, nur in einer anderen Art. Darin liegt eines der großen Geheimnisse der kabbalistischen Tradition. Die irdische Welt beinhaltet alle Aspekte der vorangehenden Sphären des gesamten Baums. Malkuth ist ein Sammelbecken, in das alles von oben hineinströmt, Malkuth ist das Ende. In Malkuth nehmen die höheren Sphären elementare Qualitäten an, das ist auch der Grund, warum Malkuth oft in vier Farben dargestellt wird. Die vier Elemente sind im irdischen Ausdruck in der Sphäre Malkuth manifestiert. Die untersten vier Sephiroth entsprechen ebenfalls den vier Elementen. Im gesamten Baum finden sich die Wirkungsweisen dieser Elemente: in der untersten Sephirah sind sie als irdische Welt erfahrbar, in den folgenden drei Sephiroth, von unten nach oben betrachtet, stellen sie Persönlichkeitsaspekte dar. So entspricht Malkuth dem Element Erde, in Yesod erfährt man das Element Luft, Hod hat eine Affinität zu Wasser, Netzach zu Feuer. Achtsamkeit ist bei dieser Betrachtungsweise eine notwendige Tugend. Die Sphäre Malkuth ist auch die Ebene des physischen Körpers, der mehr ist, als unser Körper aus Fleisch und Blut, denn er ist aus kabbalistischer Sicht das manifestierte Universum. Unser Universum ist der Körper Gottes. Der mikrokosmische Mensch, wie wir uns auf diesen Etappen erleben, ähnelt einer Zelle in diesem großen kosmischen Körper. Der unwissende und profane Mensch bildet

---

[18] Hebr.: MLKVTh, Malkuth; Königreich.

sich ein, dass sein Körper eigenständig handeln und reagieren würde. Gleichfalls nimmt er seinen physischen Körper als von anderen Menschen getrennt wahr, und glaubt, dass er einem zufälligen Gesetz erliegt. Hingegen ist der physische Körper eine Manifestation des Inneren Lichts. Wenn man sich eine Spirale vorstellt, die bei einem Punkt beginnt und nach außen hin größer wird, dann ist dieser Punkt Kether, die Krone. Der äußerste Punkt dieser Spirale ist Malkuth. Die Ausdehnung dieser Spirale entspricht dem Königreich, der äußersten Manifestation. Malkuth dehnt sich aus, so wie das Universum sich ausdehnt. Unser Geist ist unendlich, folglich dehnt sich die materielle Ebene unendlich aus. Geist und Materie stehen in direkter Wechselbeziehung. Alles in der irdischen Manifestation Erkennbare ist bereits auf der geistigen Ebene zuvor vorhanden, denn der Geist transzendiert immerwährend. Diese Lehre erscheint den meisten Menschen fremd, da sie Gott mit etwas Fixem und Unveränderlichem assoziieren. Doch Gott transzendiert. Sobald etwas unendlich ist, kann es folglich nur in einer steten Ausdehnung sein.

Malkuth ist das Ergebnis der Kräfte des gesamten Lebensbaumes und beinhaltet demgemäß alle Informationen. Somit veranschaulicht alles, was wir in der physischen Manifestation erleben, die Wirkung aller Ebenen und Welten. Das Buch des Lebens ist stets geöffnet und bereit, die Geheimnisse der Natur zu offenbaren. Mikrokosmisch ist es demzufolge durch die Botschaft des Körpers möglich, genauestens zu erkennen, welche geistigen Vorgänge in unserem Vehikel wirken. So wie der Körper aufgebaut ist, zeigt er uns die Wirkung als Ergebnis einer dahinterliegenden Ursache. Der mikrokosmische physische Körper wird in der Kabbalah als GUPH[19] bezeichnet. Interessant ist in diesem Kontext, dass in der Schöpfungsgeschichte der Bibel die Erschaffung der Vitalseele[20] beschrieben wird. Also beschreibt der Inhalt der Genesis eine höhere Ebene als die materielle. Der physische Körper wird durch unser Bewusstsein zusammengehalten. In dem Moment, wo man den physischen Körper durch den Todesprozess verlässt, zerfallen seine einzelnen Elemente. Ihre Aufgabe als menschliches Vehikel ist dann erfüllt. Diese Elemente dienen in der Folge als Bausteine für andere Strukturen. Beim physischen Tod konzentriert sich das Bewusstsein des Menschen, das die Zellen des physischen Körpers zusammenhielt, auf die nächstliegende innere Ebene. In der Systematik des Lebensbaumes ist das Yesod, das unterbewusste Sein, welches von den meisten Menschen als Unterwelt wahrgenommen wird. Hades ist ein Begriff aus der griechischen Mythologie, der diese Phase gut beschreiben könnte. In den ägyptischen Mysterien findet sich Vieles über die Unterwelt. Der Mensch als solcher ist noch immer existent, wenngleich in einer feinstofflicheren Ebene. Während der

---

19 Hebr.: GVP, Guph: Körper.

20 Hebr.: NPSh, Nefesch: Vitalseele, Atem.

Inkarnation ist der Fokus des Menschen auf unterschiedliche Aspekte gerichtet. Der unentwickelte Mensch richtet ihn auf seinen Körper, denn er identifiziert sich mit seinem Körper und macht sein Bestehen abhängig von diesem. Bei anderen Menschen ist die Identifikation auf andere Sphären, wie zum Beispiel auf Gefühle oder Intellekt, fokussiert. Dies sind die Persönlichkeitsattribute, welche man mit einem Gefährt vergleichen kann. Es wäre dann das gleiche, wenn sich der Fahrer mit seinem Fahrzeug identifizieren würde. Heutzutage ist bei den wenigsten Menschen die Identifikation auf höhere Bereiche gerichtet. Die wahre Individualität des Menschen befindet sich im Zentrum des Lebensbaums, in der Sephirah Tiphareth. Das ist das wahre Selbst, das Christus-Bewusstsein.

Die unteren 4 Sephiroth entsprechen dem physischen Körper und der Persönlichkeit, also den vier Elementen.

Malkuth: Erde
Yesod: Luft
Hod: Wasser
Netzach: Feuer

Die Sephirah Tiphareth kann man als Quintessenz oder den Geistpunkt betrachten, der über diese Elemente herrscht. Tiphareth ist der Wagenlenker des Gefährts, die Sephiroth unter Tiphareth sind unser Vehikel. Wenn wir in unserem Auto fahren, dann reagiert unser Auto auf unsere Anordnungen und unser Geschick, mit dem Auto umzugehen. Es ist relativ einfach, sich die Gesetzmäßigkeiten des Autofahrens anzueignen, es ist aber genauso leicht, die Gesetzmäßigkeiten der unteren vier Sephiroth zu erlernen. Wenn wir diese Gesetzmäßigkeiten kennen, können wir mit unserem Fahrzeug richtig umgehen.

So wie es Elemente im Lebensbaum gibt, so sind diese auch in Malkuth materialisiert. Es gibt die Erde von Malkuth, ebenso die Luft von Malkuth, Feuer von Malkuth und das Wasser von Malkuth. Die Kombination dieser Elemente ergibt unseren physischen Körper auf der mikrokosmischen Ebene. Auf der körperlichen Ebene ist das Wasser von Malkuth mit den Körperflüssigkeiten gleichzusetzen. Gleichermaßen finden sich adäquate Zuordnungen für die anderen Elemente. Malkuth ist infolgedessen das Reich des Königs, nämlich das Herrschaftsgebiet des himmlischen Menschen ADAM. Dieses Reich mit all seinem Potential ist in die Obhut des Menschen gegeben, nun gilt es die Regeln zu verstehen und als Herrscher umzusetzen.

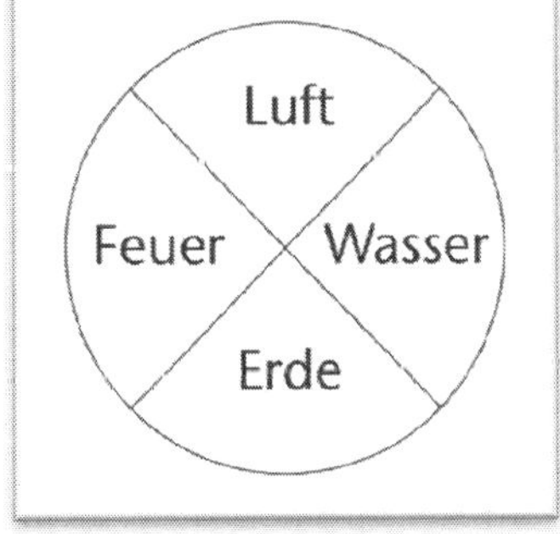

YESOD – FUNDAMENT – DAS BEWUSSTSEIN DER REINHEIT

„Das Leben ist auf dem Fundament des ewigen Seins gegründet.“

Yesod[21] ist die neunte Sephirah im Lebensbaum. Diese Sphäre entspricht dem Unterbewusstsein. In der Kabbalah weiß man sehr viel über Yesod, vielmehr als die heutige Psychologie es ahnt – und wahrhaben will. Die Gesetze des Unterbewusstseins sind das Lehrmaterial für jene, die in der Sphäre Yesod eingeweiht sind. Das Unterbewusstsein ist jenseits und unterhalb der Wahrnehmung des Menschen. Auf der körperlichen Ebene reguliert es die automatischen Funktionen wie Herzschlag, Atmung, Verdauung usw. Jeder, der versuchen würde, seinen Herzschlag bewusst zu kontrollieren, begreift wie schwierig und unnötig das ist. Die Atmung ist ebenfalls ein unterbewusster Vorgang. Die Ausnahme ist, wenn man bewusst eingreift und den regulären Atemfluss steuert, doch meistens ist dieser Vorgang unterbewusst. Wenn man nun zum Beispiel eine Straße entlang geht, dann schreiten die Beine wie von einer anderen Instanz gesteuert. Kaum jemand macht jeden Schritt bewusst oder denkt darüber nach, ob er den linken oder den rechten Fuß vorsetzt. Eine analoge Erfahrung machen wir, wenn wir etwas lesen, einen Computer bedienen oder mit dem Rad fahren. Nach einer vorerst mühseligen bewussten Übungsphase wird der Vorgang später zur Gewohnheit und vom Unterbewusstsein gesteuert. Alles, was man intensiv übt, wird vom Unterbewusstsein als Modell oder Schablone übernommen. Es wäre jedoch viel zu kompliziert für uns, alles bewusst kontrollieren zu müssen. Der Kabbalist bringt durch Übung einige dieser Bereiche in seine bewusste Herrschaft zurück, für welche die Evolution Jahrtausende benötigt hat. Dies beginnt bei der Atemkontrolle, wo der Atemfluss in einen neuen Rhythmus gelenkt wird und setzt sich bei der Körperbeherrschung fort. Man gibt sozusagen dem Unterbewusstsein ein neues Modell, das eine Weiterentwicklung des bisherigen ist. Das Unterbewusstsein birgt das natürliche Konzept und beinhaltet das Programm, welches die Natur als solche in Erscheinung bringt. Das, was wir in der Natur erleben, ist vergleichbar mit dem Unterbewusstsein. Wenn es eine Ebene unter dem Bewusstsein gibt, dann ist es logisch und nachvollziehbar, dass es auch eine darüber gibt. Dies ist das Überbewusstsein oder das Höhere Selbst. In Wirklichkeit gibt es aber nur ein Bewusstsein in seiner Gesamtheit. Man kann einen Würfel betrachten und wird unterschiedliche Seiten erkennen. Diese unterschiedlichen Seiten stellen die verschiedenen Facetten des EINEN Bewusstseins

[21] Hebr.: YSVD, Jesod (Yesod): Fundament.

dar. Manche sind unterhalb der Wahrnehmung, wie zum Beispiel unser Blutkreislauf und unser Lymphsystem oder unsere Interpretation der Schwingungen in Form bildlicher Eindrücke. Die Instanz, welche man als Tagesbewusstsein erfährt, ist das Selbstbewusstsein, es nimmt wahr und erlebt im Hier und Jetzt. Die Ebene darüber ist das Überbewusstsein, diese Sphäre ist Gott – und diese Trinität ist das Wechselspiel von Natur (Unterbewusstsein), Mensch (Selbstbewusstsein) und Gott (Überbewusstsein). In der Kabbalah lernen wir die Einheit dieser Sphären zu erkennen. Auf der unterbewussten Ebene ist diese Einheit vorhanden, wir sind stets mit Allem verbunden, genauso wie die Einzelteile eines Gemäldes untrennbar mit dem Gesamtbild vereint sind. Gleichfalls sind wir auf der Bühne des Lebens mit jedem Menschen verbunden.

Yesod ist auch die animalische Seele. Diese Seele heißt „NEPHESCH“ und wird des Öfteren in der Bibel erwähnt. In der deutschen Übersetzung findet man die Begriffe Körper, Tier oder Wesen. Treffender ist Seele, Atem oder Wind. Diese Animalseele ist auch ein Bestandteil des Menschen, denn durch sie ist alles Leben miteinander vereint. Dies ist die *ANIMA MUNDI*[22] auf der unterbewussten Ebene. Die Methodik der Kabbalah strebt danach, diese bestehende Ganzheit auch auf der bewussten Ebene erlebbar zu machen. Demgemäß spielt Yesod eine große Rolle, denn diese Sphäre ist das Schatzhaus aller Bilder. Jedes Symbol ist hier gespeichert. Yesod ist das Tor zur mystischen Erfahrung und entspricht dem Symbol des Mondes und allen Mondgöttinnen wie Artemis, Hekate, Isis, Diana.

Daher spiegelt Yesod das große Licht der spirituellen Sonne, diese Sonne hat ihren Sitz in Tiphareth. Auf der Einweihungsstufe von Yesod lernt der Schüler der Kabbalah, dass das Außen ein Spiegelbild des Innen ist. Die äußere Welt ist eine Projektion im göttlichen Geist, in der mentalen Substanz. Die materielle Welt ist mit einer Leinwand vergleichbar, auf die der Film des Lebens projiziert wird. Das Licht entstammt einer anderen Quelle. Es leuchtet durch einen Projektor hindurch und nimmt, abhängig der Schablone, die äußere Form an. Diese „bewegten“ Bilder ergeben dann den Film. Ändern sich die Schablonen, ändert sich auch der dargebotene Film. Die Leinwand ist wertfrei und neutral, dieser Leinwand ist das Schauspiel gleichgültig. Alles hat seine Berechtigung, da die Form aus sich heraus eine vergängliche Erscheinung ist. Diese Form ist das Ergebnis einer Idee. Die Uridee entstammt der höchsten Ebene, der Sephirah Kether. Yesod ist die Pforte in die Innenwelt. Der Mond ist die Sphäre der Reflektionen. Hier präsentieren sich Rhythmen, Schattenwelten und Träume, deshalb findet man die größten Illusionen in Yesod. Zahlreiche Strebende straucheln in dieser Sphäre, sie beenden ihren spirituellen Weg in dieser Inkarnation, weil sie den Illusionen Glauben schenken. Wenn man sich in einem

---

22 Lat.: Anima Mundi: Weltseele.

Spiegel betrachtet, dann sieht man sein Spiegelbild. Dieses Spiegelbild erscheint auf der anfänglichen Etappe verzerrt zu sein. Der spirituelle Anfänger möchte sich besser sehen als er ist. Er hält sich für schön, gerecht, edel und besonders entwickelt. Solche Fehlvorstellung und das Selbstbild stehen zumeist in einem Widerspruch zur Realität, und das führt dann zu einem Konflikt. Die Wahrheit scheint zu schmerzen, da die Täuschungen zerstört werden. Doch der Wunsch, dass wir schön, intelligent und edel sein wollen, hat eine reale Ursache, denn er entspringt dem höchsten Aspekt unseres Wesens. Das ist unser latentes Potential, gleichsam wie ein Same die vollendete Blüte in sich birgt. Bis die Blüte vollkommen entfaltet ist, dauert es eine gewisse Zeit. Die meisten Menschen haben eine verzerrte Vorstellung von dem, wie und was die Realität ist. Sie erleben sich getrennt auf allen Ebenen – und dies entstellt die Realität. Sie begegnen einem Spiegelbild, das teuflisch erscheint, diese Fratze ist die entstellte Wahrheit. Ein Teufelsanbeter oder Satanist ist jemand, der dieses Spiegelbild anbeten würde. Der Kabbalist allerdings sieht es als Spiegelbild und erfasst die entstellte Form. Ein fundamentaler Fehler wäre es, diesen Teufel in Abrede zu stellen. Dieser Teufel hat eine Existenz, doch bleibt er eine Erscheinung, also ein Schein, der Wandlungen unterworfen ist. Manche Geistesschulen verneinen die Existenz des Teufels, dies ist jedoch eine triviale Sackgasse. Es hat seinen Grund, wieso in der Bibel erwähnt wird, dass Gott den Teufel sandte. Der Teufel ist demzufolge eine existente Tatsache. Die Kabbalah kennt die Wirkungsweise von Engelskräften, sowohl himmlischen als auch dämonischen. Diese Kräfte korrekt anzuwenden ist ein Schwerpunkt in den höheren Stufen der angewandten Kabbalah. Es wäre äußerst einseitig zu behaupten, es gäbe nur gute und wohlwollende Wesen in diesem Universum. Der Grad des Bösen ist abhängig von der Entwicklung. Das kann man sogar im eigenen Leben nachvollziehen. Als Jugendlicher hat man eine andere Vorstellung darüber, was gute Verhaltensweisen in einer Partnerschaft sind. Als erwachsener Mensch, der durch leidvolle Beziehungen gegangen ist und daraus gelernt hat, ändern sich diese Einstellungen zum Besseren. Der Jugendliche fügt sich und seinem Gegenüber durch Unwissenheit emotionalen Schmerz und Leid zu. Seine Verhaltensmuster sind im Vergleich zu einem älteren Menschen, der Reife erlangt hat, bösartig. Je unentwickelter ein Wesen ist, desto bösartiger ist es. Somit ist der Mensch in einer steten Entwicklung von Bösem zum Guten. Er ist auch weit vom wahrhaft Guten entfernt, denn das, was ihm heute als gut erscheint, wird sich durch die Zeit hindurch radikal ändern.

Durch das Unterbewusstsein (Mond) empfängt man die höhere Intuition von Tiphareth (Sonne). Das Licht spiegelt sich im Wasser. Der unreife Schüler möchte sofort das Strahlen der Sonne erkennen. Doch dann ergeht es ihm wie Ikarus und Dädalus in der griechischen Mythologie. Ikarus wurde übermütig und stieg so hoch hinauf, dass die Sonne das Wachs seiner Flügel schmolz, die

Federn sich lösten und er ins Meer stürzte. Jeder, der unvorbereitet versuchen würde, direkt zur Sonne zu gelangen, wird tief fallen. Das gleißende Licht der Sonne blendet den Unwissenden, und gerade dies geschieht häufig mit Autodidakten, die übereifrig die Höhen erklimmen möchten. Sie sind vergleichbar mit ungeschulten Bergsteigern, welche eigenständig und frei von ausgebildeten Bergführern die höchsten Gipfel erklimmen möchten. Durch ihre Torheit versetzen sie sich und andere in Lebensgefahr. Die Kabbalah kann man nur in einer regulären Schulung unter persönlicher Aufsicht eines Lehrers studieren. Bei vielen New-Age-Bewegungen wird der Schüler angehalten, die Sonne sofort zu erblicken, doch in Wirklichkeit ist das Sonnenlicht zu intensiv, das Licht blendet die Augen des Sterblichen. Dafür braucht man die Sicht des Adlers. Der Adler ist in der mystischen Symbolik das einzige Wesen, das die Sonne betrachten kann, und das ist die Skorpionskraft (Kundalini) des Menschen. Sie wird auch als Schlangenkraft bezeichnet. Sie schlummert eingerollt und wird durch die korrekte kabbalistische Schulung behutsam emporgehoben. Das Ergebnis ist das Öffnen des *Allsehenden Auges*.

Dieses Auge ist fähig, das strahlende Licht zu erblicken. Ein Großteil dieser Schlangenkraft fließt beim Durchschnittsmenschen in die Befriedigung seiner sexuellen Leidenschaften. Doch durch die Methoden der Kabbalah wird sie allmählich transformiert. Dann erst kann ein Teil dieser Energie in höhere Bereiche fließen und diese aktivieren.

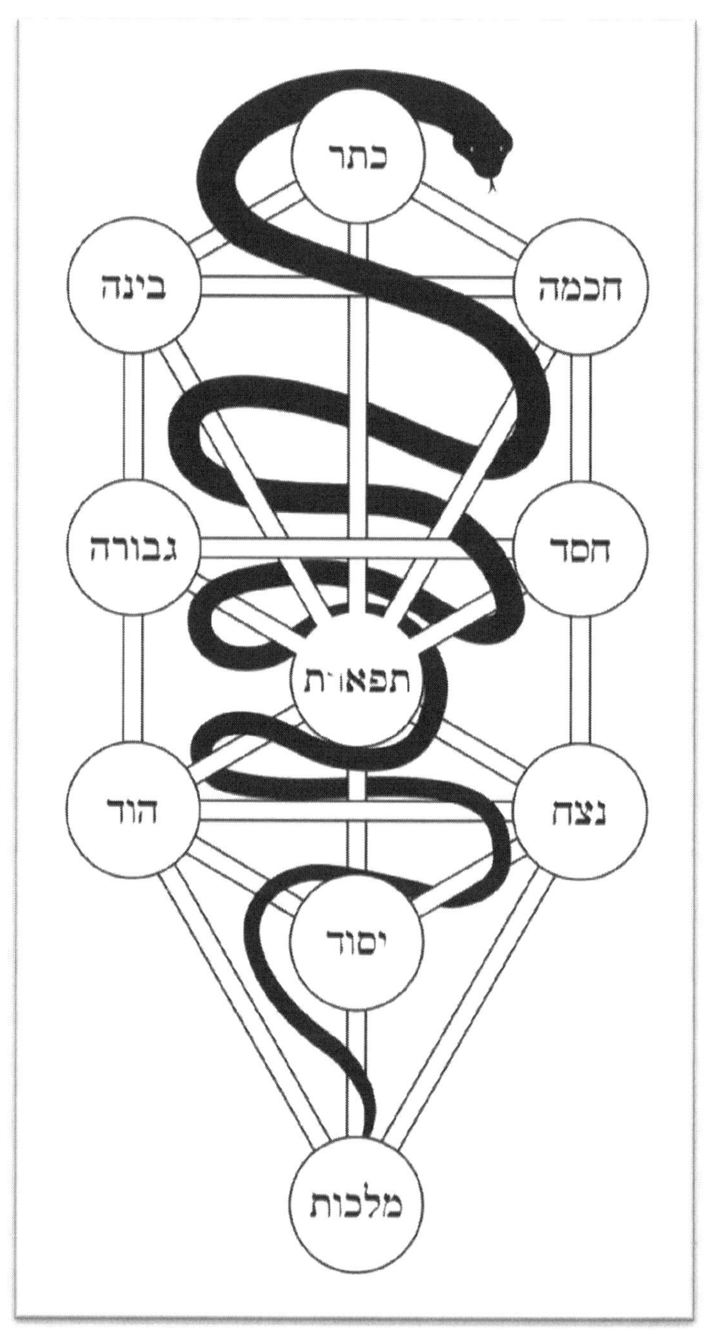
כתר
חכמה
בינה
חסד
גבורה
נצח
הוד
יסוד
מלכות

Diese Schlangenenergie windet sich nach oben. Es wäre fatal, eine Sphäre auszulassen. Erst wenn die unteren vier Sphären geläutert und energetisiert wurden, ist man für die Tiphareth-Erfahrung gebührend vorbereitet. Davor wird man vom Licht der Erleuchtung geblendet. Die heutige Esoterik-Szene ist voll von solchen Teilerwachten, die sich die große Erleuchtung einbilden. Sie sind jedoch noch unvorbereitet um das helle Licht korrekt zu interpretieren. Erst wenn die Sphären Malkuth, Yesod, Hod und Netzach gemeistert und harmonisiert wurden, kann man die Vereinigung mit dem Höheren Selbst verwirklichen. Dann hat man Anteil an der Christus-Erfahrung. In Yesod wird das Licht der Individualität reflektiert. Die Reflektion findet in einer jungfräulichen Substanz statt, die weder befleckt noch verunreinigt werden kann. Diese Jungfräulichkeit findet auch im Neuen Testament der Bibel Erwähnung. Maria, die Muttergottes, hat Jesus jungfräulich empfangen. Diese Aussage hat leider zu sehr viel Leid und Missverständnissen durch die Fehlinterpretation fanatischer Theologen geführt. Die jungfräuliche Empfängnis demonstriert, dass in Yesod das Licht der höheren Ebene Tiphareth unbefleckt empfangen wird. Tiphareth, die Sphäre der Individualität, ist das Christus-Bewusstsein und gleichermaßen ein Sinnbild für den himmlischen Sohn. Tiphareth ist weiterhin die Reflektion von Kether, der höchsten Sphäre. Maria hat die frohe Kunde von Gabriel, dem Erzengel von Yesod, erhalten. Yesod kann man auch analog dem Maschinenraum eines Schiffs verstehen. Hier hat die Kraft ihren Sitz. Jede Sphäre birgt in sich die Kraft, jedoch im jeweiligen Aspekt der entsprechenden Sephirah. Zur Einflusssphäre von Yesod zählen die unterbewussten Kräfte sowie auch die Kraft, die hinter der Fortpflanzung steht. Der Ausdruck der Fortpflanzungskräfte wird hingegen von Geburah beherrscht. Alles im Baum erinnert an eine großartige Synthese, jeder Bereich steht in Verbindung mit den anderen Sphären. Yesod ist das Fundament der Schöpfung. Das ist die Grundlage von dem, was wir als Welt erleben. Die Gesetze von Yesod sind leicht nachzuvollziehen. Eines der wichtigsten ist, dass Yesod stets auf Hinweise reagiert, denn ein Hinweis ist eine Suggestion. Solche Hinweise kommen von einer höheren Ebene als Yesod. Wenn sie intellektuellen Charakter haben, dann sind sie aus Hod. Wenn sie eher emotional sind, dann kommen sie aus Netzach. Da diese beiden Sephiroth chronologisch über Yesod stehen, strömt ihr Einfluss nach Yesod. Wenn man seine mentalen Selbstgespräche einige Tage analysiert, dann versteht man, dass ein Großteil davon völlig destruktiv ist. Diese inneren Gespräche sind starke Hinweise für das Unterbewusstsein. Es reagiert drauf durch Deduktion.

Manche Esoteriker versuchen zwanghaft dem Unterbewusstsein Suggestionen zu geben: „ich bin reich..., ich bin gesund, etc....". Doch sie belügen sich selbst, da sie sich das nur einbilden. Sie sagen sich vor, dass sie reich wären und fühlen sich gleichzeitig arm und spüren den Mangel. Wenn die Überzeugung fehlt, dann sind solche Suggestionstechniken banal. Im Gegensatz dazu steht die gezielte Suggestion, welche die wahre Realität formuliert. Dies bedingt jedoch die Identifikation der Realität und ihre Wahrnehmung. Man kann nur etwas werden, was man ist. Indem man sich Gottes Reichtümer bewusst macht, kommt man in die Vibration des Reichtums. Das Unterbewusstsein versteht diesen Hinweis, es wird diese Suggestion manifestieren, da sie eine kosmische Realität ist. Das gleiche gilt für Schönheit. Wenn man die Schönheit der göttlichen Schöpfung erkennt, dann kann man dies auch auf sich beziehen, und dann wird man diese Schönheit auch in allen Facetten repräsentieren. Es ist unwesentlich, ob man Falten hat, unfrisiert ist oder welche Kleidung man trägt. Sobald man sich das Prinzip der göttlichen Schönheit der Schöpfung bewusst macht, strahlt man von Innen diese Schönheit aus. Diese Schönheit kann sich nur dann reflektieren, wenn das Unterbewusstsein dies klar spiegeln kann. Sofern der Spiegel durch Fehlvorstellungen getrübt ist, wird diese Suggestion verzerrt erscheinen. Der stärkste Hinweis ist die Tat. Deshalb sind Rituale mächtige Werkzeuge der Kabbalah. In hermetisch-kabbalistischen Ritualen vollzieht man Handlungen, die der kosmischen Realität entsprechen. Die Verbindung von korrespondierenden Räucherungen, Invokationen, Farben und Klängen, Symbolen und Taten ist die mächtigste Suggestion. Diese dient dem Unterbewusstsein als eine Schablone. Diese wird daraufhin auf die kosmische Leinwand projiziert. Das Ergebnis ist eine andere Lebenserfahrung. Der hermetisch-kabbalistische Einweihungspfad beinhaltet mächtige Instrumente zur Persönlichkeitstransformation, und wie wichtig solche Instrumente sind, schätzt man erst dann, wenn man selbst versucht, ein Verhaltensmuster nachhaltig zu verändern. Wenn die Instrumente fehlen, dann ist es mühselig und erscheint unmöglich. Dankbarkeit dem Unterbewusstsein gegenüber lässt das Unterbewusstsein produktiver für uns arbeiten, denn Dankbarkeit ist die Vibration dessen, dass es vollbracht ist. Dankbarkeit verdient das Unterbewusstsein auch deshalb, weil es 24 Stunden am Tag unser größter Helfer ist.

HOD – PRACHT – DAS BEWUSSTSEIN DER VOLLKOMMENHEIT

„Die Pracht des grenzenlosen Lichts vollendet sich.“

Die achte Sephirah ist Hod[23] und bedeutet Ruhm oder Glanz. Die Intelligenz, die diesem Bewusstseinskanal entspricht, ist SCHALOM[24]. In manchen Kulturen benutzt man diesen Begriff zur Begrüßung, denn *Schalom* bedeutet Frieden. Genaugenommen ist Schalom ein Symbol für die Vollkommenheit, somit ist es das Höchste, das man Jemandem wünschen kann. Hod entspricht der Mentalsphäre, in ihrer unteren Funktion dem Intellekt, in der höheren der Wahrnehmung. In manchen Esoterikkreisen wird der Intellekt geradezu verteufelt. Der Intellekt stellt für viele Menschen ein Feindbild dar, in der profanen Welt hingegen wird er vergöttert. In unserer heutigen Leistungsgesellschaft wird der Intellekt als besonderes Kriterium hervorgehoben. Oft verwechseln die „Intellektuellen“ die Fähigkeit der Wissensansammlung und das Zugreifen auf ihr Erinnerungsvermögen mit Intelligenz. Genaugenommen sind viele der sogenannten „Intellektuellen“ gerade intellektuell mangelhaft geschult oder falsch konditioniert. Diese falsche Konditionierung lässt sie Sklaven des Intellekts sein. Die letzten 200 Jahre waren im Westen ein Zeugnis für die falsche und missbräuchliche Anwendung des Intellekts, davor war der Mensch intellektuell schwach gebildet, gegenwärtig ist er meist „verbildet“. Er glaubt, dass man mit dem Intellekt die letzten Fragen des Lebens beantworten könnte. Die Überbetonung des Verstandes hatte die emotionale Unterentwicklung zur Folge, Zeugnis dafür ist die tragisch hohe Zahl der an Depression leidenden Menschen. Würde der Umgang mit dem Verstand wirklich Herrschaft im Leben gewähren, dann wäre das Krankheitsbild der Depression fast unmöglich. Sobald der Verstand die Gefühle versklavt, befindet sich der Mensch auf dem absteigenden Ast. Die Gefühlsphäre steht jedoch eine Stufe höher als der Verstand. Netzach befindet sich chronologisch vor Hod, obwohl sich beide Sphären im Lebensbaum auf gleicher Höhe gegenüberstehen. In der Schule wird das Kind intellektuell geschult, doch die emotionale Schulung, welche bedeutend wichtiger ist, bleibt aus. Der Verstand hat seine Berechtigung, jedoch nur als eines der Instrumente des Menschen. Er ist gleich wichtig wie alle anderen Sphären der Persönlichkeit, denn eine einseitige Betonung führt zu Leid und Disharmonie. Der Verstand ist die untere Stufe in der Sephirah Hod. Solange der Mensch unentwickelt ist, kann

[23] Hebr.: HVD, Hod: Pracht.

[24] Hebr.: ShLVM, Schalom: Friede, Vollendung.

er nur die untere Fähigkeit von Hod nutzen, sobald er sich aber entfaltet, kommen die höheren Bereiche zur Geltung, und dieses Instrumentarium wird aktiviert. Der Begriff „Wahrnehmung" kommt in seiner ursprünglichen Bedeutung dieser Befähigung nahe. Das „WAHR NEHMEN" inkludiert, dass man die Realität als solche durchschaut. Man sieht hinter die oberflächliche Erscheinung hindurch und erkennt das dahinterwirkende Prinzip. Dies geschieht in der Gedankenstille. Solange der Verstand noch grübelt und diskutiert, verhindert er die Aktivierung der „Wahrnehmung".

Hod ist die Sphäre der Hermetik und entspricht in der Mythologie Hermes oder Merkur. Der Planet Merkur ist astronomisch der Sonne am nächsten. Es gibt eine Wechselbeziehung zwischen Hod (Merkur) und Tiphareth (Sonne). Manche Mysterienwege vertauschen bewusst die Erzengelskräfte sowie die Korrespondenzen dieser beiden Sphären. Die Hermetik zählt zu den traditionellen Geheimwissenschaften, deshalb findet man in der jüdischen Kabbalah nur wenige praktische Hinweise auf diese Zusammenhänge. Der Schüler hatte sich bei seinem Leben zu verpflichten, vor der profanen Welt darüber zu schweigen. Die höchsten Engelskräfte besiegelten diesen Eid über Leben und Tod. Nur würdige Schüler durften diese Lehre empfangen. So ist die praktische Anwendung der Kabbalah auch heute nur wenigen Menschen vorbehalten, denn nur wenige weisen eine geistige und emotionale Reife auf. In Mysterienschulen werden die Eingeweihten graduell darauf vorbereitet. Die rituelle Kabbalah bleibt der profanen Welt verborgen, obwohl manche Autoren des Westens scheinbar großzügig damit umgehen. Diese verblendeten Seelen haben ihr Wissen in den meisten Fällen nur aus Büchern autodidaktisch erworben oder aus ihrer Mitgliedschaft in obskuren Gesellschaften, deren Grundlage ausschließlich das Buchwissen ist. Die mündliche Geheimtradition der Hermetik ist in einer unversehrten Kette bis zum heutigen Tage erhalten. Ihre Hüter werden in jeder Generation sorgfältig aus einem Kreis höchster Eingeweihter der Tradition auserwählt. Die praktische Kabbalah gleicht der Nutzung der Atomkraft. Solange die unreife Menschheit noch versucht ist, Atombomben zur gegenseitigen Vernichtung zu bauen, ist sie unfähig, dieses Werkzeug zu nutzen. Der Pfad der praktischen Kabbalah nimmt seinen Beginn in Hod und findet seine Krönung in den hohen Mysterien der mittleren Triade (Tiphareth, Geburah, Chesed). Die Vorbereitung auf die entsprechende Praxis ist die Meisterschaft der unteren Sphären. Solange der Schüler noch an der Seuche von „ich weiß alles" leidet, verhindert er durch diese fatale Unwissenheit Zugang zur höheren Erkenntnis. Die Unendlichkeit Gottes ist zu unermesslich, um mit dem begrenzten Intellekt des Einzelnen verstanden zu werden. Vor allem die belesenen Anfänger möchten sich noch überall mit einem besserwisserischen Kommentar einbringen, doch die Aufgabe lautet, die große Tugend des Schweigens zu erlernen. Nur wenn man schweigt, kann man zuhören und verstehen.

In Hod gilt es auch, zwischen dem höllischen und himmlischen Pfad unterscheiden zu lernen, dies sind der linke und der rechte Pfad. Man bezeichnet diese beiden Pfade auch als den involutionären und den evolutionären Weg. Der Satanist schreitet den involutionären Weg und bildet sich ein, dass er besonders fortgeschritten oder frei wäre. Das Gegenteil davon ist die evolutionäre Entwicklung. Hier findet sich die Freiheit, die der Mensch in seinem Herzen ersehnt. Dies ist die Freiheit von den Bürden des Egos, die Freiheit von der Versklavung des Teufels. Die Kenntnis der wahren Bedeutung des Teufels ist für die höheren Mysterien erforderlich, denn damit verschwindet auch die leidvolle Illusion der Trennung. Die Unterscheidung beinhaltet auch die korrekte Interpretation von Gut und Böse. Warum erscheint Gott so gnadenlos und bestraft den armen „unschuldigen" Menschen? Diese Opferhaltung ist in exoterischen Religionen gang und gäbe. Der Mensch bestraft sich selbst durch die mangelhafte Anwendung der Instrumente sowie durch sein Abwenden von Gott. Wenn man sich einer anderen Instanz zuwendet und diese für real hält, dann wird der Mensch dadurch seiner Macht beraubt. Jede Aussage, welche Gott als das höchste Prinzip im Universum missachtet, ist eine entstellte, also unvollkommene Sichtweise. Eine derart diabolische Auslegung schmälert den Menschen in seiner Position als Ebenbild Gottes. Erst wenn Gott ein regulärer Bestandteil des Denkens ist, ist der Verstand zu Gott hingewendet, dann wird er in seine höheren Fähigkeiten transzendiert. Davor befindet sich der Mensch im Irrtum. Es gibt viele Tore, die zu Gottes Thron führen. Der einzige Weg, der immer offen steht, ist das Tor der Tränen, und dieses Tor ist Malkuth. Durch Leid kommt man zu einer Stufe der Unerträglichkeit, da man vor Furcht, Ausweglosigkeit oder Kraftlosigkeit weint und um Gottes Zuwendung fleht. Erst dann wendet man sich Gott zu, und gerade deshalb ist das Leid ein Geschenk Gottes. Es wendet den profanen Menschen Gott zu, ansonsten ist er von Gott abgewendet. Davor dominieren Überheblichkeit und die falsche Identifikation in den wesentlichen Lebensbereichen.

Die Sphäre Hod ist eine Wassersphäre. In der höheren Erkenntnis von Hod kann man sich dieses Wasser als vereist vorstellen. Es ist hart geworden, es ist greifbar, es ist als Struktur vorhanden. Davor ist es flüchtig und schwer zu erfassen. Der Intellekt gleicht einem fließenden Strom. Sobald der Verstand ein Bild fixiert, kristallisiert es und wird greifbar, und dennoch bleibt es in seiner Qualität Wasser. Diese Ursubstanz strömt in Hod und wird durch die Fähigkeit der Aufmerksamkeit in Namen und Bildern belebt. Die Ursubstanz ist die *Prima Materia*[25]. Diese mentale Substanz, erleben wir subtil als Gedanken und konkret als manifestierte Welt. Sie wird durch dic Sicht des Menschen projiziert. Der Durchschnittsmensch glaubt, dass das Sehen ein äußerer Vorgang ist, indem

---

25 Lat.: Prima Materia: Erste Materie, Urstoff.

man einen Impuls von Außen in seinem Innen interpretiert. Das Gegenteil ist jedoch der Fall, denn das Innere wird nach Außen projiziert und diese Ursubstanz wird in Schablonen gefestigt. Die Bilder entstammen unserem Schatzhaus in Yesod. Durch Hod unterscheiden wir und sortieren die Bilder aus. Die Bilder haben aber ihre Ursache in Tiphareth, da sich hier die „Bildschaffende Kraft“ befindet. Diese Bilder spiegeln sich im unterbewussten Meer. Durch das Unterscheidungsvermögen wählt man aus diesen Bildern aus, daraus formt sich die erfahrbare Welt. Eine wesentliche Übung in Hod ist die bewusste Wahl der inneren Bilder und Gedanken. Der Durchschnittsmensch ist meist erfüllt von destruktiven und fehlerhaften Gedankenassoziationen. Die Medien tragen hier ihren wesentlichen Teil bei. Es ist äußerst schwer, die Gedankenwelt in konstruktive Bahnen zu lenken, sofern noch zahlreiche absurde Vorstellungen und Informationen von Fernsehen, Zeitschriften und Radio das Unterbewusstsein konditionieren. Eine mentale Diät ist erforderlich, um sich aus diesem Kreislauf der Fehlinterpretationen zu befreien. Die massive Informationsflut durch Medien aller Art verdeutlicht uns auf dramatische Weise, was der Mensch derzeit erlebt. Er steht einem Chaos von unsortierbaren und unnötigen Informationen gegenüber. Es ist allgemein bekannt, dass Fastfood gesundheitlich bedenkliche Folgen hat, doch dieses mentale Fastfood an unbrauchbaren Informationen ist noch gefährlicher. Eine mentale Überernährung hat nachhaltige Konsequenzen. Indem der Verstand auf einer niederen Ebene überbetont wird, gibt man einem mittelmäßigen Mitarbeiter die Gesamtaufsicht des Unternehmens. Die Folge ist, dass der Verstand überlastet ist, da er zu viel an Ballast zu tragen hat. Das Unterbewusstsein des Menschen ist stets für jeden Hinweis offen. „Unterhaltende“ Kriminalromane, Thriller, Negativnachrichten, Seifenopern und Beziehungstragödien dienen genauso als Hinweise, welche bereitwillig vom Unterbewusstsein als erfahrbare Wirklichkeit manifestiert werden. Der Mangel an Intelligenz lässt den Menschen seine Instrumente auf derart unprofessionelle Weise verwenden. Er programmiert seinen „Computer“ mit Sklaverei, Trennung und Schicksalsschlägen und erwartet sich im Gegenzug dafür eine heile und glückliche Welt. Intelligenz bedeutet aber, dass man aus einem Fehler lernt. Die Dummheit beginnt ab dem Stadium, wo man einen Fehler wiederholt und andere Ergebnisse erwartet. Viele halten sich für geistigen Koryphäen, doch ihre Taten, Worte und Gefühle wurzeln meistens in der Torheit.

Der unreife Mensch sehnt sich nur nach der Befriedigung von Bedürfnissen aus den unteren vier Sephiroth, er ist nur auf seine physischen, sexuellen, intellektuellen und emotionalen Begierden fokussiert. Er glaubt sich beschwingt und fröhlich, sobald diese niederen Lebensbereiche zufrieden gestellt sind. Das echte Glück kann aber nur ab der Erkenntnis der Sephirah Tiphareth verwirklicht werden. Erst ab dem Messias-Bewusstsein beginnt die Freiheit und das Glück, und das ist auch die richtige Stellung des Menschen im göttlichen Plan. Bis dahin ist Satan der Lehrer – dieser Widersacher und das eingebildete Ego führen durch die schmerzlichen Erfahrungen zur Erkenntnis. Nur durch das Licht der Erkenntnis wird Satan überwunden. Hod steht in Verbindung mit der Sephirah Chesed, beide Sephiroth sind Wassersphären. Chesed ist die kosmische Stufe dieses Wassers und birgt die Erinnerung des Kosmos in sich. Hod hingegen ist eine Spiegelung dieses Wassers, durch diese Sphäre haben wir Zugang zur himmlischen Ordnung. Wir können den Boden anstarren und nur Staub sehen, wir können aber den gleichen Boden betrachten und ihn aus der Perspektive eines himmlischen Bewohners des grenzenlosen Alls erleben. Dieser Kosmos ist eine große Ordnung, doch der ungeschulte Verstand ist unfähig, diese Ordnung zu erfassen und schafft Platz für den Faktor Zufall. Jede Erscheinung hat ihre Ursache in einer höheren Ebene. Die ersten spirituellen Erfahrungen in Hod können mit Anfangsstufen der Erleuchtung verglichen werden. In dieser Sephirah kann das spirituelle Licht von Christus im Ozean des Bewusstseins aufgehen, doch dieses Licht ist eine Spiegelung. In dieser Teilerleuchtung gibt es einen Betrachter und das Betrachtete. Es gibt eine Trennung zwischen dem, der diese Erfahrung macht und der Erfahrung selbst. Das Christus-Prinzip wird noch als höhere Gegenwart wahrgenommen. Erst ab der Einweihungsstufe von Tiphareth geschieht die Identitätsverlagerung zum Christus-Selbst. Das Licht von Christus befreit von der Illusion des eingebildeten Egos.

NETZACH – SIEG –
DAS BEWUSSTSEIN DER VERBORGENHEIT

„Die Schöpfung ist ein siegreicher Vorgang."

Der Name der siebenten Sephirah Netzach[26] wird mit „Sieg" übersetzt. Mit „Sieg" weisen die Kabbalisten auf Erfolg hin, denn die Schöpfung ist eine erfolgreiche Abfolge, die ihren Ursprung in den höchsten Sphären des Lebensbaumes hat. Die Lebenskraft ist fortwährend erfolgreich. In Kether liegt die Wurzel des Baums, und diese Urabsicht trägt das Erbgut dessen in sich, was die Schöpfung sein wird. Die Lehrer von New-Age-Bewegungen präsentieren oftmals Techniken, mittels derer durch geistige Kräfte Wünsche erfüllt werden sollten. Die Motivation ihrer Schüler liegt darin, dass sie sich in Erwartung der Erfüllung von Wünschen, wie zum Beispiel Wohlstand, Liebe, Gesundheit usw. befinden und diese in der Welt verwirklicht sehen möchten. Die Grundidee, dass die geistige Vision der materiellen Erfüllung vorausgeht, ist unbestritten. Der Denkfehler liegt jedoch in der Intention. Ist man bemüht, die Welt und andere Menschen in eigennützige Vorstellungen zu pressen, wird man automatisch scheitern, dies auch dann, wenn solche Methoden anfangs als ein angenehmer Weg proklamiert werden. Im Unterschied dazu arbeitet der Kabbalist mit vermeintlich ähnlichen Mitteln, doch er ist eher der Zeuge der göttlichen Vision. Er ist ein durchlässiger Kanal, durch den die göttliche Absicht zur Erfüllung kommt. Christus vollzog den Willen seines Vaters, und genauso vollzieht der Kabbalist diesen höheren Willen. Sein Sehnen hat die Ursache in höheren Ebenen. Für den echten Kabbalisten ist es sekundär, welche Situation gerade auf der Bühne des Lebens dargeboten wird. Sein korrektes Wahrnehmen lässt ihn die Welt als vollkommen erfahren. Er wiederholt durch seine Einstellung Gottes Worte in der Genesis: *„Und Gott sah, dass es gut war"*.[27] Der unreife Mensch ist ein Knecht seiner Leidenschaften. Er missversteht sein Sehnen und möchte sein Ego befriedigen. Damit ist Leid vorprogrammiert. Er ist versucht Macht über Menschen und Situationen zu erlangen, dies ist aber die Grundintention von Satanskulten. Diesen Ideen verfallen vor allem schwächliche Menschen, die sich erfolglos fühlen. Sie haben Probleme, sich durchzusetzen und sind willensschwach. Durch magische Techniken erhoffen sie sich Machtzuwachs und bedienen sich schwarzmagischer Praktiken. Der Teufelsanbeter möchte mittels Dämonen, die er beschwört, seine Welt und insbesondere seine Mitmenschen

---

[26] Hebr.: NTzCh, Netzach: Sieg, Triumph.

[27] 1. Moses 1, 10.

kontrollieren. Bereits bei den ersten Experimenten gerät er unmerklich in die Fänge der dunklen Fürsten und wird ihr williger Knecht und Handlanger. Solange es dem Menschen an wahrer Autorität mangelt, fehlt ihm die Grundvoraussetzung zur Ausübung solcher Techniken. Autorität ist das Ergebnis der Identifikation mit dem höheren Selbst, alles andere ist der kümmerliche Versuch, das Ego aufzublähen. Schon bei der kleinsten Erschütterung platzt diese bunt schimmernde Seifenblase. Der verblendete Zauberer sieht die Welt und seine Position verzerrt, denn die dämonische Welt gaukelt ihm Macht und Ruhm vor. So beugt er die Knie vor Satan und der Pakt des Schreckens wird mit seinem Blut besiegelt. Ein solcher Pakt ist stärker als alle irdischen Hüllen. Seine Macht bleibt jedoch gering, da er dem „Schein" und den Schattenwelten dient. Er ist noch zu schwach um dem Licht zu begegnen. Diese dunklen Kräfte verblassen, sobald das Licht aufdämmert. Die Leidenschaften bleiben unerfüllt und verzehren ihn. Der Preis ist unglaublich hoch, jeglicher Fehler wird streng bestraft, oft sogar mit dem Leben. So dient der dunkle Zauberlehrling bestenfalls nach seiner Inkarnation noch immer den teuflischen Ebenen, ansonsten erwartet ihn höllische Pein. Der Grundirrtum der sogenannten Schwarzmagier liegt in ihrer entstellten Wahrnehmung der Welt. Das vergängliche Ego übernimmt in ihrem Leben die Herrschaft. Solche Menschen können sich zwar zahlreiche psychische Kräfte aneignen, doch verhindern sie die Entfaltung wahrer Macht. Macht in seiner wahren Bedeutung ist die Herrschaft über sich und sein Ego. Das bedeutet das vollständige Opfer des Vergänglichen für die Widergeburt des Unsterblichen. Viele Zauberlehrlinge werden aus Enttäuschung in Liebesbelangen zu dieser dunklen Kunst geführt. Sie erhoffen sich, dass sie Herrschaft über das andere Geschlecht erlangen und als unwiderstehlich wahrgenommen werden. Sowohl der Liebeszauber als auch der Geldzauber stehen an oberster Stelle, doch die wenigsten Zauberer wagen sich in die wahrhaft dunklen Schattenwelten, da sie sich innerlich davor fürchten. Sie möchten schnelle Ergebnisse für möglichst geringen Einsatz.

Das Sehnen nach Erfüllung nimmt viele unterschiedliche Formen an. Es hat seinen Sitz in Netzach, der Wunschnatur. Abhängig vom Entwicklungsgrad des Menschen wird es entweder Leid oder Erlösung bringen. Das Verlangen nach Vereinigung kann von der Vergewaltigung bis hin zum Klosterleben führen. Beides entstammt dem gleichen Impuls, und dennoch wird es sich unterschiedlich manifestieren. Wenn die Verhaltensmuster in Yesod animalisch sind, dann wird man versucht sein, dieses Triebverhalten gewalttätig durchzusetzen. Der religiös Motivierte hingegen wird die Abgeschiedenheit von der äußeren Welt suchen, um Gott zu begegnen, doch auch dieses Verhalten könnte unter Umständen auf Unreife hinweisen. In zahlreichen Glaubensgemeinschaften sieht man unentwickelte und fanatische Menschen, die auf primitivste und grausamste Weise Andersdenkende verfolgen, misshandeln und töten. Jede Weltreligion hat solche Phasen erlitten, manche sind in einem solchen Geschehen noch verstrickt. Gebete, wie sie in vielen religiösen Riten praktiziert werden, ähneln Teufelskulten. Ihre Anhänger versuchen einen Gott mit persönlichen Attributen durch Opfergaben zu ihrem Vorteil gnädig zu stimmen. Gläubige anderer Religionen werden zu Feindbildern, die es zu bekämpfen gilt. Die Bereitschaft, sich selbst zu verändern, anstatt den anderen zu bekehren, fehlt in diesen absolutistischen Gemeinschaften. Ihnen fehlt die Einsicht, dass alle Menschen nach dem Ebenbild Gottes geschaffen wurden. Im starken Kontrast dazu steht das wahre Gebet. Es erhebt die Seele des Menschen zu Gott. Das Flehen des Unerwachten will etwas bekommen, doch das wahre Gebet will geben. Gottes Wille ist gerecht und trachtet danach, dass alles zu Recht geschieht. Alles, was der Mensch jetzt erlebt, ist das Resultat des ursprünglichen Willens zum Guten. Es ist das Ergebnis der ersten Absicht. Diese erste Absicht findet ihren Ausdruck in allen Sephiroth, so auch in Netzach als Wunsch- und Gefühlsnatur.

Der Verstand folgt im Lebensbaum den Gefühlen. Zuerst kommt der emotionale Impuls, dann erst der Gedanke. Die untere Ebene des Verstands ist linear – ein Gedanke folgt dem anderen, zuerst eine Sache denken und danach die nächste. Die höhere Ebene des Verstands ist multidimensional. Diese Ebene entwickelt sich allmählich in und durch die kabbalistische Praxis. Mit den Gefühlen verhält es sich aber ein wenig anders. Man kann beispielsweise mehrere Gefühle gleichzeitig für eine bestimmte Situation empfinden. Im Erleben von Gefühl und Verstand gibt es bedeutende Unterschiede. Deshalb gibt es so viele Beziehungskonflikte zwischen Mann und Frau. Aus dem Persönlichkeitsbereich ist Netzach eine weibliche Sphäre, ihr Sinnbild ist Aphrodite oder Venus. Diese Liebesgöttinnen veranschaulichen die Wunschnatur des Menschen. Jeder Mensch hat grundsätzlich alle Sphären in sich, doch manche drücken sich intensiver aus. Prinzipiell haben Frauen mehr Zugang zu Netzach und Männer mehr zu Hod. Im Laufe der Entwicklung harmonisieren sich diese Sphären im Menschen und er wird gleichermaßen Zugang zu beiden Sephiroth haben. Dann werden diese Persönlichkeitsanteile ausgeglichen, sie feiern als männliche und weibliche Anteile die „Chymische Hochzeit“. Das Ergebnis dieser inneren Einheit ist das spirituelle Kind, das im Inneren geboren wird. Das ist die Geburt von Christus, denn das höhere Bewusstsein inkarniert. Es wird dann erwachsen und entfaltet sich am Kreuz des Leides, wie es detailliert in der biblischen Geschichte beschrieben ist. Das Kreuz ist das Symbol der Harmonie der Elemente, damit sind Erde, Luft, Wasser und Feuer in der menschlichen Persönlichkeit ausgeglichen. Danach folgen der mystische Tod und die Auferstehung in die Unsterblichkeit. Für die Auferstehung ist das Christus-Gefährt erforderlich, welches als *Merkabah*[28] bezeichnet wird. Es kann sich erst dann entfalten, wenn die unteren vier

[28] Hebr.: MRKBH, Merkabah: Thronwagen.

Wesensanteile balanciert wurden. So entsteht initiatorisch in jeder dieser Sphären ein Vehikel. Sobald die unteren vier Gefährte fertig sind, kann der Heilige Geist Gottes[29] inkarnieren. Somit wird aus dem Gefährt der vier Elemente, welche YHVH darstellen, das fünfte Element, der Geist hinzugefügt. Es entsteht aus dem YHVH das YHSchVH.

יהוה YHVH

יהשוה YHShVH

Dies geschieht bei der Einweihung in die hohen Mysterien ab Tiphareth. Die Vorbereitung dafür findet ihren Abschluss in Netzach nach der Harmonisierung der Emotionalnatur. Für den westlichen Menschen zählt dies zu den schwierigen Aufgaben. Unsere heutige Gesellschaft ist emotional betrachtet noch sehr unentwickelt. Die unreifen zwischenmenschlichen Verhaltensmuster werden in Netzach zum funkelnden Smaragd geschliffen und poliert. Zumeist ist das ein leidvoller Prozess, denn Leid ist eine Erfahrung, die oft als Gefühl erlebt wird. Viele Menschen sind gefühlsarm, und doch können sie Leid fühlen. Leid ist der erfolgreichste Lehrer. Wenn jemand auf der Gefühlsebene unentwickelt ist, dann ist auch seine Leidkapazität sehr unentwickelt. Dieses Leid ist dann so minimal, das es nur wenige Veränderungen herbeiführen wird. In der spirituellen Arbeit von Netzach wird die Gefühlsebene intensiviert. Nur durch intensive Strebsamkeit ist die Erfahrung der Erleuchtung möglich, und inbrünstiges Gebet ist dafür eine Vorbereitung.

Liebesbelange sind ein großartiges Feld für leidvolle Erfahrungen. Zwischenmenschliche Beziehungen sind das größte Lernfeld. Manche Strebende wenden sich von ihren Mitmenschen ab und wollen nur mehr Gott dienen, doch nur wenn man auch Menschen lieben kann, kann man die Einheit Gottes umfassend erleben. Wenn jemand Gott liebt und die Menschheit hasst, befindet er sich auf einem trügerischen Pfad. Hier fehlt noch die Harmonisierung in Netzach. Jeder, der einmal verliebt war, kennt die Erfahrung, dass sobald die Liebe zum Geliebten erlischt, eine Periode des Leids folgt. Dieses Erlebnis ist vermeidbar. Liebe ist unabhängig von einem äußeren Objekt also von äußeren Umständen. Genauso wie man sich einen Gedanken wählen kann, so kann man auch die Gefühle wählen. Es ist durchaus möglich unabhängig eines Partners zu lieben. Wenn

---

[29] Hebr.: RVCh ALHIM, Ruach Elohim: Geist Gottes.

man die Liebe von einem anderen Menschen abhängig macht, ist man ein Sklave und unfähig, wahre Liebe zu erleben. Eifersucht, Besitzdenken, Hass und Neid sind dann die Konsequenz einer solchen Abhängigkeit. Erst wenn man ein „ganzer“ Mensch ist, ist man bereit für eine reife Beziehung. Ganzheit bedeutet, dass die Seelenanteile ausgeglichen sind und Harmonie zwischen den maskulinen und femininen Aspekten herrscht. Solange man den Partner noch „braucht“, ist man unfrei und unfähig für die Liebe. Manche sind finanziell, sexuell, intellektuell oder emotional abhängig von ihrem Partner, dies zeigt, dass gewisse Bereiche in der Persönlichkeit noch unentwickelt sind. Liebe möchte frei fließen, unabhängig von Klischees oder gesellschaftlichen Normen. Die Liebe zu den Eltern ist eine andere Form als jene zum Geliebten. Die Liebe zum Beruf unterscheidet sich von der Liebe zur Natur. Man kann alles lieben, denn die Liebe an sich ist neutral. Ein Verbrecher kann genauso von seinem Partner geliebt werden wie ein bissiger Hund von seinem Herrn. Die Liebe ist wertfrei und möchte nur gelebt werden. Sie ist so parteilos wie die Sonne, die auf alle Menschen scheint. Sie ist genauso tolerant wie das Wasser, das die Hände des Mörders wie die des Heiligen reinwäscht. Der gefühlsarme Mensch ist in den Sphären unterhalb von Netzach überbetont. Er verlagert diese Qualität auf den Verstand und ist versucht, seine Gefühle zu denken. Dies ist ein folgenschwerer Irrweg. Man kann zwar denken „ich bin froh“, aber das unterscheidet sich vom Gefühl des Frohseins. Wir haben in unserer Sprache viele Wörter für unsere Eindrücke, doch trotzdem zu wenige, um sie einem anderen Menschen wirklich vermitteln zu können. Die Liebe steht in Beziehung zum gesamten Lebensbaum, insbesondere zur Sphäre Netzach. Sonderbarerweise fehlen in der deutschen Sprache Variationen für den Begriff Liebe. Die Liebe zu einem Tier ist eine ganz andere Form von Liebe als die Liebe zu einem Kind. Die Liebe der Großeltern ist anders als die Liebe zu den Geschwistern. Das sind unterschiedliche Erfahrungen, und doch haben wir nur einen Begriff dafür. Das zeugt davon, wie arm wir auf der Emotionalebene sind.

Gefühle sind der Motor des Lebens, sie treiben uns in eine Richtung. Der verliebte Jugendliche fokussiert seine Gedanken hundertprozentig auf die Geliebte. Seine gesamte Aufmerksamkeit ist auf das Objekt seiner Begierde gerichtet. Erscheint dieses Objekt der Begierde jedoch als unerreichbar, wird aus diesem Jugendlichen möglicherweise eine Bestie. Deshalb ist es so wichtig, die animalische Natur in Yesod zu transformieren und zu echtem Menschsein zu wandeln. Bevor man göttlich werden kann, bedarf es, dass man zuerst einmal Mensch wird. In der Alchemie wird beschrieben wie das Kupfer weiß wird. Das Kupfer ist die Wunschebene, und dic Wünsche werden von den Gedanken des Eigennutzes gereinigt. So kann es sein, dass man sich einen Partner wünscht. Hier gilt es genau zu hinterfragen, wieso man dies möchte. Ist es die Einsamkeit, die der Partner vertreiben soll oder ist es der Mangel an Liebe? Erwartet man sich dadurch die Befriedigung der sexuellen Triebe? Möchte man Kinder? Durch das aufrichtige Betrachten unserer Wünsche können wir differenzieren lernen. Vielleicht sieht man den Wunsch nur verzerrt. Die echte Beobachtung dessen, warum wir diesen Wunsch haben, erhebt den Wunsch auf eine höhere Ebene. Durch die klare Sicht, die man dann gewinnt, kann man unterscheiden, ob es wirklich dieser Wunsch ist, der so stark spürbar ist. Heutzutage sind die Wünsche sehr stark von Medien und Werbeeinflüssen geprägt. Diese Wünsche, die uns durch die Mittel der Werbung suggeriert werden, versprechen ein bestimmtes Lebensgefühl und sind meist verzerrt. Man möchte vielleicht ein bestimmtes Auto, das Prestige verspricht. Ein anderes Auto steht für Sportlichkeit und freches Auftreten usw. Wenn man dann ein Auto kauft, um diese Gefühle zu erleben, wird man meistens enttäuscht werden, denn man möchte einen inneren Mangel mit materiellen Gütern beseitigen. Es gibt eine Hierarchie der Wünsche. Die untersten sind die irdischen Wünsche, wie Nahrung, Haus und Geld, dann folgen die triebhaften Wünsche, wie zum Beispiel die Erfüllung bestimmter sexueller Bedürfnisse. Es gibt den Wunsch nach Wissen, nach Partnerschaft, Macht und Prestige – und doch bleibt die vollkommene Erfüllung aus. Auch wenn diese Wünsche bis zu einem gewissen Maß befriedigt werden, bleibt dennoch eine gewisse Leere, ein innerer Durst und ein Sehnen bestehen. Hier beginnt der Ruf nach Spiritualität und die wahre Verwirklichung, denn Wünsche sind die Samen Gottes. Sie werden in uns gesät, damit sie durch uns Frucht werden. Jeder Same trägt das Potential des Erfolgs in sich. Die Schöpfung ist ein stets erfolgreicher Prozess, denn der Wunsch, den Gott sät, drängt nach Verwirklichung. Das Bemerkenswerte dabei ist, dass der Impuls für große Entdeckungen und Erfindungen stets von mehreren Menschen gleichzeitig empfangen wird. Der Samenimpuls ist von oben gegeben. In den östlichen Lehren wird gelehrt, dass es tugendhaft sei, die Wünsche zu besiegen.

Diese Aussage kann leicht missverstanden werden, denn Wünsche führen zur Erleuchtung. Erleuchtung kann man aber erst dann verwirklichen, indem man sich danach sehnt. Gott führt den Menschen durch die Wünsche. Manche Menschen spüren nur die Ebene der niederen Wünsche. Erst wenn Gott den Wunsch nach Spiritualität entfacht, ist der Mensch für diesen Weg bereit. Davor ist es äußerst gefährlich, solchen Menschen spirituelle Lehren anzuvertrauen. Sie würden dadurch ihr Ego vermehren und versuchen, ihre Mitmenschen mit diesem Wissen zu manipulieren. Das ist auch der Grund, weshalb die wahren Lehren der Kabbalah eine Geheimlehre sind. Der Mensch kann erst dann eine höhere Erkenntnis machen, wenn er den Wunsch dazu in sich verspürt. Das ist Gottes Gnade. Das Symbol der Rose stellt den Wunsch dar, und so ist die weiße Rose das Symbol für den gereinigten Wunsch. Die Manifestation des Wunsches ist das, was wir als Welt erleben. Der Wunsch des Menschen ist die Verwirklichung von Gottes Sehnen nach der Manifestation seiner Allmacht. Zuerst wurde die Einheit vervielfacht, um in der Vielheit die Einheit zu erkennen. So mancher Leser hält seine momentane Lebenssituation, seine Probleme für einen Fehler der Schöpfung, und dennoch ist jede Lebenserfahrung die Folge seines Wünschens. Die Welt von Malkuth, die auf der Leinwand des Lebens sichtbar ist, kann jederzeit verändert werden. Die Verhaltensmuster in Yesod, die Unterscheidung in Hod und der Wunsch in Netzach sind hierfür entscheidend. Wenn das Verhaltensmuster in Yesod bereits einen „optimaleren" Zustand darstellt, so kann dieses Muster erst durch die emotionale Energie von Netzach verwirklicht werden. Der Wunsch ist die Antriebskraft, um etwas zu erreichen. Durch den Wunsch hat Gott dem Menschen die Fähigkeit gegeben, in der Vollkommenheit spezifische Erfahrungen zu machen. Obgleich alles in der Schöpfung unendlich vorhanden ist, hat der Mensch die Fähigkeit, Mangel zu erleben. Das Bewusstsein des Menschen hat ein unendliches Potential in sich, gleichwie das Universum unendlich ist. Durch das Erleben von Mangel strebt der Mensch nach Veränderung. Er erfährt die unendlich vielen Aspekte des EINEN in der Vielfalt.

In Netzach wird die Strebsamkeit ausbalanciert. Netzach entspricht dem Element Feuer. Bei der initiatorischen Erfahrung von Netzach wird die Flamme der Aspiration entfacht. Der Wunsch, die Einheit mit Gott bewusst zu erleben, wird geweckt. Das Resultat davon ist die Läuterung und Weihe der Wunschnatur, also der Begierden. Die Sphäre Netzach bildet die Basis der maskulinen Säule, denn der Lebensbaum stellt die Wechselwirkung polarer Kräfte dar. Im Verhältnis zu Tiphareth ist Netzach feminin. Hod allerdings ist Netzach gegenüber passiv, daher ist Netzach zu Hod maskulin. Das empfangende Prinzip ist weiblich, dass gebende männlich. Dies trifft auch auf die Liebe zu. Das Empfangen der Liebe ist weiblich, das Geben hingegen männlich. Netzach steht wie Yesod in Beziehung zur Natur. Die Natur ist das Kleid Gottes. So, wie der Mensch mit der Natur umgeht, zeigt sich gleichwertig in seinem Umgang mit Netzach. Die gegenwärtigen Umweltprobleme sind ein Zeugnis der Disharmonie des Menschen in der Sphäre Netzach. Sobald die Menschheit diese Ebene kultiviert und harmonisiert hat, werden auch diese Probleme verschwinden. Der Missbrauch schöpferischer Kräfte führt unweigerlich zur Umweltverschmutzung und zum Missbrauch der Ressourcen unseres Planeten. In Hod werden die geistigen Bilder gewählt, in Netzach werden sie durch Imagination erschaffen, denn Netzach ist auch der Sitz der schöpferischen Vorstellungskraft. Die einzige folgerichtige Vorgehensweise liegt also in der konstruktiven Anwendung der schöpferischen Imagination. Jede Handhabung im Außen, um die Umweltverschmutzung zu bekämpfen, kann demnach nur ein Irrweg sein. Dies gleicht der Behandlung von äußeren Symptomen anstelle ihrer inneren Ursachen. Der einzige erfolgversprechende Weg beginnt im Inneren. Die äußere Umweltverschmutzung ist nur ein Spiegelbild der inneren. Es ist also erforderlich, die

Emotionalnatur zu läutern, um bewusst Liebe ausdrücken zu können. Erst daraus resultiert das Bild einer sauberen und lebenswerten Umwelt. Unsere Umwelt kann nur so sauber sein, wie wir in unserem Inneren sauber sind. Haben wir dort Schmutz, erleben wir im Außen Schmutz. Fühlen wir innerlich etwas als unrein, erleben wir im Außen Unreinheit. Die Bilder, welche wir in uns erleben, sind die Schablone der äußeren Welt. Ihren Ursprung haben diese Bilder in der höheren Sephirah Tiphareth.

TIPHARETH – SCHÖNHEIT – DAS BEWUSSTSEIN DER VERMITTLUNG

תפארת

„Die Schönheit Gottes erstrahlt im Größten wie im Kleinsten."

Tiphareth[30], die Sonnensphäre ist das Zentrum des Lebensbaumes. Dieser Sephirah wird die bilderschaffende Fähigkeit zugewiesen. Hier finden wir die heilende Vision über das Ziel der Schöpfung. Es gibt zwei Möglichkeiten um Tiphareth zu erreichen: der mystische Pfad beginnt in Malkuth, geht dann über Yesod nach Tiphareth und schließlich zur vollkommenen Gottverwirklichung zur Sephirah Kether. Der hermetische Weg nach Tiphareth bezieht jedoch die Sephiroth Hod und Netzach ein. Dieser Weg ist gleichsam reichhaltiger als der erste, da die Kräfte der linken und rechten Säule des Baums kontaktiert werden. Der mystische Pfad scheint ein schneller und direkter Weg zu sein, um das Hohe Selbst zu erfahren. Durch Meditation ereignen sich Veränderungen im unterbewussten Bereich. Dies führt zur Reinigung der Verhaltensmuster im persönlichen Unterbewusstsein. Das Licht von Tiphareth kann sich sodann klar in Yesod spiegeln. Beim hermetischen Weg hingegen spielt die Meisterschaft von Hod und Netzach eine wesentliche Rolle. Im Gegensatz zum mystischen Weg möchte der hermetische eine dauerhafte Veränderung herbeiführen. Der Mystiker kann zwar in meditativen oder besonders strebsamen Phasen Zugang zu Tiphareth erlangen, der Hermetiker strebt aber nach der Umwandlung seiner niederen Vehikel, damit das Tiphareth-Bewusstsein permanent erfahrbar wird. Der Hermetiker beherrscht also zusätzlich die Sphäre der Gedanken und der Gefühle. Er wird zum Pentagramm, zum bewussten Herrscher über die vier Elemente. Der hermetische Weg ist der königliche Weg, der ein Verantwortungsbewusstsein mit sich bringt. Manche Schulungssysteme verwechseln die psychischen Kräfte mit den spirituellen, doch der Hermetiker hat sowohl psychische als auch spirituelle Kräfte. Die psychischen Kräfte sind eine Nebenerscheinung auf dem kabbalistischen Pfad, primär bedeutsam sind jedoch die spirituellen Kräfte. Auch die Aufgaben unterscheiden sich auf dem spirituellen Weg. Ein spiritueller Lehrer, der die Massen unterrichtet, wird ganz andere Vorgehensweisen haben als ein Lehrer in hermetisch-kabbalistischen Mysterienschulen. Beide benötigen unterschiedliche Talente und Stärken. Vielleicht kann es für den spirituellen Lehrer, der die Masse schult, notwendig sein, schnelle mystische Erfahrung zu machen. Diese mystische Erfahrung wird ihn dazu bringen, dass er zwischen dem höheren Selbst und dem Ego differenzieren kann. Er wird

[30] Hebr.: ThPARTh, Tiphareth: Schönheit

sich für erleuchtet halten, da er die Tiphareth-Erfahrung kennt. Aus der Sicht einer Mysterienschule ist diese Erfahrung auf einer ganz niedrigen Stufe, denn die gleichen Erfahrungen haben zahlreiche Schüler in niedrigeren Einweihungsstufen. In jeder Sphäre gibt es einen Lebensbaum und somit auch die vier Welten. Daher ist es durchaus möglich, dass jemand eine spirituelle Erfahrung in Tiphareth gemacht hat, doch ähnlich kann es in der untersten Welt, im Lebensbaum der untersten Sephirah sein. Dies erklärt auch den gegenwärtigen Erleuchtungs-Boom, in dem sich zahlreiche Lehrer der Esoterik für große Erleuchtete halten. Die meisten Schüler, die in Mysterienschulen beginnen, halten sich vorerst für große Erwachte. Kaum einer würde sich der untersten Ebene von Malkuth zuordnen. Viele meinen, sie wären bereits die Eingeweihten in Hod, Tiphareth oder noch höherer Sphären, doch allzu oft sind sie einseitig geschult und haben einen überstrapazierten Verstand. Diese „Kopfaspektierung" verwechseln sie dann mit den hohen Einweihungsstufen. In jeder Mysterienschule gibt es für jede einzelne Sephirah unterschiedliche Erfordernisse. So kann es sein, dass es für einen Schüler nötig ist, der in einer Mysterienschule bereits in Tiphareth initiiert ist, in einer anderen Schule wie alle anderen Anfänger trotzdem in Malkuth zu beginnen, da es unterschiedliche Ausbildungsniveaus gibt. So kann es vorkommen, dass spirituelle Leiter von Mysterienschulen auf niedrigem Niveau in anderen Schulen im äußeren Kreis sind und dort ihr Unterrichtsmaterial erhalten. Gleichermaßen kann es sich ereignen, dass manche Eingeweihte verhältnismäßig schnell die einzelnen Sphären im Lebensbaum voranschreiten. In wenigen Jahren erreichen sie bereits die Sphäre Geburah oder Chesed. Der Schüler setzt seine Arbeit in der Sphäre fort, die seiner ursprünglichen seelischen Reife entspricht. Wenn jemand in dieser Inkarnation ein Eingeweihter von Tiphareth ist, dann wird er in einer kommenden Inkarnation diesen Weg wieder aufnehmen und innerhalb kürzester Zeit dort weiterschreiten. Es ist jedoch erforderlich, dass er die Einweihungen der niederen Sphären vorher wiederholt. So baut er sich wieder die Vehikel, welche für das bewusste Erleben des Christus-Bewusstseins erforderlich sind. Der „normale" Weg außerhalb einer Mysterienschule ist langwierig und dauert viele Jahre oder Inkarnationen. Eine Mysterienschule beschleunigt die individuelle Evolution, so dauert in einer authentischen Mysterienschule die ethische Schulung ungefähr zehn Jahre, bis der Schüler für die höheren Mysterien vorbereitet ist. Mysterienschulen, die innerhalb von zwei bis drei Jahren oder schneller ihre Kandidaten in die hohen Mysterien einweihen, sind unseriös. Sie arbeiten auf unterstem Niveau, ihre Schüler sind dann ethisch unreif. Diesen Sachverhalt kann man historisch bei einigen Initiatenorden verfolgen. Schüler von authentischen Mysterienschulen sind in den niedrigeren Stufen bereits entwickelter als jene „Adepten" dieser vermeintlichen Schulen. Mysterienschulen unterscheiden sich einerseits durch das Einweihungssystem, der Rituale und Lehren, andererseits durch die Kapazität der spirituellen Lehrer. Jede dieser Schulen hat andere Aufgaben. Sobald die geheimen Einweihungsrituale einer Mysterienschule öffentlich zugänglich sind, verlieren sie ihre ursprüngliche Wirkung. Das profane Auge entweiht die sakralen Symbole.

Die Sonne ist Tiphareth zugeordnet, sie ist das Zentrum unseres Sonnensystems. Alle Sonnensysteme kreisen um einen weiteren solaren Mittelpunkt so wie alle Galaxien um die Zentralsonne im Herzen des Universums kreisen. Unsere Sonne spendet allem Leben hier auf diesem Planeten Licht und Leben. Nur solange die Sonne besteht, kann es hier Leben geben. Sie ist das geistige und materielle Haupt dieses Sonnensystems. Die Sonne hat ein Bewusstsein, das man als Christus-Bewusstsein bezeichnet. Hier ist Vorsicht angebracht, denn manche Schüler verwechseln die biblische Gestalt Jesus von Nazareth mit Christus. Christus ist das Bewusstsein, dass Jesus erfahren konnte. Genauso könnte man dieses Bewusstsein auch als Osiris, Krishna oder Buddha bezeichnen. In den Eleusinischen Mysterien nennt man das göttliche Kind „Iakchos", die Sephirah Tiphareth entspricht also dem himmlischen Sohn. Der Sohn oder „BEN"[31] ist Adam, seine göttlichen Eltern sind „AIMA"[32] (Mutter) und „AB"[33] (Vater). Die göttliche Mutter ist in der Sphäre von Binah immanent, der göttliche Vater ist in Chokmah. Auf diesen göttlichen Vater bezieht sich Jesus in seinen Gleichnissen. Ein Symbol von Tiphareth ist das Kleinkind in der Krippe. Dieser Archetyp hat in unserem Kulturraum eine starke Prägung, und für gewöhnlich assoziiert man damit Jesus. Die symbolische Geschichte des Kindes im Stall zu Bethlehem wird mit Jesus personifiziert, doch dieses Kind ist überpersonell und eine Offenbarung des Christus-Bewusstseins. Dieses Bewusstsein wird in unserem Inneren empfangen. Weihnachten ist ein Symbol der geistigen Geburt dieses Bewusstseins. In der dunkelsten Jahreszeit wird das Licht geboren, somit ist Christus auch ein Sonnengott. Das himmlische Kind ist jungfräulich empfangen worden, es ist frei von jeglicher Erbsünde. Das Wort „Sünde" bedeutet in diesem Fall „Trennung". Christus ist in einem ungetrennten erlösenden Bewusstsein, das heilend ist. Das Kind ist Erbe seiner göttlichen Eltern und kommt durch das Tor der Geburt in die Manifestation. Die Geburt von Jesus ist die unterste spirituelle Erfahrung von Tiphareth. Es ist der Beginn der hohen Mysterien. Erst wenn diese Geburt in uns stattfindet, haben wir einen Kontakt zum Höheren Selbst, davor ist dies alles nur eine Vermutung. Ab Tiphareth startet die Verifikation, denn mit der Geburt des Sonnenbewusstseins beginnt die erste Stufe der Erleuchtung. Dann entwickelt sich dieses Kind zum mystischen König. Seine himmlischen Eltern sind die Regenten aller Welten und sein Geburtsrecht ist dieses Erbe. Christus bedeutet übersetzt der „Gesalbte". Die heilige Salbung ist dem Priesterkönig vorbehalten. Der erste Schritt in sein

---

31 Hebr.: BN, Ben: Sohn.
32 Hebr.: AIMA, Aima: Mutter.
33 Hebr.: AB, Ab: Vater.

majestätisches Dasein ist es, den Schöpfer wieder auf seinen Thron zu setzen. Sobald der König (Christus) wieder auf seinem Thron ist, erkennt der Mensch, dass Christus der Lenker im Gefährt der Persönlichkeit ist. Dieser König regiert sein Reich von Innen. Das ist Dionysos. Er hat Verantwortung für sich und seine Umgebung, und diese Erfahrung unterscheidet das Kind vom Erwachsenen. Der reife König betrachtet sein Reich und regiert es durch seine innere Herrschaft. Dies ist der königliche Hohepriester. In den ägyptischen Mysterien illustriert es den Pharao, der die Verkörperung des Osiris ist. So war auch Moses, auf den die Hauptwerke des Alten Testaments der Bibel zurückgehen, ein hoher Eingeweihter der ägyptischen Mysterien. Erwähnenswert ist, dass sich auch im Neuen Testament der Bibel zahlreiche altgriechische Begriffe finden, die direkt aus der Mysterientradition und den Einweihungsriten stammen. Ihre wahre Bedeutung ist daher nur den Eingeweihten vorbehalten. Wörtliche Übersetzungen solcher Fachtermini sind paradox und entstellen die ursprüngliche Bedeutung.
Die nächste Stufe der Erleuchtung findet sich in der Kreuzigung. Auf dem Kreuz des Leides wird Jesus geopfert. Hier erlebt der Eingeweihte das Bewusstsein des ewigen Lebens, der Tod wird überwunden. Das ist auch die Symbolik des geopferten Lammes, das für die Gründung der Welt erschlagen wurde. Der gekreuzigte Christus steht nach seiner Kreuzigung auf. Die Auferstehung findet zu Ostern in der Pessachwoche statt, sie fällt auf den Sonntag nach dem ersten Frühjahrsvollmond. Pessach erinnert an den Auszug aus Ägypten, der Befreiung des heiligen Volks aus der Sklaverei. In der Symbolik stellt Ägypten das dunkle Land sowie die Wüste dar. Ägypten ist das Land der materiellen Begrenzung. Die Sklaverei stellt die Knechtschaft des profanen Menschen dar. Die Befreiung des Volks ist also die spirituelle Erhebung, also die Erlösung. Die Kreuzigung fand an dem Tag statt, als die Pessachlämmer im Tempel von Jerusalem geschlachtet wurden. Das Abendmahl (Eucharistie) hat Jesus einen Tag vor der Kreuzigung zelebriert. Es weist inhaltliche Ähnlichkeiten mit dem jüdischen Sederabend auf, dazu gehört auch das Symbol des Osterlammes.
Die Symbolik der Auferstehung kann man mit dem kabbalistischen Gleichnis aus dem Rosenkreuzer–Manifest, der Fama Fraternitatis, vergleichen. So stellt das Gewölbe von Frater C.R. die Einweihung in die hohen Mysterien von Tod und Auferstehung dar. Diese Auferstehung ist der Höhepunkt in Tiphareth. Man beachte jedoch, dass Tiphareth das Zentrum des Lebensbaums ist. Über Tiphareth befinden sich fünf weitere Einweihungsstufen. Erst ab Tiphareth beginnt das *Magnum Opus*[34] der Alchemie. Im „Kleinen Werk"[35] werden die unteren vier Sephiroth harmonisiert, erst im Großen Werk beginnt die Balance der Triade der Individualität. Davor wird die Persönlichkeit dergestalt transformiert, dass sie ein würdiger Tempel für den Göttlichen Dienst ist. Das ist der wahre

[34] Lat.: Magnum Opus: Großes Werk.
[35] Lat.: Minor Opus: Kleines Werk.

„Gottesdienst". Der Durchschnittsmensch hält den Begriff „Gottesdienst" für eine religiöse Messe. Der Gottesdienst ist jedoch das Zeugnis des Eingeweihten in Tiphareth. Solche Eingeweihten kennen den „Meister" und *Salavator*[36], der das Christus-Bewusstsein ist. Es gibt nur einen Meister im Menschen. Dieser innere Lehrer offenbarte durch Jesus das Christus-Bewusstsein, und das ist der innere Lehrer der gesamten Menschheit. Jeder spirituelle Lehrer ist ein Werkzeug dieses Meisters. Die Buddhisten bezeichnen diesen Meister als Buddha. Es ist stets der gleiche Lehrer, der abhängig der menschlichen Belange, die Zeitlose Weisheit offenbart. Die Heiligen Schriften wie die *Bibel*, das *Tao Te King*, die *Upanishaden* oder das *Ägyptische Totenbuch* haben ihre Ursache in diesem Offenbarer der Mysterien. Das ist das Bewusstsein der Sonne.
Die erste Aufgabe des Eingeweihten in Tiphareth besteht darin, sein Vehikel zu optimieren. Die unteren Sphären Malkuth, Yesod, Hod, Netzach werden für den Empfang höherer Vibrationen eingestimmt, sie werden in diesem Werk etappenweise angepasst. So können die subtilen Kräfte von Tiphareth durch immer hellere Strahlen in die einzelnen Sphären strahlen. Die unterbewussten Verhaltensmuster werden durch reifere Muster ersetzt, welche die Einheit des Lebens zur Schau tragen. Der Verstand wird darauf ausgerichtet, hinter den Schleier der Erscheinung zu blicken und die Einheit zu erkennen. Die Gefühlsnatur wird harmonisiert, um Liebe zu allen Wesen frei fließen zu lassen. Dadurch erkennt der Adept in Tiphareth in allen Umständen des Lebens die Schönheit des göttlichen Ausdrucks. Das bedingt alle Lebenssituationen, und innere Gelassenheit ist die Folge. Anfangs erscheint der Weg ungemütlich, da viele Lügen zu beseitigen sind. Es gilt den Tod und den Teufel als Feinde zu besiegen und diese göttlichen Prinzipien als Freunde zu gewinnen. Dieses Werk wird vom Heiligen Schutzengel vollzogen. Erst wenn alle Umstände des Lebens der Führung Gottes gewidmet wurden, kann die Führung dieses Schutzengels bewusst wahrgenommen werden. Die Persönlichkeitstransformation ist das Werk des Heiligen Schutzengels. Obwohl man in den anfänglichen Stufen davon überzeugt ist, dass dieses Werks persönliche Anstrengung sei, so löst sich diese Illusion ab Tiphareth allmählich auf. Das Christus-Prinzip ist der Heiland in uns. Diese Vibration hat heilende Wirkung. Menschen, in denen sich das Christus-Bewusstsein entfaltet hat, haben eine heilende Atmosphäre, ihre Gegenwart erlöst und heilt die Wunden. Für solche Menschen ist die Zeit belanglos, denn sie leben in der Ewigkeit. Ob die heutige Ursache sofortige Wirkungen zeigt oder erst in Äonen, ist für sie völlig belanglos. Die Gier nach Ergebnissen plagt nur den Sterblichen. Dennoch gibt es noch Höheres zu verwirklichen, denn obwohl der Mensch intellektuell erkannt hat, dass er den Willen des Vaters vollzieht, spürt er dennoch einen Eigenwillen. Diese Wahrnehmung wandelt sich erst in der mächtigen Sphäre Geburah.

[36] Lat.: Salvator: Erlöser, Erretter, Heiler.

GEBURAH – KRAFT – DAS BEWUSSTSEIN DER WURZEL

„Unfehlbare Gerechtigkeit offenbart sich in allen Welten.“

Die fünfte Sephirah im Lebensbaum hat wie die anderen Sphären auch unterschiedliche Namen. Der gebräuchlichste ist GEBURAH[37], was „Stärke“ bedeutet. Die Stärke wird mit „Strenge“ gleichgesetzt. Zwei weitere Namen sind DIN[38], die Gerechtigkeit, und PECHAD[39], die Furcht. In der Tora wird die *Furcht vor dem Herrn* erwähnt,[40] dies steht symbolisch für diese Sphäre. Die Furcht vor Gott wird als erstrebenswerte Tugend beschrieben. Solange die Furcht vor dem Herrn fehlt, fehlt ebenso die Ehrfurcht. Furcht hat für den westlichen Menschen einen unangenehmen Beigeschmack, doch die Furcht ist eine gottgegebene Eigenschaft. Im Angesicht der Gefahr verspüren sowohl der Feigling als auch der Mutige Furcht. Der Mutige stellt sich seiner Angst, doch der Feigling flieht und der Narr handelt waghalsig. Es gibt verschiedene Formen von Furcht und ebenso verschiedene Möglichkeiten damit umzugehen.

Der Planet Mars ist Geburah zugeordnet. In der Mythologie ist Mars ein Kriegsgott, alle kriegerischen Auseinandersetzungen stehen in direktem Zusammenhang mit der Mars-Kraft. Diese Sphäre steht auch in Beziehung zum Gefühl des Stolzes. Es gibt neben dem erhabenen Stolz auch den arroganten Stolz. Der Löwe ist ein Symbol der königlichen Kraft, er steht für die Erhabenheit. Der dumme eigensüchtige Stolz lässt einen meist auf die Nase fallen. Diese falsche Überlegenheit beruht auf einem illusionären Ego. Der Begriff „HYBRIS“ entstammt dem Griechischen und bedeutet „Übermut“ oder „Anmaßung“. Das ist eine Selbstüberhebung, unter der zahlreiche Menschen leiden. Hybris ist der Auslöser des Falls vieler Hauptfiguren in griechischen Tragödien. Die Hauptfigur ignoriert in ihrer Überheblichkeit Befehle und Gesetze der Götter, was unvermeidlich zu ihrem Fall und Tod führt. Viele spirituelle Schüler meinen sie wären die hohen Erwachten und neigen sogar dazu die großen Meister in ihren Aussagen zu berichtigen und sich selbst auf einen Sockel zu heben. Unter Hybris leidet genauso die moderne exoterische Wissenschaft, die an dem Wahn leidet, aus sich heraus die Welt erlösen zu können. Hierzu ist auch die Schulmedizin hinzuzurechnen, welche die Ansicht vertritt, dass bestimmte chemische

---

37 Hebr.: GBVRH, Geburah: Stärke, Kraft.
38 Hebr.: DIN, Din: Gerechtigkeit.
39 Hebr.: PChD, Pechad: Furcht.
40 Psalm 111, 10

Präparate Heilung herbeiführen könnten, was durch die große Zahl der modernen chronischen Symptome bereits eingehend widerlegt ist. Sobald man einem Menschen Macht verleiht, werden seine negativen Aspekte sichtbar. Der Eigenwille wird erstmals mit der biblischen Figur von Kain in Verbindung gebracht und ist dafür verantwortlich, dass man sich mit einem persönlichen, getrennten Ego identifiziert, das einen eigenen Willen hat. Dieser Eigenwille neigt dazu arrogant zu sein, aber diese Arroganz macht unsympathisch. Sympathie bedeutet, dass man sich verbunden fühlt. Die Überheblichkeit bringt aber Trennung, da man sich dem Anderen überlegen fühlt. Dieses Grundübel ist auch für zahlreiche Verbrechen verantwortlich, einschließlich des Turmbaus von Babel. Dieses Gefühl ist in jedem Menschen stark verankert. Der eigenwillige Mensch möchte sich zum Himmel erheben und mit irdischen Mitteln die Welt regieren. Auch die heutige politische Situation gleicht dem trügerischen Turm von Babel. Das genaue Abwägen einer Situation bedeutet die göttliche Ursache zu erfassen. Der Eigenwillige, dem die Gotterfahrung fehlt, versucht um jeden Preis seinen eigenen Vorteil wahrzunehmen. Er geht dabei sprichwörtlich über Leichen und fühlt sich durch sein asoziales Verhalten gestärkt. Er verwendet in seinem Vokabular deftige Wörter, vor allem jene, die man als Fäkalsprache bezeichnen könnte. Er möchte andere übervorteilen und aus ihrer Dummheit Kapital schlagen. Er denkt nur an sich und fühlt sich von seinen Mitmenschen getrennt. Die Mars-Kraft ist eine kraftvolle Energie, die sogar zu Tyrannei, Gewaltakten, Vergewaltigung und Misshandlung führen kann. Die Angst des Täters vor der irdischen Gerichtsbarkeit und deren Sanktionen lässt ihn meist raffiniert handeln. Aber gerade diese Form der Justiz ist zumeist nur auf den Schein gerichtet und versucht mit furchteinflößenden Mitteln kriminellen Taten vorzubeugen. Dass dies eine eindeutige Sackgasse ist, kann man an den überfüllten Gefängnissen sehen, wo zahlreiche Insassen im Umfeld mit der Energie von anderen Kriminellen neue Impulse für ihr bösartiges Verhalten schöpfen. Sobald der Mensch erkennt, dass die geistige Schablone für die irdische Welt verantwortlich ist, wird sich damit seine Vorgehensweise ändern. Hinter dieser Schablone gibt es eine Vibration. Ein Gefangener wird sich im Gefängnis eingesperrt fühlen, Freiheit liegt außerhalb seiner Vorstellung. Könnte er sich Freiheit vorstellen und die Vibration spüren, so wäre er daraufhin unmittelbar frei. Die Freiheit ist jedoch abhängig von der ausbalancierten Geburah-Energie. Freiheit bedeutet bedingt auch frei von Eigenwillen zu sein. Ein solcher Mensch ist rechtschaffen, er vollzieht Gottes Gesetz und sein Urteil ist gerecht. Dies lässt beispielsweise einen Propheten wie Daniel, der in die Löwengrube geworfen wurde, Herrschaft über das Tierreich demonstrieren.[41] Er beherrscht seinen inneren Löwen, denn der Löwe ist ein Symbol für die animalische Natur. Daniel kann die Löwen nur durch die Einsicht beherrschen, dass dies „seine" inneren

---

41 Daniel 6, 17-24

Löwen sind. Das ist die korrekte Einschätzung, die Mut spendet. Er ist rechtschaffen, denn er lebt bewusst nach Gottes Gesetz. Er beurteilt die Situation korrekt. Der biblische Name „Daniel" bedeutet „Gott richtet". Der Richter urteilt nach seinem Vermögen, das Gesetz zu interpretieren. Er ist verpflichtet, sein Urteil nach dem entsprechenden Gesetz zu sprechen, doch es ist ihm untersagt, neue Gesetze zu schaffen. Der König hingegen hat das Recht, Gesetze zu erlassen. Wenn jemand verurteilt wird, kann der König das Gnadenrecht walten lassen, er kann jemanden freisprechen. Dieser gnädige König entspricht Chesed, der Richter hingegen ist ein Symbol von Geburah. Die Welt ist immer gerecht, da sie der Ausdruck des göttlichen Gesetzes ist. Dieses Gesetz wird in den 10 Geboten symbolisch dargestellt, die Zehn Gebote entsprechen den zehn Sephiroth:

Ich bin die Realität, dein Gott, der dich aus dem Lande Ägypten, aus dem Sklavenhaus, herausgeführt hat.

Du sollst dir kein Bildnis noch irgendein Gleichnis machen, weder von dem was oben im Himmel, noch von dem, was im Wasser unter der Erde ist: bete sie nicht an und diene ihnen nicht. Denn Ich, der Herr, dein Gott, bin ein eifernder Gott, der die Missetaten der Väter heimsucht bis ins dritte und vierte Glied an den Kindern derer, die mich hassen, aber Barmherzigkeit erweist an vielen Tausenden, die mich lieben und meine Gebote halten.

Du sollst den Namen des HERRN, deines Gottes, nicht missbrauchen; denn der HERR wird den nicht ungestraft lassen, der Seinen Namen missbraucht.

Gedenke des Tags des Schabath, dass du ihn heiligest. Sechs Tage arbeite und tu dein Werk, aber am siebenten Tage ist der Schabath des HERRN, deines Gottes; da sollst du keine Arbeit tun, noch dein Sohn, noch deine Tochter, noch dein Knecht, noch deine Magd, noch deine Tiere, noch ein Fremder, der in deinen Toren ist. Denn in sechs Tagen hat der HERR Himmel und Erde erschaffen und das Meer und alles, was darinnen ist, und Er ruhte am siebenten Tag. Darum segnete der HERR den Tag des Schabath und heiligte ihn. Denk daran: Als du in Ägypten Sklave warst, hat dich der Herr, dein Gott, mit starker Hand und hoch erhobenem Arm dort herausgeführt. Darum hat es dir der Herr, dein Gott, zur Pflicht gemacht, den Schabath zu halten.

Ehre deinen Vater und deine Mutter, damit du lange lebst in dem Lande, das dir der HERR, dein Gott, gibt.

Morde nicht.

Sei nicht untreu.

Stehle nicht.

Nicht sage aus gegen deinen Nächsten zur Lüge.

Neide nicht deines Nächsten Haus, neide nicht deines Nächsten Frau, Knecht, Magd, Ochsen, Esel, noch sonstiges was Deines Nächsten.

Diese Zehn Gebote stellen den vollkommenen göttlichen Ausdruck dar. Moses empfing sie auf dem Berg Sinai, das ist der Heilige Berg. Der Berg stellt das Erlangen eines höheren Bewusstseins dar. Auf diesem Berg war Moses in bewusstem Kontakt mit dem höchsten Gott. In der Bibel wird der Name des höchsten und einzigen Gottes übersetzt als ICH BIN, der ICH BIN.[42] Das ist Gott von Kether. Also hatte Moses Zugang zur Sephirah Kether. Die Gebote stellen daher die zehn Ausdrucksweisen des göttlichen Gesetzes dar. Sie sind die Formulierung der göttlichen Gerechtigkeit (DIN). Nur Moses hatte den direkten Kontakt zu den zehn Sephiroth. Sein Volk sündigte mit dem goldenen Kalb,[43] mit der Verehrung von Götzenbildern trennte sich sein Volk von diesem Bewusstsein der Einheit. Daher zerbrach Moses die Tafeln mit dem Dekalog.

Die höchste Erkenntnis in Geburah ist die Wahrnehmung der unpersönlichen Willenskraft. Somit wird in allen Umständen des Seins die allumfassende Gerechtigkeit erlebt. Unabhängig dessen, wie teuflisch die Situationen erscheint, sie hat ihre Wurzel in Gott. Nur wenige spirituelle Lehrer verstehen die Wirkungsweise von Geburah, da sie noch in der Illusion eines selbständigen Eigenwillens sind. Sie berichten vom freien Willen und der menschlichen Freiheit. Doch darauf beruht der Grundirrtum des Menschen – und alle Verbrechen haben ihre Ursache in diesem Trugschluss. Es gibt nur eine Willenskraft. Diese Willenskraft von Kether nimmt in Geburah die Form eines individuell erfahrbaren Willens an. Jesus war befreit von der Illusion des persönlichen Willens und war bewusst ein Instrument von Gottes Willen. Er veranschaulichte völlige Meisterschaft über die Sphäre von Geburah. Der Verbrecher hingegen glaubt, dass es sein persönlicher Wille ist. Er meint, durch Raffinesse ungeschoren davon zu kommen. Er begeht sein Verbrechen „heimlich". Er möchte andere übervorteilen und nimmt auf diese Weise an der Energie von KAIN teil. Doch sobald dieser Eigenwille im Menschen erlischt, lösen sich unweigerlich seine kriminellen Tendenzen auf. Der Wahn des Eigenwillens ist für das Übel verantwortlich. Das Böse ist existent, dadurch unterscheidet sich die Kabbalah von den meisten spirituellen Wegen, die das Böse verneinen. Es ist unsere Aufgabe, das Böse in Gutes umzuwandeln. Meist erleben wir das Böse im Außen, weil wir bösartige Tendenzen in uns haben. Es gibt verschiedene Möglichkeiten, mit diesem Bösartigen umzugehen. Wir könnten, wie manche gutgläubige Esoteriker, das Böse einfach unter den Teppich kehren. Andererseits können wir in uns die

42 Hebr.: AHIH AShR AHIH, Ehejeh Ascher Ehejeh: ICH BIN, der ICH BIN.

43 2. Mose 32, 1–4.

Tendenz des Bösen erkennen und in der Folge umwandeln. Das Böse entstand durch die Schöpfung der Polarität. Der Wahn des getrennten Seins ist dafür verantwortlich. Solange sich der Mensch getrennt fühlt von Gott, der Welt und anderen Menschen, ist er in dieser Illusion. In der Sphäre von Geburah fallen die Masken. Alle Scheinsicherheiten, jegliche Scheinmoral, alle Lügen werden durch den Blitz der Erkenntnis zerstört. Das ist eine ENT-TÄUSCHENDE Erfahrung. Sie kann sehr schmerzvoll sein. Die Willenskraft strömt durch die Persönlichkeit hindurch, sie hat dort ihre Ursache in einer höheren Ebene. Der Mensch empfangt die Vibration des Willens, so wie ein Fernseher die Frequenz einer Sendung empfängt. Die Persönlichkeit ist ebenso ein Instrument. Solange der Mensch sich einbildet, dass der Wille persönlichen Ursprungs ist, leidet er an der Illusion des Eigenwillens. Der einzige freie Wille ist der überpersönliche Wille. Wenn man den Arm in die Luft hebt, dann geht dieser Handlung ein geistiger Impuls voraus. Die Zellen des Arms vollziehen jedoch als Gesamtes diesen Impuls. Sie haben genauso wenig persönliche Willensfreiheit wie der Mensch.

Die Geburah-Kraft ist vergleichbar mit der Zeugungskraft, jedoch in einer anderen Art als in Yesod. Die gesamte Schöpfung ist das Ergebnis von Sexualität, daher ist die schöpferische Energie pure Sexualkraft. Der Drang nach Vereinigung hat ihren Sitz in Geburah. Wenn dieses Bedürfnis unbefriedigt bleibt, kann es sich gewaltsam äußern. Auf dem spirituellen Pfad wird diese Energie jedoch in andere Bahnen gelenkt, die Triebkraft bleibt dennoch erhalten. Während der hermetischen Praxis nimmt diese Kraft ständig zu. Der Durchschnittsmensch wäre damit überfordert, da er zu stark und permanent sexuell erregt wäre. Doch für die Aktivierung der latenten Gehirnregionen ist die Sexualkraft wie Strom für eine Glühbirne. Damit diese Energie in die höheren Gehirnregionen fließen kann, bedarf es spiritueller Übungen der Meditation, Kontemplation, Gebet und Demut. Dann steigt der Adler, der ein Symbol dieser transformierten Sexualkraft ist, empor, dann fällt der Schleier vor dem Tabernakel. In dem Moment, wo dieser Schleier zerreißt, können wir die dahinterliegende Wirklichkeit sehen. Dann sind wir offen für das Licht, das dahinter scheint. Dieser Schleier schützt die hohen von den niederen Mysterien wie eine Schranke, er wird nur gelüftet, wenn man die seelische Reife hat.

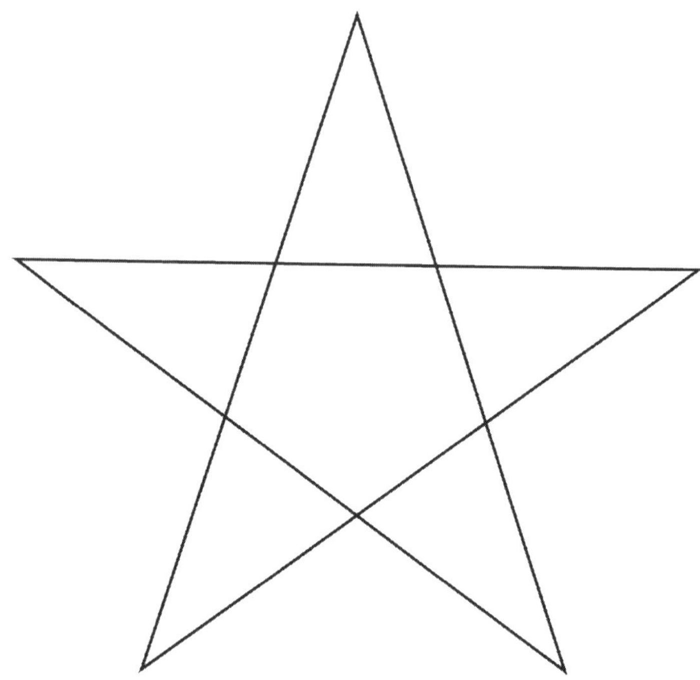

Das wichtigste Symbol von Geburah ist das Pentagramm. Das Pentagramm mit einer Spitze nach oben stellt die Herrschaft des Geistes, also des Willens, über die elementare Natur dar. Das umgekehrte Pentagramm mit zwei Spitzen nach oben ist ein Sinnbild des Teufels. Es stellt die entstellte Wahrheit und die Perversion des Menschen dar. Das verkehrte Pentagramm gaukelt vor, dass die Natur den Geist beherrschen würde, unter dieser Illusion leiden die meisten Menschen. Sie wären entsetzt, wenn man sie als Satanisten bezeichnen würde, doch ist ihr Handeln und Tun so ausgerichtet, als wären sie Opfer ihrer Lebensumstände. Das ist die größte menschliche Dummheit. Es ist die Aufgabe des Menschen, wieder Vollmacht zu erlangen und sein geistiges Erbe als Ebenbild Gottes anzutreten. Sobald wir das Pentagramm wieder in seine richtige Position drehen, erkennen wir, dass der Wille Gottes seit jeher alle Welten regiert.

CHESED – BARMHERZIGKEIT – DAS BEWUSSTSEIN DES EMPFANGENS

„Aus der Barmherzigkeit der grenzenlosen Substanz strömen alle inneren und äußeren Reichtümer."

Die vierte Sephirah im Lebensbaum ist CHESED[44] und bedeutet Gnade. Ein weiterer kabbalistischer Name ist GEDULAH[45], die Herrlichkeit. Wie bereits in der Sephirah Geburah, stellen verschiedene Namen die unterschiedlichen Qualitäten dieser Sephirah dar. Chesed ist der Gegenpol von Geburah. Beide befinden sich in der Mitte ihrer entsprechenden Säule.

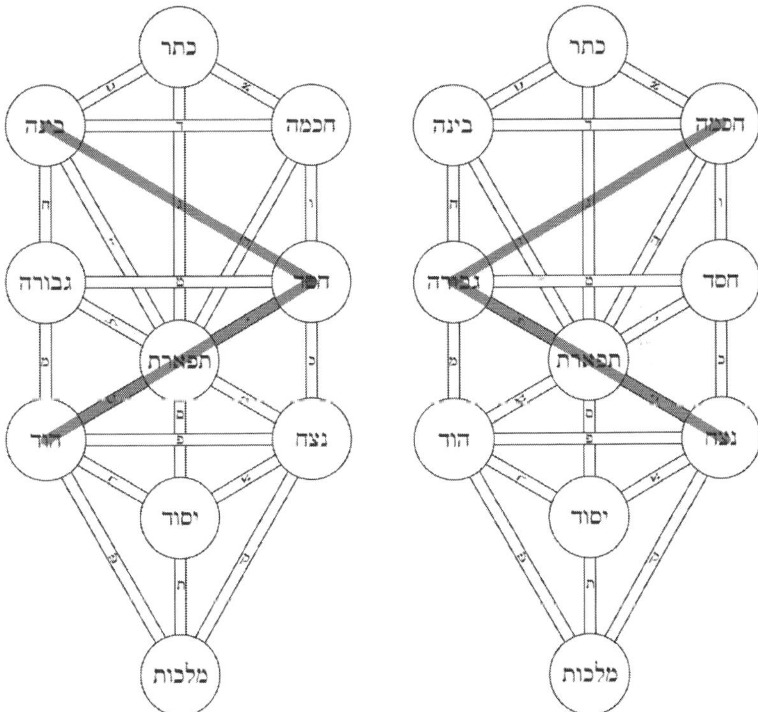

[44] Hebr.: ChSD, Chesed: Gnade.
[45] Hebr.: GDVLH, Gedulah: Herrlichkeit.

Obwohl Chesed sich in der männlichen Säule befindet, so drückt sie auch weibliche Aspekte aus. Chesed ist eine Wasser-Sphäre, so wie Geburah eine Feuer-Sphäre ist. Dieser Umstand weist daraufhin, dass beide Säulen auch Aspekte des anderen Pols beinhalten. Binah ist das Urmeer, das sich in Chesed reflektiert. Chesed ist der kollektive Ozean des Bewusstseins, das ist auch die universelle Erinnerung. Diese Erinnerung beinhaltet alles, was war, ist und in der Folge sein wird. Das ist die universelle Chronik, die Schriftrolle, in der die gesamte Geschichte der Schöpfung aufgezeichnet ist, und diese kosmische Aufzeichnung befindet sich in Chesed. Das ist für den intellektuell beschränkten Menschen schwer nachvollziehbar, doch die Selbsterinnerung ist stets vorhanden. Das Alte Testament der Bibel mit der Schöpfungsgeschichte konnte auf Grund dieses kollektiven Erinnerungsvermögens verfasst werden. Die Propheten hatten Zugang zur zyklischen Erinnerung. Die sogenannte Selbstvergessenheit, die wir in vielen New-Age-Büchern finden, ist demnach ein Trugschluss, wenn man die Fakten aus dieser Verständnisebene beleuchtet. Die Persönlichkeit ist ein Instrument. Es ist diesem Vehikel unmöglich, selbst zum Wagenlenker zu werden, denn der Wagenlenker ist Christus. Er ist stets erleuchtet und hat Anteil an der göttlichen Selbsterinnerung. Er ist vollkommen und heil. In Chesed ist Christus im Amt des Offenbarers der Mysterien. Das ist der Hohepriester, der das Gesetz Gottes enthüllt. Es gibt nur einen Offenbarer, seine Offenbarung enthüllt die Einheit des Lebens und seine wichtigste Botschaft lautet: *„Sei still und wisse, dass ich Gott bin."*[46] Sobald die Wasser des Bewusstseins zur Ruhe gekommen sind, ist diese Stille wahrnehmbar. Dann erst kann man die Stimme der Stille hören. Alle authentischen Weisheitsbücher gehen auf diesen Offenbarer zurück. Die Aussagen der Weisheit erscheinen dem profanen Menschen unverständlich, da er an der Illusion des Egos und des Eigenwillens leidet. Gottes Gegenwart ist jedoch hinter diesen Worten verhüllt. Heilige Schriften wie die Bibel können den Menschen zu Gott erheben, aber nur dann, wenn der Mensch für das Licht Gottes empfänglich ist. Die Bibel ist gleich anderer kabbalistischer Bücher in einer doppelsinnigen und metaphorischen Sprache verfasst. Gott offenbart sich durch diese Schriften. Die Bibel ist eine der großartigsten kabbalistischen Schriften. Es gibt kaum eine andere Schrift, die auf einem so hohen Niveau das Gesetz Gottes enthüllt. Sowie ein zweidimensionales Abbild eines Hauses als Bauplan für ein dreidimensionales Gebäude verwendet werden kann, so beschreiben die Worte der Bibel die höheren Dimensionen mit Worten der irdischen Welt. Die Gleichnisse der Bibel legen göttliche Kräfte dar. Sie befinden sich auf einer höheren Verständnisebene als der von menschlichen Schicksalen. Auf der niedrigsten Verständnisebene ist der Mensch versucht, die Zusammenhänge auf der Persönlichkeitsebene zu interpretieren. Er wird Vögel für Vögel halten, Wasser für Wasser und die menschlichen Schicksale nur für irdische

[46] Psalm 46, 10.

Ereignisse. Sobald er Zugang zu mehr Verständnis hat, wird er die Symbolik anders auslegen. Auf der niedrigsten Verständnisebene wird man die Bibel völlig falsch deuten – und auf dieser Stufe befinden sich die heutigen religiösen Gemeinschaften. Sobald der Schüler für die Lehre bereit ist, wird er Kontakt zu Lehrern bekommen, die ihn instruieren. Dies kann sich zunächst mittels Büchern, Vorträgen oder Seminaren ereignen. Sobald er jedoch die seelische Reife für höhere Belehrungen hat, wird er persönliche Lehrer bekommen. Manche kommen dann mit einer Mysterienschule in Berührung, andere mit einer spirituellen Gruppierung unter Aufsicht eines kompetenten Lehrers. Dahinter ist stets der EINE innere Lehrer, der durch diese äußeren Kanäle unterrichtet. Dieser Lehrer kennt den Weg und das Ziel. Er führt durch Druck und Läuterung, bis die Umwandlung vollbracht ist. Solange das Gefäß des Empfangens mit dem Unrat der Eigennützigkeit verschmutzt ist, benötigt der Schüler noch radikale ethische Mäßigungen. Er lernt zu empfangen, um die Geschenke Gottes mit seinen Mitmenschen großzügig zu teilen. Bis er soweit ist und das gelernt hat, ist es ein bitterer und oftmals auch ein langer Weg. Der innere Widersacher ist äußerst trügerisch und kennt viele Argumente, um eigennützige Verhaltensmuster tugendhaft erscheinen zu lassen. Das projizierende Licht Gottes kann nur dann Freude spenden, wenn es ein Gefäß des Empfangens gibt, und der Mensch ist dieses Gefäß. Die Qualität Gottes ist es zu Geben, die Eigenschaft der Schöpfung ist es zu Nehmen. Der Mensch ist der Vermittler und wird zum Schöpfer, sobald er die göttliche Eigenschaft des Gebens anwendet. Geben kann man jedoch erst, wenn man zuvor empfängt. Durch das Geben schafft man Platz für mehr. Sobald wir Liebe geben, schaffen wir in unserem Herzen Platz für noch mehr Liebe. Wenn das Gefäß noch mit Eigennützigkeit angefüllt ist, fehlt Platz für das Licht der Weisheit. Der Schüler wird bei seinen anfänglichen Etappen vom Licht umgeben. Die Sephirah Chesed wird dem römischen Jupiter und dem griechischen Zeus zugewiesen.

Jupiter steht auch für soziale Verantwortlichkeit. Am Anfang neigt man dazu, auf der irdischen Ebene sozial zu helfen. Man hilft Obdachlosen, Behinderten, Kranken und Sozialfällen. Die irdischen Mängel würden in vielen Fällen zum Tod führen, wenn die Hilfe ausbliebe. Es gibt auch heute noch zahlreiche Länder, in denen Menschen verhungern, doch wenn man auch Nahrung, Unterkunft und soziale Beziehung bereitstellt, so bleiben die Bedürftigen in diesem hilflosen Zustand. Auf der Ebene von Malkuth ist nur Erste Hilfe angebracht, denn wenn man einem Menschen lange eine Krücke gibt, dann wird er zum ständig Humpelnden. Dieser Missstand ist auch in unserem sozial ausgerichteten Staatssystem ersichtlich. Der Bedürftige möchte von der Gesellschaft bekommen, jedoch selbst wenig oder sogar nichts beitragen. Er möchte empfangen, jedoch unterlässt er es zu geben. Jeder Mensch hat Fähigkeiten, die er für die Menschheit beitragen kann. Sobald ein Mensch bedürftig bleibt und versäumt, seine

Fähigkeiten einzusetzen, handelt er asozial. Er möchte nehmen ohne zu geben. Eine solch unreife Eigenschaft ist auf den Eigenwillen begründet. Wahre Hilfe beginnt ab der zweiten Stufe, wo man Menschen neue Verhaltensmuster beibringt und sie dabei unterstützt, ihre Fähigkeiten einzusetzen. Die dritte Stufe bringt Bildung und die vierte Stufe emotionale Kompetenz. Ab der fünften Stufe geschieht echte Hilfe: dem Menschen einen spirituellen Weg zu zeigen, damit er sich seines Potentials bewusst wird. Manipulativ sind jedoch missionarische Hilfsprojekte, die dem bedürftigen Menschen das kulturelle und spirituelle Erbe wegnehmen und ihm im Gegenzug eine närrische fanatische Religion geben. Es ist unser dringlichster Auftrag, unseren Mitmenschen zu helfen. Abhängig unserer seelischen Entwicklung helfen wir dort, wo unsere Stärken liegen.

Chesed ist ausstrahlend, also expansiv. Bei einer Spirale ist die nach außen drehende Richtung Chesed, die nach innen drehende Bewegung ist Binah zugeordnet. Obwohl Chesed mit Expansion zu tun hat, geschieht die Regelung maßvoll. Die Waagschalen des Lebens sind stets ausgeglichen, die Zyklen befinden sich in einer übergeordneten Balance. Dem Tag folgt die Nacht und umgekehrt. Nur die Nacht macht den Tag möglich, das eine bedingt das andere. Das Einatmen benötigt das Ausatmen. Alle Kraft, die von oben nach unten strömt, wird in Chesed gemessen. Gleichzeitig ist Chesed der Gegenpol von Geburah. Geburah ist die Strenge, der Chesed als Gnade gegenübersteht. Eine Grundaufgabe des Menschen ist es, die Balance zwischen Gnade und Strenge zu halten, denn Schwäche in einer falschen Situation würde Tyrannei zulassen. Das Gleichgewicht dieser beiden Sphären ist für die Harmonie im Leben notwendig. Polarität ist jedoch erforderlich, wie auch die Ausdehnung einer Kraft, die als Gegenpol die Kontraktion benötigt. Zuerst konzentriert sich die Kraft im Mittelpunkt, erst dann kann sie sich ausdehnen. Bevor ein Universum unendlich wird, ist es zuvor erforderlich, dass es sich in einem Punkt konzentriert. Auch Licht und Finsternis sind ein Gegensatzpaar, wobei das Licht die Abwesenheit von Finsternis ist. Gut ist die Abwesenheit von Böse, Tag ist die Abwesenheit von Nacht. Darüber hinaus gibt es ein höheres System, das über dieser Polarität steht. In diesem Sinne erscheint dem Menschen auf der untersten Verständnisebene alles wie eine Strafe. Es wäre jedoch kurzsichtig, Gott als strafend zu klassifizieren. Feuer kann, wenn man es berührt, zu Verbrennungen führen. Gleichzeitig kann das Feuer einen Suppentopf erwärmen. Das geistige Gesetz warnt uns, dass das Berühren von Feuer schmerzvoll ist; das ist lediglich eine neutrale Konsequenz, aber sie unterscheidet sich vom Begriff der Bestrafung. Es liegt außerhalb der Fähigkeit des Feuers zu strafen, sondern einfach Wärme zu spenden. Wie man mit dieser Wärme umgeht, resultiert daraus, ob sie schmerzvoll oder als Gnade empfunden wird. Kain, der Erstgeborene von Adam, ermordet seinen Bruder Abel.[47] Diese Tat war auf den Eigenwillen begründet, denn Kain war auf Abel neidisch. Nach dem Mord kam Kain zu Bewusstsein, dass er durch das gleiche Gesetz gerichtet werden wird. Deshalb hat Gott in Seiner Gnade ihm den hebräischen Buchstaben VAV als Schutzzeichen auf die Stirn gegeben. Bedingt durch den Mord strahlte Kain nun eine Energie aus, die Menschen anzog, um ihn gleichfalls richten zu wollen. Das ist das Gesetz von Ursache und Wirkung. Dennoch wurde das Gesetz erfüllt, denn der „blinde" Lamech tötete unglücklicherweise Kain. Das Schutzzeichen, das Kain von Gott gegeben wurde, war ihm durch seine „Blindheit" verborgen. So forderte das Gesetz dann auch, dass jener, der Kain tötet, siebenfach dafür bestraft wird. Die Bande karmischer Gesetze erstrecken sich über viele irdische Inkarnationen. Sie sind wie unsichtbare Fäden, die das Gleichgewicht der Schöpfung herstellen. Drei Inkarnationen von Kain finden sich in der Bibel, eine als Jethro, dem Schwiegervater von Moses. Moses war die Reinkarnation von Abel. Durch ihre Begegnung konnte das Karma aufgelöst werden. Jethros Tochter wurde Moses zur Frau gegeben, und diese symbolische Geste löste die Schuld auf. Adams Kontakt zu dämonischen Kräften war für die Sünde von Kain mitverantwortlich. Nach dem Sündenfall antwortet Adam auf die Frage Gottes, mit einer Schuldzuweisung Eva gegenüber, dass sie es war, die ihm die verbotene Frucht gab. Er beschuldigte Eva anstatt selbst die Verantwortung zu übernehmen. Genau das geschieht seitdem täglich. Die Wenigsten sind aus dem Rad der Schuldzuweisungen befreit. Als Resultat der Sünde fallen sie aus dem Garten Eden, das ist eine Konsequenz ihrer Tat. Sie durften die Früchte aller Bäume essen, sogar jene des Lebensbaums. Doch die Frucht des Baums der Erkenntnis öffnet die Augen für die Polarität. Es war notwendig, dass Adam und Eva diese Frucht aßen, nur dadurch konnte die menschliche Erfahrung in der irdischen Manifestation von statten gehen. Die zehn Generationen von Adam bis Noah entsprechen den zehn Sephiroth des Lebensbaums. Sie stellen die Verdichtung des Geistes bis hin zur irdischen Verdichtung dar.

47 1. Moses 4, 8.

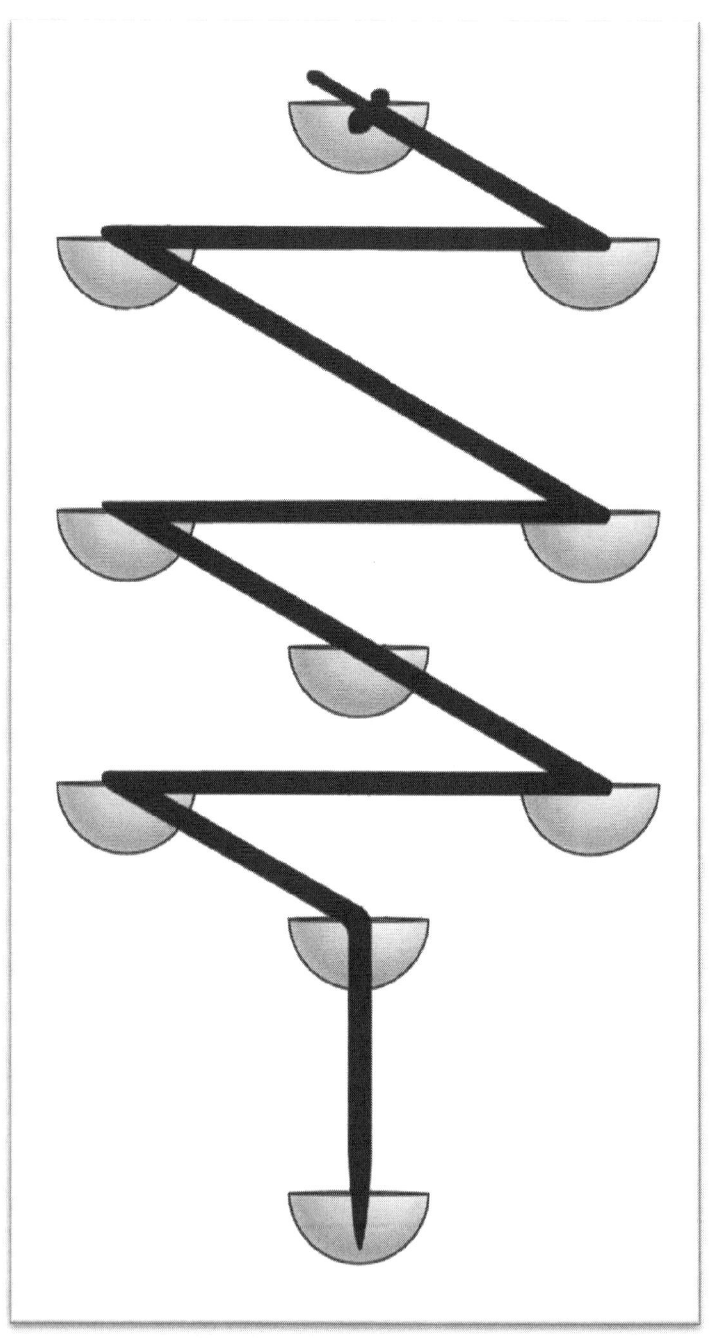

Das Verständnis der Wirklichkeit ist abhängig von der Empfänglichkeit des Menschen. Diese Empfänglichkeit ist bei jedem Menschen unterschiedlich entwickelt. Empfänglichkeit kann man sich vorstellen, wenn man sich die Sephiroth des Lebensbaums als Schalen vorstellt. In diese Schalen ergießt sich von oben nach unten das Licht wie eine Flüssigkeit. Je mehr Platz vorhanden ist, umso empfänglicher ist die Schale. Je weniger Unreinheiten sich in der Schale befinden, umso mehr Platz ist in diesem Gefäß. So ist es auch mit der Persönlichkeit. Je reiner das Gefäß der Persönlichkeit wird, umso mehr Licht kann aufgenommen werden, dieses Licht ist unbegrenzt vorhanden. Tiefere Einsicht können wir nur erlangen, wenn wir für das Licht empfänglich sind. Der gleiche Satz, die gleiche Information wird von jedem Menschen anders interpretiert. Die gleiche Lehre wird bei Schülern verschiedener Verständnisebenen verschiedene Erkenntnisse herbeiführen. Je empfänglicher der Schüler ist, desto mehr kann er vom Licht der Kabbalah aufnehmen. Die Sephirah Chesed befreit vom persönlichen Schicksal. Es gibt eine Aussage von Jesus, die seine Einweihung in Chesed veranschaulicht: *„Ehe Abraham war, bin ich."*[48] Abraham ist ein Symbol des Vaters des Heiligen Volks. Abraham ist der höchste Prophet und das Vater-Prinzip. Jesus war sich bewusst, dass er vor diesem Vater Bestand hatte. Das machte ihn zum selbstgezeugten Christus. Diese Aussage war auch mitverantwortlich für seine Kreuzigung, denn er setzte sich mit dem archetypischen König und Vater des Heiligen Volks gleich. Eine derartige Wahrnehmung ist die Folge der Selbsterinnerung von Chesed. Jesus war ein TZADIK[49], ein Rechtschaffener. Er war von der Illusion einer eigenständigen Existenz sowie vom Irrglauben einer zeitlichen Begrenzung befreit. So wurde er in die Reihen der Barmherzigen und Gnadenspender aufgenommen. Seine Gegenwart war erfüllt von Wohlwollen gegenüber den Bedürftigen und seinen Feinden. Das ist die Qualität von Chesed. Die Reife des Menschen zeigt sich in der Fähigkeit, Wohlwollen auszudrucken. Er empfand für die gesamte Menschheit Wohlwollen. Dies bekräftigte er in seiner Aussage bei der Kreuzigung: *„Vater vergib ihnen, denn sie wissen nicht was sie tun."*[50] So befreit man sich von der Illusion der Ungerechtigkeit. Der Eigenwahn löst sich in Wohlwollen auf und durch Wohlwollen werden die Täuschungen gereinigt. Alle Schuldzuweisungen verschwinden im Licht der Barmherzigkeit. Damit geht tiefstes Mitgefühl für die Menschheit einher. Diese wohlwollende Haltung öffnet uns für die unerschöpflichen Reichtümer der Welt.

---

48 Johannes 8, 58.
49 Hebr.: TzDIQ, Tzadik: Rechtschaffener.
50 Lukas 23, 34.

BINAH – VERSTEHEN – DAS BEWUSSTSEIN DER HEILIGKEIT

„Der Ozean des Verstehens ist mit den Tränen des Mitgefühls gefüllt.“

Die Sephirah Binah[51] ist die dritte Sphäre im Lebensbaum und bedeutet Verstehen. Das Verständnis der Wirklichkeit ist abhängig vom Reifegrad. Die unausgeglichenen Kräfte der Sephiroth werden als „Klippoth“[52] bezeichnet. Sie sind die Schalen des Todes oder der unreinen Aspekte. Auf der untersten Ebene, der Klipah[53] von Assiah, finden wir die Schuldzuweisung. Anderen Menschen, Situationen oder Lebensumständen wird Schuld zugewiesen. Diese Fehlsicht wird in jeder Welt korrigiert, von Assiah bis hin zu Atziluth, wo das wahre Gesetz erkannt wird. Ab der Sephirah Binah lernen wir die überirdische Triade kennen. Die unterste Triade bildet die Persönlichkeit, die mittlere die Individualität und die höchste ist die göttliche Triade. Obwohl der Lebensbaum ein Gesamtabbild Gottes ist, finden wir hier einen speziellen Bereich für die Göttlichkeit. Kether, Chokmah und Binah bilden diese überirdische Triade. Die Sephirah Kether hat in sich als männlichen und weiblichen Aspekt die Sphären von Chokmah und Binah.Durch die Selbstbetrachtung Gottes werden die männlichen und weiblichen Aspekte wahrgenommen. Binah krönt die weibliche Säule und ist die Muttergottheit. Maria ist ein Symbol der Mutter-Gottes. Sie ist auch die Mutter von Jesus, des himmlischen Sohns. Es gibt aber auch die dunkle und sterile Mutter ebenso wie die helle und fruchtbare Mutter. AMA[54] ist die sterile Mutter, und erst durch die Befruchtung des männlichen Prinzips wird sie zu AIMA[55], der fruchtbaren Mutter. Binah beinhaltet als Wort für den Sohn[56] und das Wort für den Vater[57]. Wenn Chokmah die Energie ist, dann gibt Binah die Richtung an. Binah ist der Kanal, also die formgebende Kraft. Die Schöpfungsgottheiten ELOHIM entsprechen der Sephirah Binah. Dieser Name wird in der Bibel verwendet, wenn Gott schöpferisch in Erscheinung tritt. Jeder Sephirah wird ein anderer Gottesnamen zugewiesen. Es sind Ausdrucksformen der einen Gottheit in den unterschiedlichen Qualitäten der Sephiroth. In jeder Sephirah wandelt sich die Vibration Gottes. So ist sie in Binah die feminine Urkraft. Der

---

51 Hebr.: BINH, Binah: Verstehen.
52 Hebr.: QLIPVTh, Klippoth (Plural): Schale.
53 Hebr.: QLIPH, Klipah (Singular); Schale.
54 Hebr.: AMA, Ama: Mutter.
55 Hebr.: AIMA, Aima: Mutter.
56 Hebr.: BN, Ben: Sohn.
57 Hebr.: YH, Jah: Gottesname des Vaters.

Atem Gottes nimmt in Binah die Form der Neschamah[58], der göttlichen Intuition, an. Sie wird symbolisch als die Heilige Taube abgebildet, die von oben nach unten sinkt. Diese Taube ist der Spiritus Sanctus, also der Heilige Geist, der Gottes Segen von den Himmeln nach unten bringt.

Der Heilige Geist ist der dritte Aspekt der Dreifaltigkeit, die anderen beiden sind Vater und Sohn. In Binah ist also diese Trinität verborgen. Im Baum finden sich verschiedene Prägungen des göttlichen Atems. Dieser Odem wird in der Bibel auch als Seele, Geist oder zuweilen sogar als Körper übersetzt. In der Sphäre von Yesod bezeichnet man diesen Atem als *Nephesch*[59], der Animalseele. In Tiphareth heißt der Atem *Ruach*[60]. In der Schöpfungsgeschichte schwebte RUACH ELOHIM, der Geist der Elohim über den Wassern. Die Wasser stellen Binah dar. So gesehen hat der Mensch mehrere Seelen. Die *Neschamah* ist die höhere Seele, der göttliche Aspekt des Menschen. Nach diesem Ebenbild ist ADAM, der himmlische Mensch erschaffen worden. Adam ist das Symbol der Menschheit. Adam als Ebenbild der Elohim war männlich und weiblich. Gott schuf die Frau aus Adams Seite. Fälschlicherweise wurde der Originalbegriff mit „Rippe" übersetzt. So ist die Frau ein Teil des Mannes. Sie ist aus der Einheit seines Wesens gemacht. Dies demonstriert den großen Wert der Frau, im Gegensatz zu Missinterpretationen von männlichen Theologen, welche die Frau für minder erklärten. Mann und Frau entstammen dem Gleichen und sind demnach ein Fleisch. Eva spiegelte die Schönheit des Himmels wider und ist die Mutter von allem Lebendigen. Für diese Tatsache gebührt Eva die größte Ehre. Als Mutter alles Lebendigen ist sie die irdische Manifestation der Großen Mutter. Sie ist vergleichbar mit der kollektiven Bucht von Yesod, die eine Verdichtung des kosmischen Ozeans von Binah ist. Alle höheren Erkenntnisse kommen durch Binah. Chokmah ist das Selbstgewahrsein, die Selbstbetrachtung Gottes, Binah hingegen ist das Verstehen dieser Selbsterfahrung. In Binah folgt daraus die intuitive Konkretisierung. Durch die Selbstreflektion offenbart sich das Ergebnis – und das ist vor der Individualisierung. JECHIDAH[61] ist das Höchste Selbst in Kether. Es ist Eins, unteilbar und einzig. Das ist das höchste Antlitz. Durch Kontemplation offenbaren sich Vater, Mutter und Sohn. Der Sohn ist das Mikroprosopus also das Kleinere Antlitz und im Mittelpunkt allen Seins. Mutter kann man nur sein, wenn es gleichzeitig sowohl einen Vater als auch ein Kind gibt. Diese Dreifaltigkeit ist voneinander abhängig. Binah, Chokmah und Tiphareth bedingen einander. Sie entstehen zugleich. Binah ist eine unterscheidende Kraft, und dadurch hat eine Richtung Bestand. Nur auf Grund von Differenzierung kann es Formen geben. Auf diese Weise können in der Schöpfung die

58 Hebr.: NShMH, Neschamah: Seele, Atem, Geist.
59 Hebr.: NPSh, Nefesch: Seele, Atem, Geist.
60 Hebr.: RVCh, Ruach: Geist, Atem.
61 Hebr.: IChIDH, Jechidah: Einzige.

Himmel von der Erde geschieden werden, so treten die höheren und niederen Welten in Erscheinung. Diese Unterteilung ereignete sich vor der Erschaffung des Menschen. Es gilt jedoch zu berücksichtigen, dass die Erde bereits bestand, bevor sie manifestiert wurde. Die Erde war bereits im Bewusstsein Gottes präsent, doch sie war formlos und leer.[62] Adam wurde am sechsten Tag der Schöpfung erschaffen. Sechs ist die Zahl von Tiphareth, der Zahl des himmlischen Sohns, und so findet die ganze Schöpfung ihren Höhepunkt in Adam. Alles wurde erschaffen für dieses Ebenbild der Elohim. Erst nach dem Sündenfall fürchtete sich Adam vor Gott und spürte Scham, davor war er unsterblich, denn er hatte Zugang zum Baum des Lebens. Doch die Fähigkeit der Unterscheidung bedingt die Trennung, und diese Trennung führt zur Dualität von Leben und Tod. Aus diesem Grund nimmt sich der Mensch von anderen getrennt wahr. Das ist sehr bemerkenswert, da doch alles miteinander verbunden ist. In der Nacht, wenn wir träumen, ist dieser Traum EIN Bild. Der ganze Traum ist miteinander verwoben. Jeder Bestandteil ist ein ungetrennter Teil des Gesamten. Bereits die Fähigkeit, sich in der irdischen Welt trotz der homogenen Verbindung allen Seins getrennt zu erleben, ist ein beachtliches „Kunststück“. Der Garten Eden[63] ist der Garten der Wonne. In diesem paradiesischen Zustand war Adam mit allem vereint. Sobald der Mensch aus dem Garten Eden fiel, begann die harte Arbeit und Mühseligkeit, denn in der Manifestation gibt es Leid und Prüfungen, um sich zu entfalten. Eine der mächtigsten Proben war jene von Abraham und Isaak. Sie demonstrierte wahren Glauben. Der Glaube ist auch ein Synonym für Binah. Abraham bekam die Aufforderung seinen Sohn zu opfern. Isaak stellt die linke Säule des Nehmens, der Passivität dar, Abraham die rechte, aktive Säule des Gebens. Sie bewiesen Glauben, der auf Verständnis begründet war. Abraham wünschte sich ein Kind von seiner Frau Sarah. Durch ein Wunder Gottes gebar Sarah einen Sohn namens Isaak. Als Isaak eine bestimmte Etappe seiner spirituellen Entwicklung erreicht hatte, bekam sein Vater, Abraham, die Aufforderung, seinen Sohn zu opfern. Isaak war zu diesem Zeitpunkt 37 Jahre alt, diese Zahl ist von kabbalistischer Relevanz. Als Sohn und Erbe des Propheten war er in der inneren Lehre der Kabbalah unterrichtet. Durch Gottes Gnade bekam Abraham die Chance, aus sich selbst herauszuwachsen und seinen Glauben zu stärken. Als Abraham und Isaak am Brandaltar waren und Abraham sein Messer zog um seinen Sohn Gott zu opfern, erschien der Engel Gottes. Der Engel verkündete Gottes Wort und bekräftigte, dass Abraham Ehrfurcht bewiesen hätte und Isaak nichts zuleide tun solle. So konnte die höchste Stufe des Glaubens inkarnieren, als Abraham sich Gott völlig hingab. Dies war auch eine wichtige Probe für Isaak, denn er lernte sich völlig hinzugeben. Abraham war bereit, das Wertvollste Gott zu geben. Isaak folgte im

---

[62] Hebr.: ThHV V BHV, Tohu wa Bohu: Formlos und leer.

[63] Hebr.: GN ODN, Gan Eden: Garten Eden, Garten der Wonne, Paradies.

Amt des Patriarchen in der Reihe der rechtschaffenen Propheten. Binah ist die Sephirah der Heiligen. Heilig kann nur der sein, wenn er heil ist. Alle wahren Heiligen sind Meister dieser Sphäre, denn sie beweisen wahren Glauben. Die erste biblische Versuchung begegnet Eva im Paradies. Sie wird von der Schlange versucht. Obwohl dies wie eine böse Tat erscheint, hat die Schlange die Wahrheit gesagt. Manche orthodoxen Kabbalisten bezeichnen die Schlange als den bösen Teufel. Die Schlange der Versuchung kann jedoch auch Erlösung bringen, denn der kabbalistische Zahlenwert der Schlange NECHESCH[64] und MESSIAS[65] ist identisch. Die Schlange hat Eva einen Weg gezeigt um die Fähigkeit Gottes, nämlich die Kenntnis von Gut und Böse, zu erlangen. Sie aß davon und gab auch Adam von dieser Frucht, die Sterblichkeit bedeutet. Dennoch erreicht Adam ein symbolisches Alter, er wurde 930 Jahre alt. Auch das ist eine Zahl mit großem Symbolwert. Er stellt die Vollendung dar, welche durch die Zahl 1000 verdeutlicht wird. 1000 ist das Produkt von 10x10x10. Zu Beginn der Schöpfung wurde Adam alles präsentiert, damit er es benennen konnte. Er sah die gesamte Menschheitsgeschichte und hatte Mitgefühl mit König David, der sonst nicht gelebt hätte und schenkte ihm 70 Jahre von seiner Lebenszeit. So teilten David und Adam diese 1000. Die anderen Propheten gaben David auch Lebensjahre. Abraham schenkte David 5 Jahre, Jakob gab ihm 28, Joseph 37 Jahre. Da der Mensch schwach und anfällig für das Böse war, wurde seine Lebenszeit auf die symbolische Zahl 120 festgesetzt. So stellen die Lebenszeiten in der Bibel die seelische Entwicklung dar. Je älter jemand in der Bibel ist, desto größer ist sein geistiges Alter also seine geistige Reife. 120 ist das Produkt von 1 x 2 x 3 x 4 x 5. Das bedeutet die Meisterschaft der unteren vier Sephiroth von Malkuth bis Netzach bis hin zu Tiphareth. Erst ab dieser Entfaltungsstufe bekommt man Zutritt zum Prinzip des Lebensbaums – der den Menschen zum wahren Leben erweckt. 120 ist das geistige Alter des erwachten Adepten, der bewussten Zugang zum Christus-Prinzip hat und mit seinem Vater vereint ist. Davor war es jedoch dem Menschen möglich ein wesentlich höheres geistiges Alter zu erreichen. 120 ist auch das Produkt von 10 x 12. Damit kommen die 12 Tierkreiszeichen ins Geschehen. Auf diese 12 wird im Kapitel über Chokmah näher eingegangen.

64 Hebr.: NChSh, Nechesch: Schlange der Versuchung.

65 Hebr.: MShICh, Meschiach: Erlöser, Messias.

CHOKMAH – WEISHEIT – DAS BEWUSSTSEIN DER ERLEUCHTUNG

חכמה

„Das Licht der Weisheit führt zum heiligen Berg."

Chokmah[66] ist die zweite Sephirah im Lebensbaum und wird mit Weisheit übersetzt. Diese Sphäre ist der Sitz des kosmischen Vaters. Das hebräische Wort für Vater ist AB[67]. Es besteht aus den ersten beiden Buchstaben ALEPH und BETH. In der kabbalistischen Methode des Notarikons entspricht dies den Anfangsbuchstaben von AIMA[68] (Mutter) und BEN[69] (Sohn). Im Vater liegt also die Wurzel der Mutter und des Sohnes, ebenso wie ein Same bereits die Frucht in sich birgt, kann man Chokmah als den kosmischen Samen betrachten. Diese Sephirah entspricht dem Tetragramm oder YHVH[70], „das, was war, ist und sein wird". YHVH ist die EINE Realität. Dieser Gottesname wird über sechstausendmal in der Bibel verwendet, und das macht ihn zum am häufigsten vorkommenden biblischen Namen. Die Bibel beschreibt also vorwiegend die Wirkungsweise von Gott als väterliches Prinzip der Realität. YHVH wird in den Geboten als gnädiger Befreier und gerechter Bundespartner des heiligen Volks erwähnt. Er ist zugleich Richter und Erlöser der ganzen Welt. YHVH schloss mit Abraham einen Bund,[71] welcher durch das Sinnbild der Beschneidung ausgedrückt wird. Damit wird symbolisch die Zeugungskraft Gott geweiht. Einen weiteren Bund gab es zwischen YHVH und Noah. Als Symbol diente der Regenbogen in der Bedeutung des *Regenbogens der Verheißung,*[72] der die Pfade nach Tiphareth zusammenfügt. YHVH schloss mit Moses einen Bund, als Symbol diente der Dekalog (zehn Gebote).[73] Im Neuen Testament wird auch ein Bund erwähnt: der Bund beim letzten Abendmahl zwischen Jesus und den 12 Aposteln.[74] Der Name JESUS (im Original YEHESCHUAH) setzt sich aus YHVH mit der Zufügung des Buchstabens SCHIN in der Mitte des Namens zusammen. SCHIN hat den Zahlenwert von RUACH ELOHIM[75], somit kann der

---

66 Hebr.: ChKMH, Chokmah: Weisheit.
67 Hebr.: AB, Ab: Vater.
68 Hebr.: AIMA, Aima: Mutter.
69 Hebr.: BN, Ben: Sohn.
70 Hebr.: YHVH, YOD-HEH-WAU-HEH: Das, was war, ist und sein wird.
71 1. Moses 17.
72 1. Moses 9.
73 2. Moses 34.
74 Markus 14, 24.
75 Hebr.: RVCh ALHIM, Ruach Elohim: Geist Gottes.

Name YEHESCHUAH[76] als die „Sicht der Realität befreit" entschlüsselt werden. Dies veranschaulicht das Allsehende Auge Gottes und die ewige Einheit von Vater und Sohn. Die 12 Apostel stellen die 12 himmlischen Kräfte oder die Tierkreiszeichen dar. Eine Parallele findet sich zu den zwölf Stämmen von Israel also des heiligen Volks. Chokmah ist die Sphäre des Tierkreises MAZLOTH[77]. In den Heiligen Schriften wird MAZLOTH als Firmament bezeichnet, das sind die Himmelsgestirne, die ihre Bahnen am Firmament ziehen. Der Same der Rose beinhaltet deren gesamtes Potential. Aus diesem Samen kann nur eine Rose werden und keinesfalls ein Orangenbaum. Hat diese Rose also den freien Willen um ein Orangenbaum zu werden? Ebenso verhält es sich mit dem Willen des Menschen. Der Mensch trägt in sich das Potential des Samens, um das zu werden, wozu er vorhergesehen ist. Der Weg dorthin kann von vielen Lebenssituationen begleitet sein, doch das, was er wirklich wird und ist, ist abhängig vom Potential des Samens, aus dem er hervorgegangen ist. Der Mensch hat also nur den Willen dessen, der ihn gesandt hat. So ist es dem Menschen unmöglich, beispielsweise eine Rose oder ein Orangenbaum zu werden. Das Potential des Menschen ist es, dass er sich auf der menschlichen Ebene weiterentwickeln kann. Dieser Weg ist vorherbestimmt, das ist der Wille Gottes. Auf diesem Lebensweg hat der Mensch scheinbar freie Entscheidungen, doch sind diese eine Reaktion auf einen Impuls. Die Reaktion ist abhängig von den Verhaltensmustern, die in Yesod sind. Jede Entscheidung hat ihre Ursache. Wenn dem Menschen ein Tablett mit Speisen serviert wird und er entscheidet sich für dieses Gericht, dann sieht es so aus, als ob er einen freien Willen hätte. Aber das, was ihm serviert wurde, war vorgegeben. Auch wenn ihm zwei unterschiedliche Gerichte serviert werden, kann er sich für eines entscheiden. Dies erscheint wie Handlungsfreiheit. Doch beide Gerichte wurden bereits davor bereitgestellt. Aus diesen begrenzten Möglichkeiten wählt nun der Mensch. Seine Resonanz entscheidet darüber, welches Gericht er nehmen wird. Die Wahl des Gerichtes selbst ist abhängig von vielen Faktoren, so zum Beispiel der kulturelle oder soziale Hintergrund, die Erziehung, Ausbildung, astrologische Einflüsse, spirituelle Reife usw. Doch ist dies nur innerhalb der Entwicklung seines Potentials, nämlich des Samens möglich. Er hat zwar das Gefühl der Willensfreiheit, jedoch ist dies nur der Schatten eines größeren Willens. Der größere Wille ist jener des Vaters. Bedingt durch seine große Unwissenheit glaubt der Mensch, dass er sich frei für etwas entscheiden könnte – und so drehen sich die meisten Menschen lediglich im Kreis. Um sie herum scheint es eine Mauer zu geben, die sie in ihren Grenzen festhält. Jesus lebte bewusst den Willen seines Vaters. Der wirkliche Grund seiner schmerzvollen Kreuzigung war für ihn klar ersichtlich, dennoch fügte er sich seinem Los. Er erkannte das Gesetz von Ursache und

---

[76] Hebr.: YHShVH, Yeheschuah: Jesus.

[77] Hebr.: MZLVTh, Mazloth: Sphäre des Tierkreises.

Wirkung, von Saat und Ernte. So konnte er die Erfahrung der Kreuzigung in etwas Höheres transzendieren. Er nahm die Sünde der Menschheit auf sich und wandelte durch Vergebung das Karma der gesamten Menschheit – Vergebung befreit. Jesus starb am Kreuz und dem folgte die Auferstehung.

Die Lebenskraft hat ihren Sitz in Chokmah. Diese Kraft wird CHAIA[78] bezeichnet. Das ist jene Kraft, welche belebt, die Kraft, die Lebendigkeit ermöglicht. Jede Pflanze, jedes Tier wird durch Chaia belebt. Dies trifft auch auf Erscheinungen zu, die den begrenzten Sinnen als leblos erscheinen, so zum Beispiel Mineralien oder Steine. Sie sind ebenfalls lebendig, befinden sich jedoch auf einer niedrigeren Evolutionsstufe. In der Entwicklungsskala kommt zuerst der Stein, dann folgen die Pflanze, dann das Tier und schließlich der Mensch. Alle diese Stufen sind lebendig, wie auch alles im Universum lebendig ist. Der Meister, der Zugang zur Sephirah Chokmah hat, kann das mineralische Leben erkennen. Diese höhere Wahrnehmung ist das Ergebnis eines höheren Sinnes. Das gesamte Universum lebt, jeder Stern ist lebendig. Der Unwissende hat nur eine mechanische Sichtweise. Das Universum ist der Körper Gottes. Die wichtigste Aufforderung in kabbalistischen Schriften lautet daher: *„Zuerst erlange Weisheit“*. Weisheit ist das Gegenteil von Torheit. Je niedriger die Entwicklung ist, desto beschränkter ist die Wahrnehmungsebene, umso mehr befindet man sich dadurch am Pol der Torheit. Je entwickelter wir sind, desto weiser sind wir und wir erkennen das Leben allen Seins. Ein biblisches Symbol für die Einweihungsstufe von Chokmah sind die *„Heiligen Drei Könige“*. Das sind die wahren Magier. Sie konnten die Sterne deuten und sie hatten die Fähigkeit, das Buch der Natur zu lesen. Die gesamte Natur trägt die Handschrift des kosmischen Vaters. Ein weiteres Symbol für diese Sphäre ist die flache Hand. Die flache Hand ist auch die Buchstabenbedeutung des hebräischen Buchstabens YOD. Dieser Buchstabe bildet die Grundlage für alle weiteren Buchstaben des chaldäischen Flammenalphabets. Er stellt den göttlichen Willen dar. YOD ist auch der erste Buchstabe des Tetragramms. Die Spitze des Buchstabens ist in Kether, der Körper in Chokmah.

Im Verhältnis zu Kether ist Chokmah eine weibliche Sphäre, die Kether spiegelt. Chokmah ist in Bezug zu Binah männlich, da sie zu den nachfolgenden Sephiroth energetisch projizierend ist. Die Weisheit kann auch als Frau bezeichnet werden, denn sie ist das erste Abbild Gottes. Chokmah ist somit der erste Spiegel von JECHIDAH, dem kosmischen Selbst. Die Sephirah Chokmah reflektiert den Urwillen zum Guten und ist gleichzeitig die potentielle Kraft. Der westliche Mensch hat im Prinzip eine destruktive Haltung zum kosmischen Vaterprinzip, daher ist es notwendig, eine positive Einstellung zu Vater und Mutter zu kultivieren. Dies bedeutet eine richtige Sichtweise in Bezug zum Geben und zum Nehmen. Der Mensch hat primär die Aufgabe bewusst das

[78] Hebr.: ChIH, Chaia: Lebensatem.

Prinzip des Gebens zu integrieren. Der Vater ist ein Symbol der Autorität, und so heißt es „Vater Staat“ und „Mutter Natur“. Die verzerrte Einstellung zum göttlichen Vaterprinzip zeigt sich wiederum im entstellten Bild, das viele Menschen vom Staat haben. Die durchschnittliche Meinung über Staat und Politik ist stets von vielen Vorurteilen geprägt. Natürlich bedeutet dieser Begriff etwas anderes als nationales Bewusstsein. Der Staat ist ein Ausdruck des kosmischen Vaters durch uns selbst. Wenn der „Sohn“ unreif ist, dann kann er nur unreif das Land seines Vaters verwalten. Der kosmische Vater hat dem Sohn ein Reich gegeben, je unreifer der Sohn ist, umso schlechter wird er mit diesem Land umgehen. Sobald sich der Bezug zum Vater-Prinzip optimiert hat, wird auch der Staat sich als solcher optimieren. In den biblischen Schriften werden die Regeln eines funktionierenden Staats beschrieben, doch diese Sprache ist nur für den Weisen verständlich. Der Unwissende wird sie missverstehen und folglich fanatisch handeln. Hierzu zählt auch das Verständnis für das Gebot des Zehnten. Durch das Geben (Spenden) des zehnten Teils wird der Mensch vom Geschöpf zum Schöpfer. Er lernt freimütig zu Geben und kultiviert gleichzeitig seine Tugenden. Der Zehnte trägt in sich die Frucht des Lebensbaums. Darum ist Malkuth die ärmste Sphäre, da sie als unterste Sephirah nur empfangen kann. Es ist ihr unmöglich, zu geben. Malkuth entspricht der Kabbalistischen Tochter[79]. Diese Tochter ist im Neuen Testament der Bibel Maria Magdalena, die als Prostituierte beschrieben wird. Diese Prostituierte wird durch den Kontakt zum Königsohn Christus (Tiphareth) von der Sünde, also der karmischen Erbschuld von Malkuth befreit.

Ein bedeutendes Gebot lautet, Vater und Mutter zu ehren, dadurch wird man ein langes Leben haben.[80] Unsere Eltern sind Kanäle für die himmlischen Eltern. Probleme mit unserem Vater bedeuten eine Disharmonie in der rechten Säule des Gebens. Probleme mit unserer Mutter zeigen eine Disharmonie in der linken Säule des Nehmens. Wir haben uns unsere Eltern vor der Inkarnation laut dem Gesetz der Resonanz ausgesucht, um mit ihnen gemeinsam karmische Pflichten zu lösen. Aus diesem Grund ist es von größter Bedeutung, das innere Bild seiner Eltern zu transzendieren, vor allem sich von Schuldzuweisungen jeglicher Art den Eltern gegenüber zu lösen. Solange es noch ungeklärte Fronten gibt, verfolgt diese Aufgabe alle Lebenssituationen. Wir können groß reden und tun, als ob wir zu den „Wichtigen“ zählen. Trotzdem manifestieren unsere Lebensumstände direkt das, was in unserem Inneren ist, denn sie sind ein Abbild unseres Inneren. Es kann sich im Außen nur das darstellen, was in unserem Inneren vorhanden ist. Es bedarf allerdings einer korrekten Interpretation. Alles, was wir im Außen erleben, ist ein Abbild des Inneren. Ein gestörtes Verhältnis zum Vater auf der irdischen Ebene zeigt eine Störung der Beziehung zum göttlichen

---

79 Hebr.: KLH, Kallah: Tochter.

80 2. Moses 20, 12.

Vater-Prinzip. Die Reife der Beziehung, die wir unseren irdischen Eltern gegenüber haben, zeigt unsere seelische Reife gegenüber Gott. Der profane Mensch ordnet Strafe und Bestrafung dem männlichen Prinzip zu und Mitgefühl dem weiblichen. Das Gegenteil davon ist zutreffend, denn das männliche Prinzip ist die Gnade, das weibliche hingegen die Strenge. Chokmah ist gütig und mildtätig. Ein gestörtes Autoritätsverhältnis bindet den Menschen an die unteren Sphären. „Führung" ist eine der wunderbarsten Geschenke, die das Leben bereithält. Der göttliche Vater führt seinen Sohn mit dem spirituellen Licht. Das ist wohlwollende Liebe. Gott-Vater möchte seinem Nachkommen das Erbe übergeben, das ist die höchste Form des Gebens. Gott-Vater gibt mit seinem Samen sein Erbe weiter, Gott-Mutter empfängt und trägt ihn aus. In ihr findet die Wandlung der Vereinigung statt. Für sie steht der hebräische Buchstabe HEH des Tetragramms, der das männliche YOD empfängt. So entsteht der Gott-Sohn, der dem hebräischen Buchstaben VAV entspricht. Das Reich ist das Feld und entspricht dem End-HEH des Tetragramms. Das Reich ist die Tochter, und das zeigt deutlich, dass die materielle Welt gleich lebendig wie der Mensch (Adam) ist. Das vervollständigt die göttliche Familie. Wenn es um die Familie geht, dann beschreibt die Bibel graduelle Aspekte dieser Gott-Familie, also die Wirkungsweise von YHVH.

Der erste Schritt für den Kabbalisten ist demnach die Gesetzmäßigkeiten der Gott-Familie auf der irdischen Ebene zu erkennen. Jede Familie ist ein Abbild der Gott-Familie. Die Familie ist ein Lernfeld, um Gottes Gegenwart zu verstehen. Disharmonien in den westlichen christlich orientierten Gesellschaftsformen beruhen auf unterschiedlichen Aussagen von Jesus, wo er dezidiert sagt, dass der spirituelle Weg und Christus über dem Stellenwert der Familie stehen. Jesus betonte, dass jeder Haus, Äcker, Geschwister, Eltern und Kinder um Christus willen verlässt und hundertfachen Lohn dafür empfangen wird.[81] Diese Aussage ist natürlich korrekt, denn sobald man bewusst die Christus-Erfahrung teilt, erkennt man, dass man selbst-gezeugt ist. So nimmt man wahr, dass Christus ewig mit Gott-Vater vereint ist, und alle äußeren Erscheinungen und Bande sind dann im Verhältnis dazu nichtig. Familien wandeln sich in jeder Inkarnation, dahinter steht jedoch das fortwährende Walten Gottes. Das erstmalige Lösen von der äußeren Familie ist dann umso mehr erforderlich, wenn sie zu sehr an die profane Welt gebunden ist. Die familiären karmischen Bande würden an-

[81] Matthäus 19, 29.

sonsten den Schüler in den unteren Ebenen festhalten. Oft geschieht es, dass spirituelle Schüler sich zuerst von der Familie lösen und erst dann durch ihre spirituelle Entwicklung wieder zur Familie zurückfinden. Im Idealfall lässt man die ganze Familie an der spirituellen Erfahrung teilhaben. Durch die höhere Empfänglichkeit für das spirituelle Licht wird das gesamte Familienbewusstsein geheilt. Jeder Kabbalist ist ein Segen für seine Familie, da er durch seine Verbindung zum inneren Licht das kollektive Familienbewusstsein von karmischen Schatten erlöst. Disharmonien in Gesellschaftssystemen haben ihren Keim sehr oft in der Missachtung der Autorität. Sowohl im Berufsleben, bei den Gesetzen des Landes, bei der Straßenverkehrsordnung oder in zwischenmenschlichen Beziehungen werden wir mit der Autorität konfrontiert. Es erscheint dem Teenager als „cool", sich von Autoritäten zu lösen und „Anarchist", rebellischer Punk oder sogar rechtsextrem zu werden. Solche jugendliche Allüren werden oftmals überwunden, sobald man im Berufsleben steht oder familiäre Verantwortung trägt. Der Kabbalist sieht als höchste Autorität die Anweisung Gottes. Sie steht über allen irdischen Regeln. Der egoistische Mensch kann sich nur schwer in hierarchische Strukturen einfügen. Sein Eigenwille lehnt sich auf, sich einer Instanz zu beugen. Aber auch der kabbalistische Weg kann nur in einer Stufenleiter, also einer Hierarchie, unterrichtet werden. Je mehr man sich entfaltet, desto höher ist man in dieser Hierarchie und desto näher ist man dem Gebot Gottes. Destruktive Einstellungen gegenüber Autoritätspersonen sind ein Zeichen der mangelnden Entwicklung. Respekt gegenüber Autoritätspersonen zeugt von reifem Charakter. Je höher jemand in einer Hierarchie steht, desto mehr dient er dem Gesamten. Der herrschende König eines Landes dient seinem Volk. Staatsanliegen stehen für ihn höher als seine privaten, gesundheitlichen oder finanziellen Angelegenheiten. Das Wohlergehen des Landes hat für ihn Priorität. Die höchste Autorität in diesem Sonnensystem ist die Sonne. Durch die Gnade der Sonne können wir hier leben, wir leben nach ihrem Gebot. Der unentwickelte Mensch bewegt sich innerhalb von Grenzen, vergleichbar einer kollektiven Marionette. Der Kabbalist vollzieht den freien Willen seines göttlichen Vaters, doch die Freiheit beginnt erst dann, wenn man sich entfaltet.

KETHER – KRONE – DAS BEWUSSTSEIN DES WUNDERVOLLEN

„Der Urwille zum Guten krönt hier und jetzt alle Reiche."

Kether[82] ist die erste und höchste Sephirah im Lebensbaum. Kether ist die Krone der Schöpfung. Das grenzenlose Licht (AIN SOPH AUR) ist ein Schleier hinter Kether. Es konzentriert sich in seinem Zentrum, und dieses Zentrum ist Kether. Kether ist der höchste und innerste Punkt allen Seins. Um sich zu einem Zentrum zu konzentrieren, bedarf es einer Intention. Dieser Absicht folgt die Kraft der Aufmerksamkeit. Obwohl Kether das EINE ist, ist diese Sphäre im Verhältnis zum grenzenlosen Licht bereits eine Konkretisierung. Das grenzenlose Sein wird zu einem konzentrierten Etwas. Dadurch entstand die erste spiralförmige Bewegung. Symbolisch kann man sich ein Rad vorstellen, dessen Nabe bewegungslos erscheint. Das Zentrum erscheint wie ein ruhender Punkt, und rundherum dreht sich alles mit unermesslicher Geschwindigkeit. Die äußerste Stufe der Manifestation ist die Sephirah Malkuth. Innerhalb dieser Spirale befinden sich die unterschiedlichen Manifestationsstufen des Lebensbaums. Das Innen entspricht den höheren Sephiroth, das Außen ist analog den niederen Sphären. Jede Situation der materiellen Welt ist das Ergebnis der Ursache von Kether, der Ursprung und die Quelle allen Seins ist Kether, in Kether nimmt alles seinen Anfang, Kether ist der uranfängliche Punkt. Hier ist der Anfang (Alpha) und das Ende (Omega) enthalten.

A Ω

Alpha ist der erste Buchstabe und Omega der letzte Buchstabe des griechischen Alphabets. Das Neue Testament ist in Alt-Griechisch verfasst. Im Hebräischen würde man Aleph und Tav verwenden. Der Prophet Henoch war ein Eingeweihter dieser höchsten Sphäre. Er war so hoch entwickelt, dass er mit Gott wandelte.[83] Er stieg von der irdischen in eine wesentlich höhere Welt. Er transzendierte zum Erzengel der höchsten Sephirah. Kether und ebenso die anderen Sephiroth gibt es in den verschiedenen Welten: Aziluth (archetypische Welt), Briah (schöpferische Welt), Jetzirah (formgebende Welt) und Assiah (materielle Welt). Über diesen Welten ist die Welt von Adam Kadmon. Diese Welten sind Definitionen von spirituellen Wirklichkeiten. Die Schöpfungsgeschichte der Genesis berichtet folglich auch von diesen höhe-

---

[82] Hebr.: KThR, Kether: Krone.

[83] 1. Moses 5, 23-24.

ren Welten. Die Beschreibung beginnt bei der Schöpfung in Briah und deutet gleichzeitig die davor existierende Welt Atziluth an. Die Erläuterungen des Gartens Eden sind in der Welt von Yetzirah. Der Fall aus dem Garten Eden in die physische Welt ist dann Assiah. Die Schöpfungsabläufe sind hinter der materiellen Erscheinung von Assiah. Die erwähnten Generationen in der Genesis weisen auf den graduellen Abstieg bis zur materiellen Welt hin.

Kether entspricht der Zahl Eins. Die Eins steht für Einheit, Ursprung und Absicht. Die Zahlen sind abstrakte Formulierungen von Ideen, und so hat jede Sephirah eine Zahl. Zahlen sind aber auch abstrakte Formulierungen der schöpferischen Idee. In der Kabbalah haben die Zahlen eine tiefe Bedeutung, denn die hebräischen Buchstaben sind sowohl Zahl als auch Zeichen in Einem. So beinhaltet jedes Wort die Idee einer Zahl. Die Buchstaben sind lebendige energetische Signaturen, sie sind bewusste Energieformen. Wörter mit gleichen numerischen Werten haben eine direkte Affinität zueinander. Mit Kether sind drei Sephiroth verbunden nämlich Chokmah, Binah und Tiphareth. So wurden durch die Emanation von Kether gleichzeitig Vater, Mutter und Sohn erschaffen. Sie bilden gemeinsam die heilige Dreifaltigkeit oder Dreieinigkeit.

Die Schöpfung begann mit den heiligen Buchstaben. Hinter jedem einzelnen Buchstaben gibt es eine spezifische Energievibration. Sie sind lebendige Energie. Der erste Buchstabe der Genesis ist BETH, denn BETH bildet den ersten Buchstaben des Wortes BERESCHIT[84], was übersetzt „im Anfang" bedeutet. Der schöpferische Prozess beginnt also mit dem Buchstaben BETH. BETH war vor den Elohim, da er vor den Elohim erwähnt wird. BETH hat mit konzentrierter Aufmerksamkeit zu tun, dieser Buchstabe ist die Konzentration auf einen Punkt. In der grenzenlosen Weite des unendlichen Lichts ist alles mit Seiner Substanz erfüllt. Im Geiste Gottes wurde die Schöpfung manifestiert, alles ist in Gott. Damit jedoch Schöpfung geschehen kann, wird ein Gefäß benötigt. Der Wille des Schöpfers ist die Ausstrahlung, die Gunst, Güte zu spenden. Damit dieses Geben angenommen werden kann, braucht man ein Gefäß, das empfangen kann. Diese Polarität zwischen dem Gebenden und dem Gefäß des Empfangens ist die Vorstufe zur Schöpfung. Dadurch teilt sich Gott in die Mannigfaltigkeit. Gott lässt in Sich etwas entstehen, das empfangen kann. Ein solches Gefäß ist der Mensch. Die Schöpfung ereignete sich für den Menschen, denn Gottes Gunst kann nur ausgedrückt werden, wenn etwas vorhanden ist, das dies empfangen kann. Der biblische Adam ist aus dem Garten Eden gefallen, als er für sich allein Genuss erleben wollte.

---

84 Hebr.: BRAShITh, Bereschit: Im Anfang.

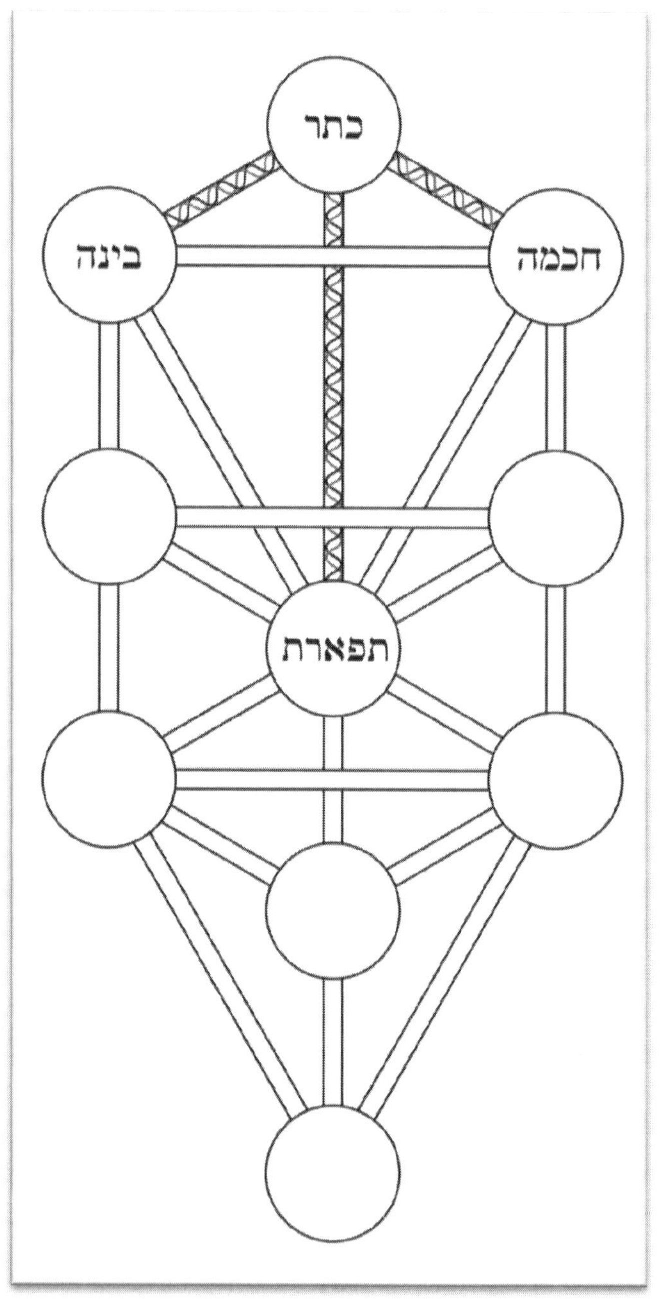
כתר
בינה
חכמה
תפארת

Das ist der Beginn des Eigennutzens. Er hat die verbotene Frucht für sich konsumiert, und das hat ihn aus dem Garten Eden vertrieben. Die Evolution des Menschen führt dahin, dass er wieder zurück in das verlorene Paradies findet. Dazu ist es erforderlich, bewusstes Geben zu lernen. Wir sind inkarniert, um jetzt in diesem Augenblick das Geben zu kultivieren, und das ist die schwierigste Aufgabe, die es zu meistern gilt. Allmählich steigen wir zur Krone der Schöpfung auf. Die Krone ist ein Herrschaftssymbol, denn der König trägt eine Krone. Diese Krone stellt im Menschen das höchste Energiezentrum dar. Darum sieht man Heilige mit einem Heiligenschein, einer Aureole, einem Symbol dieser Krone. Sobald die Verbindung zu Kether geschaffen wurde, entfaltet sich der Heiligenschein. Gegenwärtig besteht diese Verbindung mit Kether bei den meisten Menschen nur einseitig, von oben nach unten, sie ist ständig präsent. Doch das Gefäß, also der Mensch, ist unfähig, diese Verbindung wahrzunehmen. Deshalb bedarf es der Mühe, denn als Adam aus dem Garten Eden fiel, war die Auflage, dass sein irdisches Leben mühevoll sein wird.[85] Egal wie weit sich der inkarnierte Mensch entwickelt, immer weitere Mühen erwarten ihn. Vielfach gibt es den Wunsch, endlich zu ruhen, doch das ist ein Impuls des Eigenwillens. Solange der Mensch inkarniert ist, zählt das Gesetz der Mühe. Schwere Arbeit begleitet ihn, der Kampf mit den dunklen Kräften des Eigenwillens. Der spirituelle Pfad macht den Eindruck einer anstrengenden Arbeit. Der Auftrag lautet, dass der Mensch danach strebt. Jene New-Age-Richtungen, die den „leichten und schnellen Weg“ propagieren, erliegen dem großen Irrtum, weil sie nur oberflächliche Effekte anstelle echter seelischer Entwicklung anbieten. Diese Wege vergrößern den Eigenwillen. Es gibt einen inneren Kampf zwischen den dunklen und den lichten Kräften. Diese widerstreitenden Kräfte sind einerseits das Laster „nur für sich Genuss erleben wollen“ und andererseits die Tugend „empfangen, um mit anderen zu teilen“. Gottes Schätze sind reichhaltig, so reichhaltig wie die gesamte Schöpfung ist. Mangel ist eine Illusion. Sie ist das Ergebnis eines unreinen Gefäßes des Empfangens. Das gleiche gilt für das Gebet. Solange man nur die Befriedigung des Eigenwillens wünscht, wird es in niedere Ebenen ziehen. Nur das demütige Herz hat Platz an Gottes Thron. Durch das vollkommene Gebet kann man bewusst die Einheit mit Gott erleben, denn dann löst sich die Dualität auf und es gibt nur mehr Gott. Für den Eigenwillen ist das eine schmerzvolle Schlacht. Je größer der Eigenwille ist, desto größer ist der Konflikt in Bezug zu den spirituellen Gesetzen. Der Eigenwille gaukelt plausibel vor, dass es vorteilhaft wäre, sich gegen Autoritäten zu behaupten, da man darüber stehen würde. Daher ist der Anfänger auf diesem Pfad meist gegen die Anweisungen der spirituellen Lebensführung und auch in Opposition zu seinem spirituellen Lehrer, da der spirituelle Weg den Wahn des Eigenwillens vernichtet und damit auch gleichzeitig seine Illusion. Dieser Weg

---

85 1. Moses 3.

ist mühselig und von Leid begleitet. Der sogenannte „leichte“ Pfad ist eine Lüge.

Das äußere Umfeld hat einen großen Einfluss auf die spirituelle Entwicklung, denn es ist schwierig, bösartige Neigungen in einem bösartigen Umfeld zu überwinden. Darum empfehlen die Kabbalisten ein Umfeld, das dem spirituellen Pfad entgegenkommt. Hierzu zählen Menschen, die selbst auf diesem Pfad sind. Alle Tendenzen, die den Menschen in niedrigen Ebenen festhalten, erschweren den Pfad der Befreiung. Das erscheint zwar logisch, doch die Wenigsten sind bereit, daraus wirkungsvolle Konsequenzen zu ziehen. Es ist natürlich wesentlich erbauender für die spirituelle Entwicklung, ein Weisheitsbuch statt einen Thriller zu lesen. Die bösen Neigungen möchten jedoch von diesen üblen Energien genährt werden, sie machen innerlich durstig nach mehr. Erst wenn der böse Keim im Menschen erstickt, verschwindet die Gefahr. Dann verschwindet die Lust im Menschen, sich mit destruktiven Bildern, Musikrichtungen, Filmen oder Nachrichten zu verletzen. Sobald den üblen Kräften die Nahrung entzogen wird, verschwinden sie von selbst. Diese üblen Kräfte ziehen den Menschen von spirituellen Tugenden hinweg, sie schmeicheln mit Ausreden und blähen das Ego auf. Leidvolle Erfahrungen folgen, und diese sind dann der höhere Segen, denn durch Leid lernt der Mensch am schnellsten. Jeder unerwachte Mensch ist ein Sünder, er nimmt sich von Gott getrennt wahr. Dadurch sind seine Taten auf Eigennutz ausgerichtet. Gottes Wille enthüllt unsere Schwäche, auf diese Weise bekommen wir Demut und nehmen wahr, dass Gott die Quelle unseres Lebens ist. Kether ist jenseits der Dualität. Kether ist der Urwille und der Ursprung allen Seins. Kether ist das ICH BIN. Dieses höchste Selbst ist JECHIDACH. Es gibt nur ein Selbst, alle Menschen sind ein Ausdruck von diesem EINEN Selbst. Das ist der höchste und einzige Gott. Alle anderen Götter in den darunterliegenden Sphären des Lebensbaums sind ungetrennte Ausdrucksformen dieses allerhöchsten Gottes.

DAATH

„Zehn erhabene Sephiroth, nicht neun und nicht elf.“

Es gibt zehn Sephiroth und doch findet man ein weiteres Kraftzentrum in manchen modernen Darstellungen des Lebensbaums. Dieses Kraftzentrum stellt die Verbindung der maskulinen und femininen Kräfte von Chokmah und Binah dar. Diese Verbindungsstelle wird Daath[86] bezeichnet, Daath bedeutet Wissen. Daath ist vergleichbar einem Bewusstseinsstand der Selbsterkenntnis. In vielen kabbalistischen Schriften wird auf Daath eingegangen, doch wäre es ein Fehler, Daath als eigenständige Sephirah zu bezeichnen. Daath kann als eine andere Dimension als die der zehn Sephiroth angesehen werden. Es gibt einen Schleier, der die niederste Triade (Yesod, Hod, Netzach) von der mittleren (Tiphareth, Geburah, Chesed) trennt. Dieser Schleier schützt die hohen Mysterien von den niederen. Einen solchen Schleier gibt es auch in den höheren Sphären. Daath ist der Abyss, der Abgrund, der die mittlere Triade (Tiphareth, Geburah, Chesed) von der höchsten (Kether, Chokmah, Binah) trennt. Diesen Abgrund gilt es für den Kabbalisten zu überwinden, um die Ebene der Meisterschaft zu kontaktieren. Man kann Daath als den Heiligen Berg betrachten. Auf diesen Heiligen Berg erhob sich Moses, um das Gesetz von der überirdischen Triade zu empfangen. Als Sinnbild für Daath könnte ein leerer Raum dienen.

---

[86] Hebr.: DOTh, Daath: Wissen.

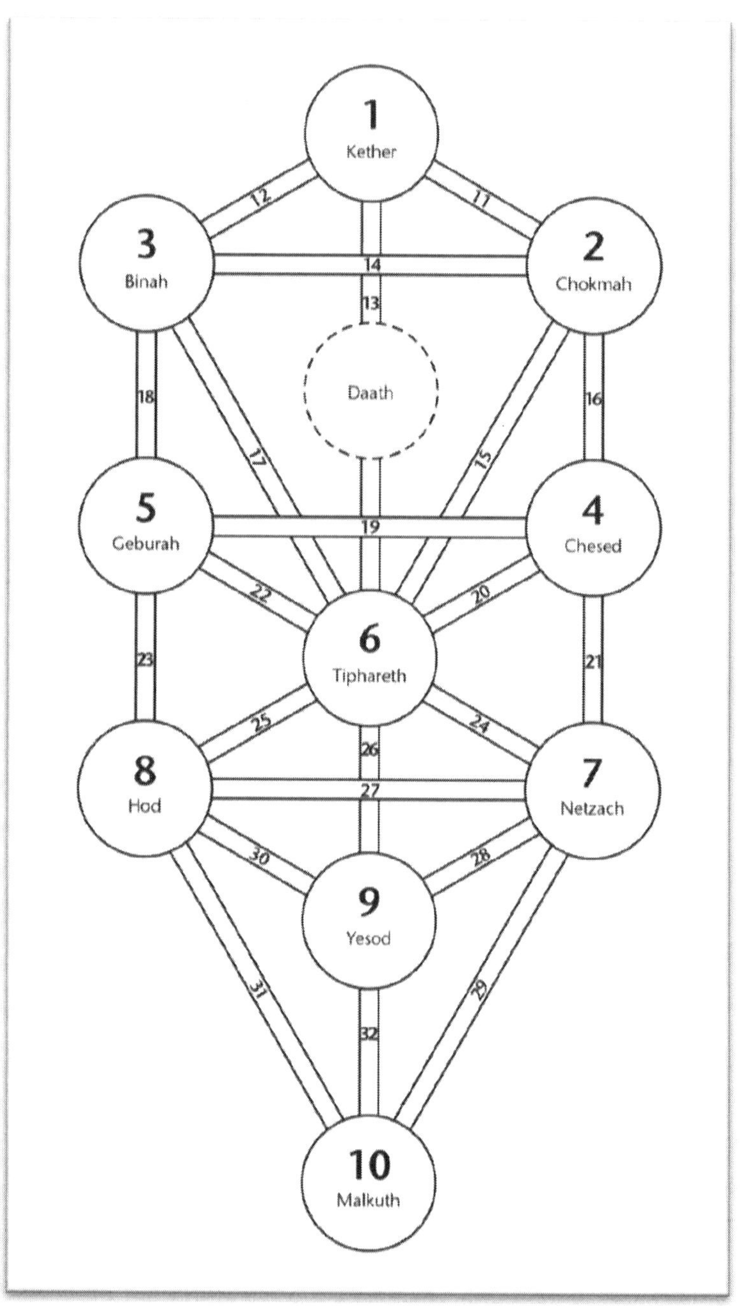

1
Kether
2
Chokmah
3
Binah
Daath
4
Chesed
5
Geburah
6
Tiphareth
7
Netzach
8
Hod
9
Yesod
10
Malkuth
11
12
13
14
15
16
17
18
19
20
21
22
23
24
25
26
27
28
29
30
31
32

KAPITEL II –
DIE VERBINDUNGSPFADE

DIE 22 VERBINDUNGSPFADE

Über die Verbindungspfade im Lebensbaum gibt es nur wenig deutschsprachige Literatur, umso wichtiger ist es daher, diesen Bereich der Kabbalah dem interessierten Leser und Studenten zugänglich zu machen. Es gibt zweiundzwanzig Pfade, welche die zehn Sephiroth miteinander verbinden, diese Pfade korrespondieren mit den hebräischen Buchstaben. Es sind Bewusstseinskanäle, welche die verschiedenen Qualitäten der Sephiroth vereinen. In hermetisch-kabbalistischen Mysterienschulen bearbeitet man die 32 Pfade mit unterschiedlichen Methoden. Hierzu zählen die praktische Arbeit mit Symbolen, die Meditation, das Studium der heiligen Schriften, das Gebet, die kabbalistische Intonation, die Kontemplation sowie Rituale und die Initiation.

Die hebräischen Buchstaben sind im Zwiegespräch mit Gott. Das Alte Testament der Bibel beginnt in der Originalschrift mit dem Buchstaben BETH anstatt dem ersten hebräischen Buchstaben ALEPH. Im Anfang der Schöpfung traten die Buchstaben des Alphabets in umgekehrter Reihenfolge vor Gott. Zweitausend Jahre vor der Erschaffung der Welt waren diese Zeichen verborgen und unmanifestiert gewesen, sie waren ausschließlich Gegebenheiten des göttlichen Vergnügens.

Als Gott[87] *die Welt erschaffen wollte, erschienen vor Seiner Allgegenwart die Buchstaben in umgekehrter Reihenfolge. Der Buchstabe TAV erhob sich und sprach: „Oh, Herr des Universums! Möge es Euch gefallen, die Welt durch mich zu erschaffen, denn ich bin der letzte Buchstabe vom Wort Wahrheit*[88]*, das in Eurem Siegelring eingraviert ist. Ihr werdet Wahrheit genannt, so wäre es recht die Welt durch mich zu beginnen und zu erschaffen." Da antwortete Gott, gesegnet sei er: „Du, TAV, bist es wert, doch kann ich die Welt nicht durch dich erschaffen. Du bist dazu ausersehen, vom Anfang bis Ende das exzellenteste Sinnbild von ergebenen und gewissenhaften Schülern und Meistern des Gesetzes zu sein; aber du bist auch der Gefährte des Todes*[89]*, da du doch am Schluss dieses Namens stehst. Deshalb kann und darf die Erschaffung der Welt keinesfalls durch dich geschehen."*

---

87 Hebr.: ALHIM, Elohim: Gott.
88 Hebr.: AMTh, Emet: Wahrheit.
89 Hebr.: MVTh, Movet: Tod.

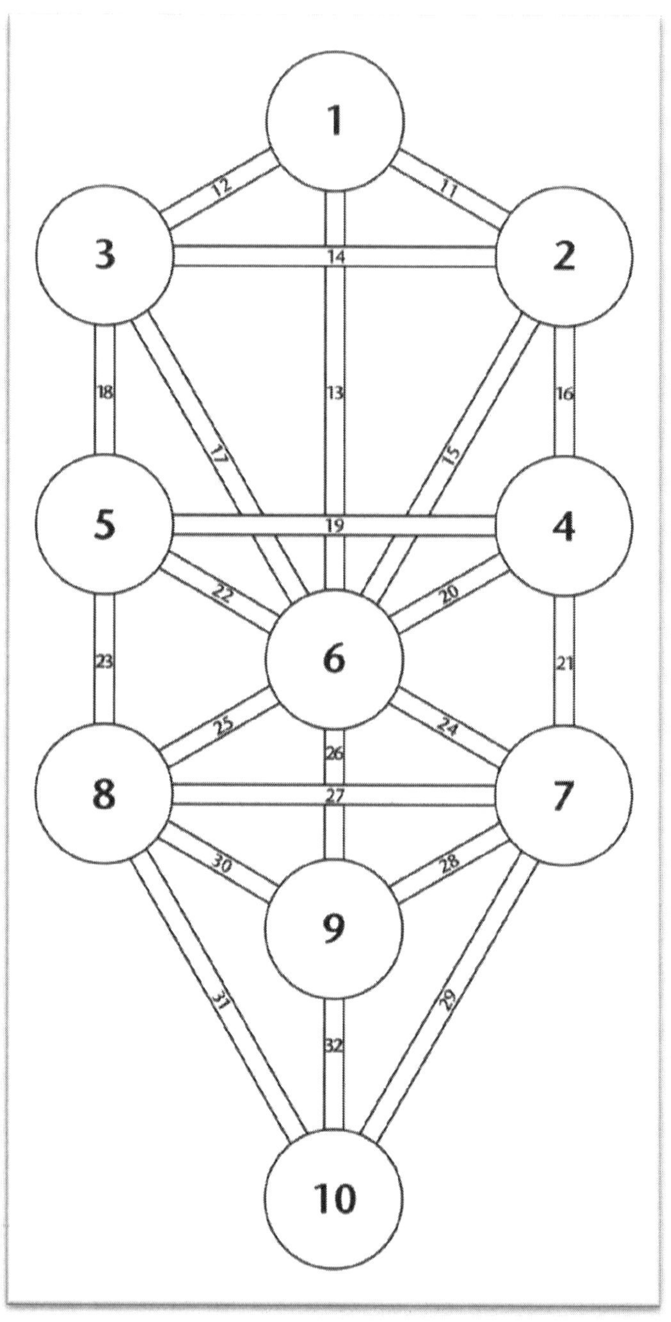
1
3
2
12
11
14
18
13
16
17
15
5
4
19
22
20
6
23
21
25
24
26
8
7
27
30
28
9
31
29
32
10

Als das TAV entschwunden war, erhob sich der Buchstabe SCHIN und sprach: „Oh Herr des Universums, so ich Euren großen Namen Allmächtiger[90] *trage, bitte ich Euch, die Welt durch mich, durch den heiligen Namen, der allein Euch zukommt, zu erschaffen." Da sprach Gott: „Du bist wahrlich würdig, echt und treu, doch Buchstaben, die gemeinsam Lüge bilden können, nämlich QOPH und RESCH werden sich zu dir drängen, um mit dir das Wort Falschheit*[91] *zu erzeugen. Hingenommen und glaubwürdig wird die Lüge erst durch die Wahrheit, die du doch verkörperst. Aus diesem Grunde mag ich die Welt nicht durch dich erschaffen."*

So entschwanden SCHIN, QOPH und RESCH, sie hatten diese Worte vernommen und wagten nicht mehr, sich vor Gott zu zeigen.

Der Buchstabe TZADI ging dann vor Ihn und sprach: „Da ich die Rechtschaffenen[92] *darstelle, und da Ihr mich in Eurem Namen „Gerechter"*[93] *vernehmt und geschrieben steht: „Der gerechte Herr liebt die Gerechtigkeit", wird es Euch gefallen die Welt durch mich zu erschaffen." Da sprach Gott: „TZADI, TZADI, wahrlich, du bist gerecht, aber du musst dich verborgen halten. Deine geheime Bedeutung darf weder bekannt noch offenbar werden. Deshalb darfst du bei der Erschaffung der Welt nicht verwendet werden. Dein ursprüngliches Bild war ein Stab, das Symbol des männlichen Prinzips, überragt vom YOD, einem Buchstaben des heiligen Namens wie auch des heiligen Bundes und Sinnbild des männlichen Prinzips. Die Zeit wird jedoch kommen, da du geteilt wirst, und deine Gesichter werden dann einander zugewandt sein."*

Da ging TZADI hinweg und der Buchstabe PEH erhob sich und sprach: „Ich bin der Beginn der Erlösung[94] *und der Befreiung*[95]*, die Ihr, oh Herr, der Welt zukommen lassen werdet. Darum wäre es ratsam, die Welt durch mich zu erschaffen." Gott antworte: „Würdig bist du und dessen wert, mit dir erhebt sich jedoch auch Frevel*[96]*, auch ähnelt deine Gestalt den Tieren, die mit zu Boden geneigten Köpfen umhergehen, ebenso versuchten Menschen, die gebeugten Hauptes mit ausgestreckten Armen einhergehen. Deshalb werde ich die Welt nicht durch dich erschaffen."*

Der Buchstabe AYIN machte darauf aufmerksam, dass er der Anfangsbuchstabe der Bescheidenheit[97] *sei. Gott sagte ihm: „Ich werde die Welt nicht durch dich*

---

90 Hebr.: ShDY, Schadai: Allmächtig.
91 Hebr.: ShQR, Scheker: Falschheit.
92 Hebr.: TzDIQIM, Tzadikim: Rechtschaffenen.
93 Hebr.: TzDIQ, Tzadik: Gerechter.
94 Hebr.: PVRQNA: Erlösung.
95 Hebr.: PDVTh, Pedut: Befreiung.
96 Hebr.: PShO, Pescho: Frevel.
97 Hebr.: ONVH, Anavah: Bescheidenheit.

erschaffen, denn AYIN ist ebenso der erste Buchstabe des Wortes für Vergehen[98]*." Sogleich entfernte sich AYIN.*

Sodann kam der Buchstabe SAMECH und entgegnete: „Ich bin den Gefallenen nahe, wie geschrieben steht: „Der Herr richtet auf[99] *all jene, die fallen." Gott wies ihn zu seinem Platz zurück und ordnete ihm an, ihn nicht zu verlassen und sagte: „Denn sowie du das tust, was wird dann aus den Gefallenen werden, wer wird sich um ihre Nöte sorgen, wer wird ihnen Beistand und Hilfe sein?" SAMECH kehrte darauf zu seinem Ort zurück.*

Es folgte ihm der Buchstabe NUN und sprach: „Oh Gott, große Freude wird es bereiten, Euch in ehrfürchtigem Gebet[100] *zu verehren und in der Lobpreisung*[101]*. Es möge Euch gefallen die Welt durch mich zu erschaffen". Gott antwortete: „Kehre an deinen Platz zurück NUN, dort wo auch die Gefallenen*[102] *weilen, um derentwillen auch SAMECH an seinen Platz zurückgekehrt ist, und wende dich ihnen hilfreich zu."*

Es folgte der Buchstabe MEM und sprach: „König[103] *werdet Ihr durch mich genannt." Gott entgegnete: „So ist es, dennoch will ich die Welt nicht durch dich erschaffen. Kehre sogleich mit deinen Gefährten LAMED und KAPH an deinen Platz zurück. Denn es ist notwendig, dass es einen König gibt. Es wäre nicht recht für die Welt, ohne einen König zu sein."*

In diesem Augenblick löste sich das KAPH aus dem Thron von Licht und Glanz und rief: „Ich bin Eure Glorie[104]*, erschaffet die Welt durch mich." Als KAPH vor Aufregung zitternd vor Gott stand, wurden 200.000 Welten zusammen mit dem Thron von Erregung erfasst und drohten zu stürzen. Gott rief: „KAPH, KAPH, was hast du getan? Durch dich werde ich die Welt nicht erschaffen, denn mit dir beginnt die Vernichtung*[105]*. Kehre an deinen Platz zum Thron der Glorie zurück und bleibe dort." Daraufhin ging KAPH an seinen Platz zurück.*

Als nächster erschien der Buchstabe YOD. YOD machte seinen Anspruch auf Erschaffung der Welt geltend, da durch ihn der göttliche Namen YHVH beginnt. Gott wies ihn jedoch mit den Worten zurück: „Begnüge dich damit, mit dem was du bist, nämlich der erste Buchstabe meines Namens und vorrangig bei allem, was ich wirke. Bleibe was und wo du bist."

---

[98] Hebr.: OVN, Avon: Vergehen.

[99] Hebr.: SMK, Samech: Stütze (Psalm 145, 14).

[100] Hebr.: NVRA ThHLVM, Nora Tehilim (1. Moses 15, 11).

[101] Hebr.: NAVH, Nava: Lobpreisung (Pslam 147, 1).

[102] Hebr.: NPILIM, Nephilim: Gefallene.

[103] Hebr.: MLK, Melek: König.

[104] Hebr.: KBVD, Kavot: Glorie.

[105] Hebr.: KLYH, Klajah: Vernichtung (Jesaja 10, 23).

Dann erschien der Buchstabe TETH und sagte: „Erschaffet die Welt durch mich, denn allein in mir ist die euch entsprechende Eigenschaft der Tugend[106]*." Gott antwortete: „Ich werde dich bei der Erschaffung der Welt nicht verwenden, TETH, denn die Tugend, die du enthältst, ist verborgen und dem Auge unsichtbar, wie denn geschrieben steht: „Wie groß ist deine Tugend, die du vor denen verbirgst, die dich fürchten".*[107] *Sehend wirst du der Welt, die ich erschaffen werde, unsichtbar bleiben, und auf Grund der in dir verborgenen Tugend werden die Pforten des Tempels in der Erde versinken, wie denn geschrieben steht: „Ihre Pforten sind in den Boden versunken".*[108] *Abgesehen davon bildest du zusammen mit deinem Gefährten CHETH die Sünde*[109]*. Darum werden diese Buchstaben nicht in den Namen der zwölf heiligen Stämme eintreten." Als CHETH dies hörte, begab er sich nicht vor Gott, sondern kehrte an seinen Platz zurück.*

Nun versuchte ZAIN seinen Anspruch mit den Worten geltend zu machen: „Durch mich werden Eure Kinder den Sabbat halten, wie denn geschrieben steht: „Gedenke[110] *des Sabbat, dass du ihn heiligest." Gott entgegnete: „Du ZAIN bist von kriegerischer Art. Deine Form erinnert an einen Speer. Dich kann ich bei der Erschaffung der Welt nicht verwenden."*

ZAIN entfernte sich und machte dem Buchstaben VAV Platz, der sagte: „Ich bin ein Buchstabe in Eurem heiligen Namen." Gott entgegnete: „Sei damit zufrieden, dass du zusammen mit HEH im großen Namen stehst. Ich werde dich nicht als den Buchstaben erwählen, durch den ich die Welt erschaffe."

DALETH begleitet vom GIMEL, begab sich sodann vor Gottes Allgegenwart, die ihnen sagte: „Lasst es damit recht sein, denn wo immer es auf Erden Arme gibt, die Beistand und Hilfe benötigen, seid ihr Mangel[111] *und Wohltat*[112] *(Hilfe), solange ihr verbunden und Gefährten seid, für sie da. Deshalb haltet zusammen und trennt euch nicht, damit einer dem anderen helfe."*

Sodann kam BETH und sprach: „Erschafft die Welt durch mich, bin ich doch der erste Buchstabe im Segen[113] *und durch mich wird alles, in der oberen wie in der unteren Welt Euch segnen." Gott antwortete: „Wahrlich BETH allein durch dich will ich die Welt erschaffen."*

---

[106] Hebr.: TVB, Tob: Tugend.
[107] Psalm 31, 20.
[108] Klagelieder 2, 9.
[109] Hebr.: ChTA, Chet: Sünde (1. Moses 20, 8).
[110] Hebr.: ZKVR, Zekor: Gedenken.
[111] Hebr.: DLTh, Dalath: Mangel.
[112] Hebr.: GMVL, Gomel: Wohltat.
[113] Hebr.: BRKAK, Berachach: Segen.

Nachdem ALEPH dies vernommen hatte, blieb er an seinem Platz und begab sich nicht in Gottes Allgegenwart, die ihm deshalb zurief: „ALEPH, ALEPH, warum trittst du nicht wie alle anderen Buchstaben vor mich?" Da antwortete ALEPH: „Herr und Herrscher des Universums, ich mache es deshalb nicht, da ich bemerkt habe, dass Ihr alle, außer BETH so an ihren Platz zurückgekehrt sind, wie sie gegangen waren, ohne Erfolg. Warum also sollte ich vor Euch treten, da Ihr BETH bereits das kostbare Geschenk gegeben habt, das wir alle so erfleht und begehrt haben. Denn es entspricht dem König des Universums nicht, Seine Gabe einem damit Beschenkten wieder zu entziehen und einem anderen zu geben. Gott entgegnete: „ALEPH, ALEPH, du wirst der erste unter allen Buchstaben sein, und ganz allein durch dich gelangt meine Einheit, Ganzheit und Fülle zum Ausdruck. Bei allem Vorhaben, bei allen Ideen, seien sie menschlich oder göttlich, bei jeder Tat und bei jedem Beginnen, sei es im Werden oder bereits vollendet, bei allem bist du der Erste, der Beginn."[114]

In dieser bildhaften Darstellung aus der kabbalistischen Überlieferung werden spezielle Qualitäten der Buchstaben beschrieben. Jeder Buchstabe deutet auf eine spirituelle Enthüllung hin. Die verschiedenen Kombinationen der Buchstaben in Worten, Sätzen und Passagen verweisen auf besondere energetische Vibrationen der Wirklichkeit. Durch die Kabbalah erweitern sich das Verständnis und die Wahrnehmung für die innere Bedeutung der heiligen Buchstaben. Die Pfade des Lebensbaums können mit einer Leiter verglichen werden, deren Sprossen die Buchstaben bilden. Der höchste Gott ist die Spitze dieser Leiter, daher kommen die Buchstaben in umgekehrter Reihenfolge, mit TAV beginnend und mit ALEPH endend. Der Einweihungsweg folgt also dem Pfad von unten nach oben. Er enthüllt den tieferen Sinn der Buchstaben und somit unsere spirituelle Reise, ausgedrückt durch unser Menschsein. Wir beginnen diesen Weg in einem Zustand des Getrenntseins, danach erleben wir jeden einzelnen Buchstaben und die damit verbundenen spirituelle Einsichten. Schließlich gelangen wir zur vollen Entfaltung, die Gottes Segen und Liebe enthüllt. Nun endet diese Reise mit dem Beginn der nächsten Spiralwindung der menschlichen Evolution. Jedem Pfad ist eine besondere Bewusstseinsart oder Intelligenz zugewiesen. Es gibt zehn primäre Intelligenzen, welche den zehn Sphären im Lebensbaum entsprechen. Diese primären Intelligenzen bilden gemeinsam die zehn initiatorischen Etappen des Lebensbaumes. Von jeder Sphäre gehen Kanäle aus, die sie mit anderen Sphären verbinden. Diese Kanäle dienen der Vermittlung der sephirothischen Kräfte, durch diese Verbindungskanäle tauschen die Sephiroth ihre Vibration untereinander aus. Diese Energie fließt von der höheren Sephirah zur niedrigeren. Die Entwicklung, also der „Pfad der Rückkehr", folgt jedoch der umgekehrten Reihenfolge, von der niedrigeren Sephirah zur nächsthöheren.

[114] Übersetzung des 6. Kapitels des Vorworts des hebräischen Sepher Ha Sohar.

PFAD 32 –
DAS BEWUSSTSEIN DES DIENENS

TAV - SIEGEL

„Anfang und Ende entfalten sich im Kreuz des Verstehens."

Der hebräische Doppel-Buchstabe TAV[115] ist der letzte in diesem Alphabet. Doppel-Buchstaben haben zwei unterschiedliche Aussprachen und entsprechen jeweils einem Gegensatzpaar. Es gibt sieben Doppel-Buchstaben nämlich BETH, GIMEL, DALETH, KAPH, PEH, RESCH und TAV. Diese entsprechen den sechs Richtungen des dreidimensionalen Raums und dem Mittelpunkt. TAV ist das Zentrum und bedeutet in seiner Übersetzung als Buchstabenname „Siegel". Ein Siegel dient meist dem Zweck, einen Vertrag zu besiegeln und somit rechtskräftig zu machen. Das Siegel ist sowohl ein Symbol der religiösen als auch der politischen Autorität, es ist aber ebenso eine symbolische Darstellung eines Herrscherhauses, einer Familie oder einer Organisation. Mit der symbolischen Geste des Besiegelns wird eine Urkunde gültig. All diese Ideen sind mit TAV verbunden. Das althebräische Zeichen für TAV assoziiert mit seiner Darstellung als Kreuz, denn dieses Kreuz veranschaulicht die Teilung der zweidimensionalen Ebene in vier Richtungen. In diesem Zusammenhang kann man auch das Rosenkreuz verstehen, welches auf der Symbolebene als Kreuz die Persönlichkeit darstellt. Am Schnittpunkt dieses Kreuzes finden wir die Rose als Symbol der Seele, die mit der Persönlichkeit den Bund der heiligen Hochzeit eingegangen ist.

TAV ist die Vollendung der Schöpfung und schließt alles ein. Dieser Buchstabe verbindet die Sephiroth Malkuth und Yesod und entspricht dem untersten Pfad im Lebensbaum. TAV ist der letzte der 32 Pfade und steht in Analogie zum Planeten Saturn. Auf diesem Pfad lernen wir, uns von der Knechtschaft zu befreien und in die bewusste Herrschaft einzutreten. Somit vereint dieser Pfad die Energien der Sphären von Malkuth und Yesod, die er verbindet, aber auch von Binah durch die Zuordnung von Saturn. Der 32. Pfad ist daher eine Verdichtung (Saturnkraft) unter dem Einfluss des Mondes (Yesod), die in die Manifestation (Malkuth) strömt. Der 32. Pfad entspricht der „administrativen Intelligenz".

---

[115] Hebr.: ThV, Tav: Siegel, Kreuz.

Eine optimalere Übersetzung für den Begriff „Intelligenz“ ist „Bewusstsein“. *Administration* steht in Zusammenhang mit der wahren Bedeutung des *Dienens*. Die Wortbedeutung beinhaltet den Begriff „ministrieren“, der Ministrant steht dem Priester zur Seite und unterstützt ihn. Er vollzieht bestimmte Handlungen und dient dem Höheren als Werkzeug. Auf der politischen Ebene entspricht der Minister eines Staates diesem Diener, er ist der Diener des Souveräns, des Volkes. TAV hat also einen Bezug zum Dienen, doch der Bürger eines Staates verwechselt die Administration oftmals mit der Bürokratie. Das „Administrative Bewusstsein“ bildet gemeinsam mit den anderen Bewusstseinstypen die 32 Pfade der Weisheit. Jeder Pfad kann nur im Gesamtbild und der Wechselbeziehung zu den anderen Pfaden erfasst werden. *Dienen* ist das große Mysterium dieses Pfads. Jeder, der sich nach oben hin entwickeln möchte und somit sein Bewusstsein über die irdische Ebene erheben will, benötigt die Fähigkeit des

Dienens. Wenn das Bewusstsein völlig in der Sphäre von Malkuth gebunden ist, dann ist eine materielle Sichtweise die Folge. Die Lösung aus dem Materialismus ist nur durch den Dienst an und für Gott möglich. In der Tradition östlicher Lehren lernt der Schüler den hingebungsvollen Gottesdienst, das unentgeltliche Arbeiten als Dienst für das Spirituelle. Diese Tugend wird auch in der westlichen Mysterientradition, in hermetisch-kabbalistischen Schulen, kultiviert. Der Dienst an und für Gott ist der einzig sichere Weg für echte spirituelle Entwicklung, das ist auch gleichzeitig der Dienst an der Menschheit. Jene, die als Autodidakten den spirituellen Weg gehen und erlernen wollen, scheitern insbesondere an dieser ersten Auflage, denn sie streben danach, eigennützig für sich selbst etwas erreichen zu wollen. Sie möchten größere Fähigkeiten und Kräfte zu ihrem eigenen Vorteil entwickeln, somit fehlen ihnen die Grundtugenden und sie schließen damit ihre wahre Entwicklung aus. Der Weg vom Körperbewusstsein (Malkuth) zur Astralsphäre (Yesod) wird von TAV beherrscht – das kann bedeuten, dass der unreife Schüler bestrebt ist, Macht über seine Mitmenschen auszuüben. Die kabbalistische Schulung ist aber nur dann sinnvoll, wenn der Dienst an der Evolution und am Wohl der Menschheit integraler Bestandteil der Ausbildung ist. Werden diese Ziele vernachlässigt, kann die astrale Sphäre von Yesod zu einer fürchterlichen Erfahrung werden, denn die dämonischen Kräfte würden dieses subtile Tor nutzen, um unser Leben zu beherrschen. Das kann man bei vielen Strebenden, die selbstständig mit okkulten Techniken experimentieren, beobachten. Ihnen fehlen die Sicherheitsvorkehrungen, die Teil einer authentischen Schulung sind. Die ethische Reinigung der Persönlichkeit erfordert eine korrigierte Einstellung in Bezug zum Dienen. Im kollektiven Unterbewusstsein sind die Schatten der Trennung stark verwurzelt, diese Aspekte hindern den Strebenden daran, freimütig zu dienen. Dienen ist ein Weg der liebenden Hingabe an Gott, und das führt automatisch zur Steigerung der Freude Gottes. Die Erweckung und Entfaltung der Liebe zu Gott führt zur Vollkommenheit. Dann löst sich die Gier, für sich eigennützig haben zu wollen. Frieden erfüllt die Seele dessen, der den EINEN in allem erkennt und in Gott seine Erfüllung findet. Er hat nur mehr den Drang, sein ganzes Wesen Gott hinzugeben. Der 32. Pfad ist der Impuls zur Erfahrung des kosmischen Bewusstseins. Er erinnert an das Tor der geistigen Geburt in die Innenwelt. Saturn steht für Kontraktion und Gravitation, die Gravitation ist die Anziehungskraft. Anziehung ist Liebe. Für die meisten auf diesem Pfad erscheint Gravitation wie ein leidvoller Weg, genauso, wie es zu Beginn mühsam ist, eine neue Fähigkeit zu erlernen.

Gleichfalls sind für die praktische Meditation einige Voraussetzungen erforderlich. Auf der körperlichen Ebene lernt man ruhig zu sitzen, tief und rhythmisch zu atmen und in einer hingebungsvollen, empfänglichen Haltung zu verweilen. In den ersten Wochen rebellieren die Körperzellen, so fällt es dem Schüler schwer, nur einige Minuten still zu sitzen. Mit ein wenig Übung erweitert sich die Fähigkeit zu einer halben Stunde, ja sogar einer Stunde. Hierfür werden jene Zellen geopfert, die das neue Muster verhindern, denn sie werden durch neue ersetzt, und das ist ein annehmbares Opfer. Während der ersten Übungssphasen erscheint dies alles wie ein leidvoller Weg, alles möchte beim Alten verbleiben. Das Altgewohnte macht einen bequemen und angenehmen Eindruck, alles Neue erscheint dem Alten entgegengesetzt und schwierig zu sein. Es bedarf daher der Überwindung. Nur diese kleine Tätigkeit des Stillsitzens prüft die Fähigkeiten des Schülers auf das Äußerste. Er erlebt Schmerzen und einen inneren Todeskampf, die alten Muster rebellieren und möchten frei bleiben. Disziplin ist vergleichbar einer Begrenzung, die Persönlichkeitsaspekte kämpfen daher gegen die Disziplin. Disziplin ist aber auch ein Merkmal von Meisterschaft. Jeder Musiker, der ein Musikinstrument beherrscht, hat sich dessen Beherrschung diszipliniert angeeignet. Er hat neue Verhaltensmuster angenommen, die es ihm ermöglichen, das Instrument zu spielen. Spirituelle Übungen bedürfen genauso der Disziplin. Die Meisterschaft jedes einzelnen Pfades ist das Ergebnis von Disziplin. Tanzen ist eine disziplinierte Bewegung, die man vorher übt – und so ist der Buchstabe TAV ein Symbol des Weltentänzers. Er ist die androgyne Gestalt, die zur himmlischen Melodie den Tanz des Lebens tanzt. Dieses Lied erweckt zum kosmischen Bewusstsein. Die Disziplin ebnet den Weg zu dieser Erfahrung, nur so können wir gemeinsam der Bruderschaft der Menschheit dienen.

PFAD 31 –
DAS BEWUSSTSEIN DER KONTINUITÄT

SCHIN - FANGZAHN

„Die Flamme der Offenbarung erweckt zum ewigen Leben.“

Der 31. Pfad im Lebensbaum ist dem Mutterbuchstaben SCHIN[116] zugeordnet. Als Buchstabenname bedeutet SCHIN „Zahn“. Zähne sind ein Werkzeug, um die Nahrung zu zerkleinern und für die Verdauung vorzubereiten. Raubtiere haben Reißzähne, die sie für die Jagd ihrer Nahrung benötigen. Der Pfad SCHIN verbindet die Sphäre Malkuth mit Hod, durch diesen Verbindungspfad schreitet man initiatorisch von einer Sphäre zur nächsten. Die Pfade sind mit Straßen vergleichbar, welche Ortschaften miteinander verbinden. SCHIN ist ein ganz besonderer Pfad, denn er beschreibt ein Tätigkeitsfeld, das der gegenwärtigen exoterischen Wissenschaft noch verborgen ist. Der 31. Pfad dient als Kanal von der mentalen Sphäre Hod zur irdischen Sphäre Malkuth. Hier sehen wir den direkten Einfluss der Gedanken auf unseren Körper und analog dazu auf unser materielles Universum. Malkuth ist unter anderem ein Ergebnis der Vibration von Hod, demnach ist die körperliche Ebene das Resultat unserer geistigen Bilder. Es ist bemerkenswert, dass wir im Lebensbaum Darstellungen von Gesetzmäßigkeiten und Wirkungsweisen finden, die der äußeren Wissenschaft um viele Jahre, manchmal sogar um Jahrtausende voraus sind. Der Urwille von Kether emaniert durch die einzelnen Sphären hindurch zur Sphäre von Malkuth, und so gibt es folgerichtig Verbindung zwischen allen Ebenen des Seins. Aus der Sichtweise antiquierter naturwissenschaftlicher Vorstellungen wäre die Sphäre Malkuth, die physische Welt, von allen anderen Sphären getrennt, und dieser Irrglaube herrscht in manchen Gesellschaftskreisen noch heute vor. Die Lehre der Kabbalah veranschaulicht den direkten Zusammenhang von Verstand, Gefühlen, Trieb und dem Körper. Aus einer höheren Sichtweise betrachtet weisen diese Zusammenhänge sogar auf alle Erscheinungen der physischen Welt hin. Der Lebensbaum zeigt uns als Modell und bemerkenswerteste Glyphe der Kabbalah die Verbindung von Mensch, Schöpfer und Schöpfung. Ein Schüler, der am Anfang seines Pfades steht, wird diese Pfade anders wahrnehmen als jener, der ein rechtschaffener Meister der höchsten Sphären ist. Der Lebensbaum ist eine Darstellung des Lebens, damit wird ausgedrückt, dass jeder Pfad leben-

[116] Hebr.: ShIN, Schin: Reißzahn.

dig ist. Der Durchschnittsmensch ist an die Wahrnehmung seiner fünf Sinne gebunden. Er kann nur innerhalb dieses begrenzten Felds seine Schlussfolgerungen ziehen. Der Kabbalist hat höhere Sinne entwickelt und ist somit in der Lage, die Verknüpfungen überprüfen zu können. Grundsätzlich ist der Mensch getrennt von den höheren spirituellen Ebenen, die viel weitreichender als die physische Realität sind. Der Durchschnittsmensch lebt in der Welt der fünf Sinne, folglich sind die Interpretationen seiner Realität auf Illusionen begründet. Ausschließlich die höheren Sinne ermöglichen uns die Realität aus einer umfassenderen Perspektive wahrzunehmen. Dieser höhere Sinn ist mit „Einsicht“ vergleichbar. EIN-SICHT weist darauf hin, dass man die Welt als Eins erlebt, durch Einsicht ist die EINE Realität erfahrbar. Es ist gleichgültig, ob unsere äußeren Sinne gut funktionieren oder defekt sind, ob wir kurz- oder weitsichtig sind, ob unser Gefühls-, Tast- Geruchs- oder Geschmackssinn beeinträchtigt ist. Es geht ausschließlich um die innere Interpretation. Auch wenn wir die Eindrücke der äußeren Welt nur ungenügend aufnehmen, so können wir diese durch unsere innere Einstellung korrigieren. Andererseits könnte jemand gut funktionierende Sinne haben, und doch wird er die Welt falsch interpretieren. Wir können täglich den Sonnenaufgang und -untergang mit unseren äußeren Augen sehen, intellektuell wissen wir jedoch, dass die Sonne weder auf- noch untergeht. Wie gut die äußeren Sinne geschult sind, ist nebensächlich, am wichtigsten ist die spirituelle Transformation – und daraus resultiert die korrekte Auslegung der Eindrücke.

Der 31. Pfad zeigt uns, dass der Körper in Beziehung zur Gedankenwelt steht. Verworrene Gedanken haben ebenso einen Einfluss auf den Körper wie klare Gedankengänge. Hasserfüllte und überkritische Gedanken werden zu Geschwüren im Körper. Erst wenn das Wasser in Hod zur Ruhe gekommen ist, kann es das Licht des Christus-Bewusstseins klar reflektieren. Dann fließt eine Vibration der Heilung und Vollkommenheit in den Körper. Dem Pfad von SCHIN wird das *„immerwährende Bewusstsein“* zugewiesen. Das ist die bewusste Wahrnehmung der Kontinuität des Lebens. Dieser Pfad vereint die Vibrationen von Hod, Malkuth und Pluto. In der Mythologie ist Pluto der Gott der Unterwelt. Zu dem Zeitpunkt, als die Kabbalisten die Korrespondenzen des Lebensbaums veröffentlichten, waren der exoterischen Wissenschaft nur die antiken Planeten bekannt. Erst im Jahr 1930 ist der Kleinplanet Pluto entdeckt worden. Für die sogenannten transsaturnischen Planeten Pluto, Neptun und Uranus hatten die Kabbalisten schon seit jeher einen Platz eingeräumt. Als der Mensch sich weiterentwickelte, war das kollektive Bewusstsein der Menschheit fähig, auf die Vibrationen von Pluto zu reagieren. Sobald eine innere Erfahrung bewusst wird, wird diese auch im Außen erfahrbar, ebenso wie manche Planeten erst „entdeckt“ werden, wenn der Mensch einen Bezug zu dieser Vibration hat. Die 22 Buchstaben des hebräischen Alphabets sind unterteilt in drei Mutterbuchstaben, sieben Doppelbuchstaben und zwölf Einfachbuchstaben. Die Mutterbuchstaben entsprechen den drei transsaturnischen Planeten Pluto, Neptun und Uranus, die als höhere Oktave von drei antiken Planeten angesehen werden. Die Doppelbuchstaben entsprechen den sieben antiken Planeten Sonne, Mond, Mars, Merkur, Jupiter, Venus und Saturn. Die Einfachbuchstaben entsprechen den 12 Tierkreiszeichen Widder, Stier, Zwillinge, Krebs, Löwe, Jungfrau, Waage, Skorpion, Schütze, Steinbock, Wassermann und Fische.

Pluto kommt der Bedeutung von SCHIN sehr nahe, denn die Erfahrung der vierten Dimension bedeutet das Erwachen aus dem Traum der Sinne. Der Klang der himmlischen Melodie erweckt zum Ewigen Leben. In der Bibel wird diese prägnante Erfahrung als das „Jüngste Gericht“ beschrieben, das ist die Geburt aus den Gräbern des Todes und des Irrtums in das Ewige Leben. Die meisten Menschen fürchten sich vor dem Jüngsten Gericht, da es all ihre Lieblingsillusionen zerstört. Zu diesen Illusionen zählen auch Scheinsicherheiten – daher ist die Vorstellung vom Jüngsten Gericht für viele erschreckend. Das Jüngste Gericht ist gleichzeitig Tod und Wiedergeburt. Die Evangelien über Jesus von Nazareth beschreiben diesen leidvollen Weg. Die Auferstehung in das Neue Reich ist die Folge einer inneren Wiedergeburt. Sie öffnet einen neuen Sinn, der die Wahrnehmung der Kontinuität des Lebens ermöglicht. SCHIN ist einer der drei hebräischen Mutterbuchstaben. Er hat einen Bezug zum Ur-Prinzip des Feuers. Die anderen Mutterbuchstaben sind ALEPH und MEM. ALEPH ist das Ur-Prinzip der Luft und MEM das Ur-Prinzip des Wassers. Aus diesen drei Prinzipien leitet sich alles Erschaffene ab. Somit ist der Pfad von SCHIN jener des häuslichen Herdfeuers. Dieses Feuer verbindet die Familie und schenkt ihnen Wärme. Ebenso haben die häuslichen Pflichten ihren besonderen Stellenwert, denn es wäre ein Irrtum mit fatalen Folgen, sich nur dem spirituellen Pfad zu widmen und gleichzeitig alle familiären Pflichten zu vernachlässigen. Die spirituelle Familie wird in der Bibel als heiliges Volk bezeichnet, also das Volk Israel[117]. Dieses Volk ist unabhängig einer Nation sondern sie ist eine spirituelle Seelenverbindung. Die Familie hat ihren besonderen Stellenwert, die Aufgabe des Kabbalisten ist es daher, das spirituelle Licht in die Familie hinab zu bringen. Das ist die wichtigste Aufgabe jedes Strebenden, denn die profane Welt ist von Dunkelheit erfüllt. Jedes Mitglied der Familie, das mit dem inneren Licht der Kabbalah in Berührung kommt, ist wie eine zusätzliche Kerze, die in der Dunkelheit Licht spendet. In der griechischen Mythologie stoßen wir auf Prometheus, der das Feuer der Götter stiehlt, um es den Menschen zu bringen. Für diese Tat wurde er leidvoll bestraft. Das Feuer unterscheidet den Menschen vom Tierreich. Im Gegensatz zum Tier beherrscht der Mensch das Feuer. Das Feuer von Prometheus ist aber weit mehr als nur ein gewöhnliches materielles Feuer.

[117] Hebr.: IShRAL, Israel: Gottesstreiter, Heiliges Volk.

Es ist ein subtileres Feuer, das Feuer der Initiation. Prometheus bringt die spirituelle Kraft zur Menschheit hinab. So wird aus der Realität von YHVH das erlösende Prinzip YEHESCHUAH. Das Prinzip von SCHIN wandelt das Tetragrammaton in das Pentagrammaton, also den Menschen der niederen Mysterien in den Gottmenschen der hohen Mysterien. Das läuternde Feuer sinkt wie eine Taube bei der Taufe auf Christus hinab. Der Einstrom des Heiligen Geistes (SCHIN) drang auch in die Köpfe der Apostel ein und leuchtete ähnlich einer Flamme, die den Heiligenschein über ihren Köpfen bildet. Erst wenn diese höhere Kraft inkarniert, transzendiert sich der Verstand, man beginnt mit dem Herzen zu denken. Wir erwachen dann in eine neue Dimension. Diese Dimension transformiert unsere intellektuelle Sphäre dermaßen, dass das mentale Wasser still wird. In diesem Sinne bedeutet Stille, die mentalen Vorgänge zum Schweigen zu bringen, damit beginnt unsere Meisterschaft über den Intellekt und die Kommunikation. Von da an verlassen wir die Ebene des sinnlosen Geredes und unsere Worte werden wesentlich. Der Meister unterscheidet sich vom Anfänger dadurch, dass er gelernt hat, zu schweigen, denn unbedachtes Gerede und unwesentliche Gespräche haben ihre Ursache in einer unausgeglichenen Mentalsphäre. Erst dann haben unsere Worte Gewicht und wir lernen das Instrument der Sprache achtsam und schöpferisch zu gebrauchen. So werden die Worte kraftvoll. Wenn sie durch kabbalistische Methodik sublimiert sind, dann bewirken sie wahre Wunder. Die tiefere Erfahrung von SCHIN gleicht einer Stufe der Erleuchtung, doch findet im Prinzip auf jedem Pfad Erleuchtung statt. Jede Zwischenerleuchtung bringt den Kabbalisten dem Thron Gottes näher, der wahren Ursache aller Welten. Das Jüngste Gericht ist somit ein Zeugnis des Lichts in Ausbreitung, und wir erwachen von den Toten zu den Lebendigen. Das ist die Auferstehung in das Reich des immerwährenden Lebens.

PFAD 30 –
DAS BEWUSSTSEIN DER SAMMLUNG

RESCH - KOPF

„Das leuchtende Antlitz erstrahlt in der Schönheit der Liebe."

Der 30. Pfad im Lebensbaum entspricht dem Doppel-Buchstaben RESCH[118]. RESCH bedeutet als Buchstabenname „Kopf" oder „Haupt". Im Kopf befindet sich das Gehirn, das maßgeblich für die Erleuchtung verantwortlich ist. RESCH verbindet die Sephirah Yesod mit Hod, und so zeigt der Pfad von RESCH die Verbindung zwischen dem Unterbewusstsein und dem Intellekt. Er veranschaulicht in welchem Zusammenhang der Verstand zum Unterbewusstsein steht. Die Verhaltensmuster von Yesod stehen unter dem Einfluss der Mentalsphäre, unsere Gedanken beeinflussen unsere Verhaltensmuster. Der Verstand reflektiert das Licht der Sonne wider. Je entwickelter der Verstand ist, desto klarer ist die Reflektion. Gleichfalls reflektiert die Mondsphäre das Licht der Sonne. Auf dieser Entwicklungsstufe, unterhalb von Tiphareth, kann das Licht nur als Reflektion wahrgenommen werden. Auf der höheren Stufe des 30. Pfads wird das Christus-Bewusstsein geboren. Das ist die geistige Geburt – sie symbolisiert das spirituelle Fest „Weihnachten", die Geburt des Lichts, die Geburt von Christus. Die Wirbelsäule von Kindern enthält einen offenen Kanal, durch den die subtile Energie hinauf fließen kann. Das ist auch der Grund, warum manche Kinder für Erfahrungen der inneren Welten empfänglicher als die meisten Erwachsenen sind. Knapp vor der Pubertät schließt sich dieser Kanal, weil die Wucht der Sexualkraft, die durch die Pubertät aktiviert wird, zu stark wäre. Bei den meisten Menschen bleibt dieser Kanal jedoch verschlossen. Auf dem spirituellen Weg öffnet sich dieser Kanal wieder. Auf diesen offenen Kanal deutete Jesus mit seiner Aussage hin: „Werdet wie die Kinder". Auf dem spirituellen Weg wird man wie ein Kind, und Kinder sind frei von Scham. Der Buchstabenname RESCH weist auf Ideen wie zum Beispiel die Führung einer Sache hin. Das weist auch auf die Funktion der Sonne in unserem Sonnensystem hin, die RESCH entspricht. Die Sonne ist die Quelle des Lichts in unserem Sonnensystem, und dieses Licht ist lebendiges Bewusstsein. Hinter dem Körper ist ein Geist, der, oberflächlich betrachtet, schwer zu erkennen ist. Der Mensch fühlt, denkt und nimmt sich selbst wahr. Dahinter ist ein Bewusstsein, dem der Körper

---

[118] Hebr.: RISh, Resch: Kopf.

als Instrument der Wahrnehmung dient. Genauso verhält es sich mit der Sonne, den Planeten und Fixsternen. Hinter der körperlichen Erscheinung der Sonne ist ein Bewusstsein, das Sonnenbewusstsein. Das ist das „*sammelnde Bewusstsein*". Von der Sonne strahlt etwas ab, doch gleichzeitig nimmt sie auch auf. Es besteht eine Wechselwirkung zwischen der Sonne und Allem, was sich in ihrem Einflussbereich befindet. Sie ist das kollektive Bewusstsein, das von jedem Wesen die Erfahrung empfängt. So wie jede Zelle im Körper des Menschen in Wechselbeziehung zum Bewusstsein des Menschen steht, ist die Sonne in Wechselbeziehung zu allen Wesen in diesem Sonnensystem. Jede mikrokosmische Erfahrung des Menschen wird Teil des kollektiven Sonnenbewusstseins. Von der Sonne strahlen sowohl eine elektromagnetische wie auch eine spirituelle Energie aus. Diese elektromagnetische Energie ist ein Sinnbild der Fruchtbarkeit. In der Nähe des menschlichen Herzens gibt es eine Verbindungsstelle, durch die dieses spirituelle Licht der Sonne aufgenommen werden kann. Es hängt primär von der spirituellen Entfaltung des Menschen ab, wie viel er von diesem Licht aufnehmen kann. In unserem Herzen ist diese Energie als Liebe erfahrbar, die Liebeserfahrung erhebt uns aus der Ebene der Sterilität.

Der 30. Pfad beinhaltet das kollektive Wissen der Menschheit. Obwohl viele dieser Erfahrungen und Erkenntnisse auf der materiellen Ebene durch Kriege und Nöte scheinbar verschwunden sind, so sind sie auf der subtilen Ebene sehr wohl vorhanden. In vielen Kulturen hat man sich sehr intensiv mit bestimmten Heilmethoden beschäftigt, die sehr eng im Zusammenhang mit spirituellen, aber auch physikalischen Erkenntnissen stehen. So entdeckte man in Asien Heilmethoden, die direkt dem energetischen System des Menschen zugrundeliegen. Die westliche Schulmedizin behandelt fast ausschließlich materielle Symptome und unterlässt es, auf die tieferliegenden Ursachen einzugehen. Somit ist sie von der wahren Heilkunst weit entfernt. In den alten Kulturen waren die Ärzte spirituelle Priester. Sie hatten Kenntnis von den inneren Zusammenhängen des menschlichen Lebens. Manche ihrer Methoden wirken aus der heutigen Sicht laienhaft, und doch gab es Hochkulturen, in denen die damaligen Heiler in Relation zu den heutigen essentiellen Heilerfolgen der Schulmedizin fortgeschrittener und teilweise erfolgreicher waren. Damit der heutige Arzt wieder zum Heiler wird, ist es für ihn absolut notwendig, sich vom profanen materialistischen Weltbild zu lösen. Solange er ein Diener des Götzenkultes ist und ein Symptom durch die Wirkung eines anderen ersetzt, handelt er durch Unwissenheit gegen seine Berufsethik. Es steht außer Zweifel, dass es zur heutigen Zeit notwendig ist, dass es Ärzte gibt, die Erste Hilfe leisten können, doch wenn die geistige Behandlung der Ursache fehlt, befinden sie sich auf der Stufe eines Zauberlehrlings, trotz – und manchmal auch wegen ihrer jahrelangen Universitätsausbildung, die ihre Sicht zu wesentlichen Bereichen der Heilkunst trübt oder gar verstellt. Ein wahrer Heiler kennt die spirituellen Gesetze der Heilung und dient dem Willen Gottes. Die Wundertaten von Jesus veranschaulichen ganz deutlich, dass er ein echter Heiler war. Er verstand die wahre Ursache von Krankheitssymptomen. Durch ihn wurden Gelähmte und Blinde geheilt. Seine Therapie war durch das Vertrauen auf das Sonnenprinzip begründet. Die Kraft der Sonne wirkt jedoch auch wie ein zweischneidiges Schwert. Der eigennützige Mensch wird diese Macht missbrauchen, um sich über andere Menschen zu stellen. Er wird Bomben konstruieren und bauen, anstatt das Wissen um die Kraft von Atomen für die Heilung seiner Mitmenschen zu nutzen. Die Menschheitsgeschichte ist voll von solchen leidvollen Geschehnissen und Erfahrungen, die daraus resultierenden karmischen Folgen reichen hin bis zur dritten Generation. Jene, die Gottes Wort missbrauchen und ihre Handlungen fälschlicherweise mit Gottes Namen schmücken, werden über mehrere Generationen hinweg die Folgen ertragen.[119] Dies ist eine sehr wichtige biblische Aussage, denn wir tragen die Verantwortung für unser Tun für die kommenden Generationen. Wir haben jetzt, in diesem Moment, die Möglichkeit so zu handeln, dass alle, die uns nachfolgen, einen heileren Weg haben werden. Diese Welt ist voller Leid, doch es liegt in unseren Händen, den Samen der Frucht der Bruderschaft der Menschheit zu säen. In jeder Generation gibt es bestimmte Krankheitsbilder, die im Sinne des oben gesagten Karma sind. Das ist die Sühne der Generationen. In jeder Inkarnation erleben wir die Ernte von dem, was wir im vorherigen Leben gesät haben. Die Nation, die Zeitepoche, der kulturelle Hintergrund, die Wirtschaftssituation, die Religion etc. sind Erscheinungen um unser Los, also das karmische Gesetz, zu erfüllen. Unsere Eltern, Partner und Kinder helfen uns, dass wir in der Lage sind, unsere karmischen Rechnungen zu begleichen. Wir sind in dieser Region inkarniert, damit wir hier die Verhaltensmuster der Einheit säen können. Nur wenn wir uns ändern, können wir ein Segen für unsere Familie sein, damit können wir das Bewusstsein unserer gesamten Familie erheben. Diese Familie ermöglichte uns die Inkarnation. Durch unsere Transformation werden für unsere Familie Heilströme freigesetzt. Das Leid der Menschheit wird sich aber noch vergrößern, da sie sich in einer kollektiven Umwandlung befindet. Umso wichtiger ist es dann, dass wir Hand in Hand das spirituelle Licht der Sonne empfangen und für die nächsten Generationen in die heilende Energie der Einheit transformieren. Das befreit die Menschheit, und das ist die größte Pflicht der Kabbalisten. Das Licht unserer spirituellen Arbeit wird dazu führen, dass weniger Blut vergossen wird, dass weniger Menschen Leid erfahren und die beängstigende Dunkelheit verschwindet. Denn die rechtschaffenen barmherzigen Menschen[120] kommen in jeder Generation, um offene Kanäle der Heilkraft der Sonne zu sein.

---

119 2. Moses 20, 7

120 Hebr.: TzDIQIM, Tzadikim (Plural): Rechtschaffene.

PFAD 29 –
DAS BEWUSSTSEIN DES KÖRPERS

QOPH - HINTERKOPF

„Jenseits des großen Antlitzes ist die zeitlose Vollendung."

Der 29. Pfad entspricht dem Buchstaben QOPH[121]. QOPH ist einer der zwölf Einfachbuchstaben, welche den 12 Stämmen Israels und analog dazu den 12 Tierkreiszeichen entsprechen. Der Buchstabenname QOPH korrespondiert mit dem Hinterkopf und bezieht sich somit auf den Bereich im Körper, indem sich gewisse Gehirnzentren befinden, die unter anderem von diesem Buchstaben regiert werden. Wenn die letzte Mauer gefallen ist, der letzte Schleier gelüftet wurde, dann steigt die Schlangenkraft entlang der Wirbelsäule hoch und aktiviert den Hinterkopf. Die Folge davon ist eine Erleuchtungsstufe, das Licht scheint von innen. Die Sphären von Malkuth und Netzach werden durch diesen 29. Pfad verbunden. Malkuth ist das Auffanggefäß der höheren Sephiroth. Alles, was wir in der materiellen Welt erleben, ist eine Reaktion auf die Wirkung der anderen Sephiroth. Materie ist die dichteste Manifestationsstufe von Geist. Viele Menschen halten die materielle Welt für die einzige Realität. Wenn sie einen Gegenstand in seiner materiellen Form sehen, dann nehmen sie an, dass dieser Gegenstand real sei, aber gleichzeitig verneinen sie die Realität von einem Gegenstand, den man sich geistig imaginiert. Die materielle Form ist immer das Ergebnis einer Vorstellung. Stellen wir uns als Beispiel einen gewöhnlichen Sessel vor. Auf der „materiellen" Ebene sehen wir eine Form, wir könnten aber genauso unsere Augen schließen und uns einen Sessel vorstellen. In unserer Vorstellungskraft kann dieser Sessel die gleichen Qualitäten aufweisen wie seine „materielle" Form. So ist es uns möglich, alle Sinne in die Vorstellung mit einzubeziehen. In der Traumebene erleben wir ebenso eine feste und reale Welt. Die Materie ist die trägste aller Vibrationen, daher können wir dichte und feste Materie erleben. Im physikalischen Sinne besteht der Sessel aus einem bestimmten Material, das seinerseits aus Atomen, Protonen, Elektronen besteht. Diese bestehen wiederum aus Superstrings. Nun haben wir uns bis zur energetischen Ebene vorgearbeitet. Diese Energien zirkulieren und ermöglichen uns die materiellen Erfahrungen. Durch Bewegung kann Energie eine Form

[121] Hebr.: QVP, Qoph: Hinterkopf.

annehmen. Diese Energie könnte man als *„astrales Licht“* bezeichnen. Alles ist aus Licht gemacht, wir leben im Licht, und trotzdem fällt es dem Menschen schwer, dieses Licht zu erforschen. Jedes Instrument, womit er es erforschen könnte, besteht ebenfalls aus Licht. Genauso wenig könnte ein Fisch Wasser definieren, denn das Wasser ist für den Fisch die Grundlage seines Lebens. Er lebt im Wasser und ist von Wasser durchflutet. So verhält es sich auch mit dem Licht. Wir leben in diesem Licht – und wir bestehen aus diesem Licht. Alles ist aus diesem Licht gemacht. Dieses Licht ist der Ausdruck von AIN SOPH AUR, *dem grenzenlosen Licht*. Der Kabbalist lenkt durch die Schablone des Geistes dieses astrale Licht bewusst in eine bestimmte Richtung. Diese Matrix ist die Form, in welcher das Licht als materielle Welt für uns erfahrbar wird. Die geistigen Ebenen, welche die wahre Realität sind, sind die Ursache für die äußerste Erscheinung. Die Welt ist Klang, also Vibration, und gleichzeitig ist die Welt Licht, welches sich in Vibration ausdrückt. Das sind verschiedene Stufen der einen Energie, verschiedene Vibrationen. Im Anfang sprach Elohim: *„Es werde Licht*.“ Das ist die Kombination von Klang- und Lichtvibration. Das Licht folgt dem Klang.

Netzach ist die Sphäre der Gefühle und des Verlangens. Dieses Verlangen entspricht dem Wunsch des Schöpfers. Dadurch entsteht in uns der Wunsch nach Vereinigung zur Einheit. Das Gefühl kommt im Lebensbaum vor dem Intellekt – das Gefühl belebt das geistige Bild. QOPH ist der Kanal, durch den der Wunsch zur irdischen Ebene gelangt. Im Mikrokosmos ist QOPH die Verbindung unserer Emotionen mit unserem Körper. Die Wunschsphäre Netzach bestimmt, wonach wir uns sehnen. Wir können nur dann etwas erreichen, wenn wir den Wunsch danach haben. Den Impuls des Wunsches empfängt der Mensch von Netzach. Dieser Wunsch kann verschiedene Formen annehmen, abhängig der Schablonen, die in Hod gewählt werden. Beispielsweise kann sich der Wunsch nach einem Zuhause auf vielfache Weise äußern, zum Beispiel in Form eines Hauses, einer Wohnung, einer Hütte oder sogar einer Höhle. Netzach befindet sich in der untersten Triade des Lebensbaums, der Persönlichkeitstriade. Diese Triade bekommt den Einstrom aus der Triade der Individualität (Tiphareth, Geburah und Chesed). Wir verspüren einen Wunsch, wenn der Impuls der mittleren Triade in Netzach sich als Wunsch reflektiert. Der Pfad QOPH beherrscht auch unser Zellularbewusstsein. Das Kollektiv der Zellen hat ein gemeinsames Körper-Bewusstsein. Jede Zelle ist mit den anderen Zellen verbunden, gemeinsam bilden sie den physischen Körper. Durch das Bewusstsein des Menschen werden die Zellen des Körpers zusammengehalten. Sie verhalten sich wie kleine Tiere, denn sie sind lebendig und haben ein Bewusstsein. QOPH ist der Kanal, durch den hindurch diese Zellen regiert werden. Jede Emotion hat eine unmittelbare Auswirkung auf unser Zellularbewusstsein, sie hat eine Wirkung in unserem Körper. Jedes Gefühl wird direkt im Körper manifestiert. Darum ist QOPH das *„körperliche Bewusstsein*“. Wenn unsere Gefühlssphäre geläutert ist, dann drückt das Zellularbewusstsein die Einheit des Lebens aus. Der Körper der meisten Menschen ist nur rudimentär entwickelt. Viele Bereiche des Körpers warten noch darauf, entwickelt zu werden, dies ist jedoch von den höheren Sephiroth abhängig. Erst wenn ein Sehnen danach vorhanden ist, werden diese Umwandlungen geschehen. Das Tätigkeitsfeld von QOPH ist überwiegend in den unterbewussten Bereichen zu finden, und so gibt es eine Verbindung mit dem Mysterium des Schlafs. Während des Schlafs wird der Körper umstrukturiert, jede Erkenntnis wird während des Schlafes zu Fleisch und Blut. Erst wenn wir darüber geschlafen haben, manifestiert es sich, denn: *„Den Seinen gibt's der Herr im Schlaf.“*[122] Das menschliche Bewusstsein hat sich vom Stein über die Pflanze zum Tier, vom Tier zum Menschen entwickelt. Nun wartet die nächste Stufe auf uns: vom Menschen zum Göttlichen. Für die Transformation des natürlichen Menschen zum Gottmenschen sind geistige Umwandlungen nötig. Die höhere Oktave von QOPH führt uns jenseits der natürlichen Erfahrung zum „Übernatürlichen“.

---

[122] Psalm 127, 2.

PFAD 28 –
DAS BEWUSSTSEIN DER NATUR

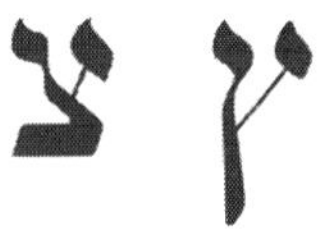

TZADI - ANGELHAKEN

„Der Haken zieht die Erkenntnisse der Wahrheit aus der Tiefe des geistigen Fundaments.“

Der 28. Pfad ist dem Einfachbuchstaben TZADI[123] zugeordnet. TZADI hat auch eine zweite Schreibweise, wenn er am Ende eines Wortes geschrieben wird. Es gibt insgesamt fünf Endbuchstaben: KAPH, MEM, NUN, PEH und TZADI. Die hebräischen Buchstaben drücken die Beziehung zum Schöpfer aus, das gilt auch für die Endbuchstaben. Sie wurden durch die Propheten enthüllt und durch Gott mit dem ursprünglichen Licht für eine bessere Zukunft bewahrt. Nur Adam war der geheime Sinn der Endbuchstaben bekannt. Nach seinem Fall aus dem Garten Eden wurden sie erst dem Patriarch Abraham wieder offenbart, der das Wissen an seinen Sohn Isaak weitergab, dieser an Jakob, und Jakob überlieferte dieses Wissen an seinen Sohn Joseph. Der Zahlenwert der Endbuchstaben unterscheidet sich von den anderen Buchstaben gleichen Lautes, doch kommt er nur in bestimmten Wörtern zur Geltung. Eine bedeutsame Botschaft der Endbuchstaben ist, dass sie das Ende des Wortes besiegeln, folglich kann kein weiterer Buchstabe in diesem Wort folgen. Genauso wenig könnte man mit kabbalistischen Methoden aus den Endbuchstaben neue Wörter kreieren. Die Endbuchstaben kann man mit einem Gefäß vergleichen, in dem das göttliche Licht empfangen wird. Gemeinsam stellen die Endbuchstaben das Zeitalter des Messias dar. Der Buchstabenname TZADI entspricht dem *„natürlichen Bewusstsein“* und somit dem Bewusstsein hinter allen Erscheinungen der Natur. TZADI verbindet Yesod mit Netzach. Durch diesen Kanal fließt die Vibration der Wunschsphäre in das Unterbewusstsein. Die wichtigste Eigenschaft des 28. Pfades ist die Funktion der Meditation. Die Welt ist Gottes Meditation, und alles, was in der Welt erfahrbar ist, ist der Fluss der mentalen Substanz Gottes. Die Wunschkraft nimmt eine ausschlaggebende Rolle bei der Meditation ein. Man benötigt die Motivation, den inneren Anrieb, das Feuer der Begeisterung, um ein Ergebnis zu

[123] Hebr.: TzDI, Tzadi: Angelhaken.

erreichen. Nur wenn der Wunsch nach der Einheit mit Gott uns fast schon verzehrt, erst dann können wir dies bewusst in der Meditation erleben. Durch diesen scheinbaren Mangel können wir uns entwickeln, diese Aspiration ist ein göttliches Geschenk, damit der Mensch sich nach etwas sehnen kann. Die Vollkommenheit entspricht einem vollen Glas, es kann weder etwas hinzugefügt, noch hinweg genommen werden, da es die Vollkommenheit stören würde.

In seiner kabbalistischen Schulung lernt der Anwärter von Anfang an die äußeren Voraussetzungen zu schaffen, damit die Meditation für ihn möglich ist. Der westliche Schüler wendet im Verhältnis zum östlichen Schüler wesentlich weniger Zeit für Meditationstechniken auf, und dennoch bereitet er sein Vehikel effizient darauf vor, dass Meditation für ihn bewusst erlebbar wird. Das Ziel im westlichen System ist es, im Alltagsbewusstsein an der göttlichen Meditation teilhaben zu können. Viele setzen sich einfach hin und glauben, dass sie dabei meditieren, doch das entspricht bestenfalls einer Entspannungsübung oder bewussten Tagträumen. Die wahre Meditation ist hingegen das Eintauchen in die EINE Meditation, die war, ist und immer sein wird. Sobald Körper, Triebnatur, Gedanken und Gefühle zur Ruhe gekommen sind, ist die nötige Voraussetzung geschaffen, um an der EINEN Meditation teilzuhaben. Meditation setzt eine bestimmte Vibration frei und befreit aus der Welt der Probleme. Im Stadium der Meditation verschwinden die problematischen Einstellungen und man erkennt die Situation aus einer höheren Perspektive. Das Ego ist für unsere Probleme verantwortlich. Manchmal erscheinen die Lebensumstände wie ein ständiger Kampf von David gegen Goliath. Der Riese Goliath steht für unsere inneren Widersacher. David sah von seinem Dach aus Bath-Seba[124], die Frau von Auriah[125], wie sie sich nach ihrer Periode wusch. Sie war seine Seelengefährtin, so ließ er sie zu sich bringen, und sie wurde von ihm schwanger.[126] David beorderte ihren Mann, der ein Soldat war, in eine Schlacht, wo ihn der sichere Tod erwartete. Archetypisch ist Bath-Seba das Sinnbild der Meditation und die Mutter von Salomon[127]. Salomon repräsentiert das vollständig erwachte Sonnenbewusstsein. Der Name Auriah setzt sich aus AUR[128] und dem Gottesnamen JAH[129] zusammen. Bath-Seba, die Mutter von Salomon, steht in einem direkten Zusammenhang zu den Kräften des Wassers. In der Meditation werden die Kräfte des Wassers gelenkt. Die Welt ist fließend und besteht aus dem Urwasser, aus dieser Ursubstanz besteht alles. Wären unsere Sinne auf ein anderes Vibrationsspektrum eingestellt, würden wir eine ganz andere Welt

---

[124] Hebr.: BTh ShBO, Bath-Seba: Bath-Seba.
[125] Hebr.: AVRIH, Auriah: Auriah.
[126] 2. Samuel 11.
[127] Hebr.: ShLMH, Schalomo: Solomon, Salomo.
[128] Hebr.: AVR, Aur: Licht.
[129] Hebr.: IH, JAH: Gottesname des göttlichen Vaters.

erleben. Die Sinne des Menschen sind auf die Welt von Assiah ausgerichtet. Wären wir auf die Vibration der Welt von Briah eingestimmt, so würden wir diese Kräfte als Engelsmächte wahrnehmen. Diese Kräfte lenken hinter der Fassade des Universums alle Ereignisse, und die Engelskräfte sind deren Vermittler. Die göttlichen Kräfte sind derart hohe Energien, dass ihre Ausstrahlung im Vergleich mit Elektrizität zu stark und lichtvoll wäre, um sie wahrzunehmen. Diese Engel stehen nun als Vermittler zwischen dem Menschen und Gott, und alle Ereignisse des Lebens stehen in Beziehung zu diesen Engelskräften. Es gibt sowohl die guten wie auch die dämonischen Engelskräfte, eine Vielzahl von gefallenen Engeln. Alles, was der Mensch erlebt, ist ein Abbild dieser höheren Kräfte. Sobald sich der Mensch auf den spirituellen Pfad begibt, werden sie für ihn wahrnehmbar. Manche Menschen können diese Vibrationen als Gestalten sehen. Engelsbilder sind Übersetzungen von Kräften, abhängig davon, wie unser Unterbewusstsein konditioniert ist. Die Urkräfte, die dahinter walten, sind reine Energien. Der Kabbalist lernt, dass er sich zur Ebene dieser Energien erheben kann. Von Sphäre zu Sphäre steigt er hinauf bis Binah, davor hat er bereits 49 Korrekturen durchlaufen. Das fünfzigste Tor, das sich dann öffnet, ist das Tor der Meisterschaft. Jede Korrektur am Vehikel ist absolut notwendig, damit der Mensch zum göttlichen Verstehen emporgehoben werden kann. Diese Korrekturen werden in der Kabbalah als TIKKUN[130] bezeichnet. Die Ebene des Verständnisses wird durch den bewussten Kontakt zur NESCHAMAH ermöglicht. Neschamah ist die höhere Intuition, sie löst jedes Problem in vollkommene Liebe auf. Das Ergebnis ist unendlicher Seelenfrieden, dadurch sind wir von einer Vibration der grenzenlosen Hingabe erfüllt. Diese Haltung kann man mit einem empfänglichen Gefäß vergleichen. Das Gefäß des Empfangens ist wie der heilige Gral, der den Heiligen Geist (Neschamah) von oben empfängt. Ab dieser Entwicklungsstufe ist man von tiefem Mitgefühl für seine Mitmenschen durchdrungen. Anstatt für sich, betet und bittet man für das Wohlergehen der gesamten Menschheit. Der anfängliche Schüler möchte in der Meditation für sich Einsichten und Erkenntnisse haben, er möchte Gesundheit, Heilung, Befreiung und Wohlstand. Ab der Meisterschaft verschwindet dieser Keim der Eigennützigkeit. Der rechtschaffene Kabbalist kennt die Universalmedizin, denn er weiß die umfassende Antwort auf jegliches Problem. Er ist der Hüter des *Steins der Weisen*. Die Kraft seines Gebets erhebt die leidenden Herzen in Gottes Licht. Seine Meditation heilt alle Menschheitswunden und er kennt seine Armut. Er ist sich dessen bewusst, wie gering er im Vergleich zur göttlichen Herrlichkeit ist. Durch das Erniedrigen seiner Eigenheit wird er zur wahren Größe seines Selbst erhoben.

[130] Hebr.: ThIQVN, Tikkun: Verbesserung, Korrektur, Reparieren.

Gebete sind mit einer Leiter vergleichbar, die zur Ebene der Meditation führt. Durch das Gebet richtet man sich auf Gott aus. Es ist gleichgültig, ob dies eine Bitte, eine Lobpreisung oder eine andere Form der Zuwendung ist. Man spricht wie ein unschuldiges, ahnungsloses Kind zu seinem vertrauten Vater. Das Ziel der Meditation ist die Verschmelzung mit Gott. Es gibt graduelle Stufen der Meditation, man kann die jeweiligen Pfade des Lebensbaumes beschreiten. Gottes Hand führt den Menschen von einer Stufe zur nächsten hinauf. In den ersten Etappen meint der Schüler, dass seine persönliche Anstrengung dazu geführt hat, dass er meditieren kann, dass er den Körper, die rhythmische Atmung, Gedankenkontrolle, Gefühlsdisziplin, Aspiration usw. beherrschen würde. Er glaubt, dass seine eigene Kraft ihn zu diesen Erkenntnissen geführt hat. Ab Geburah jedoch wird er erfassen, dass er aus einer höheren Ebene hinaufgezogen wurde. Viele westliche Schüler vertreten die irrige Ansicht, dass das Lesen von Büchern, das Besuchen von Vorträgen und Seminaren für ihre spirituelle Entwicklung ausreichen würde. Sie täuschen sich, schulen einseitig ihren Verstand oder forcieren psychische Kräfte, doch die tatsächliche Entwicklung bleibt aus. Die tägliche Meditation ist genauso erforderlich wie das Studium kabbalistischer Schriften. Die Praxis der Meditation ist ein wichtiger Grundpfeiler. Wenn dieser Pfeiler fehlt, dann fällt das ganze Gebäude durch einseitige Belastung zusammen. Meditation schenkt Einsicht und direkte Erkenntnisse. Es gibt einen wesentlichen Unterschied, ob jemand aus der Erfahrung der Meditation oder nur aus angelesenem Wissen spricht. Die Meditation stimmt das chaotische Bewusstsein in die göttliche Ordnung ein. Durch die Meditation werden wir auf den universellen Rhythmus des Seins balanciert und erleben schließlich unser Leben als Gottes Meditation. Wir lesen, schreiben und essen sodann in einer meditativen Geisteshaltung. Wir können dann beim Lesen heiliger Schriften wie der Bibel in die zugrundeliegenden Höheren Sphären dieser Schriften aufsteigen. Die Buchstaben und Worte dieser Heiligen Bücher sind wie ein energetischer Code, der uns die entsprechenden Bewusstseinsebenen öffnen kann. Meditation reinigt unsere Nervenzentren sowie unser Gefäß des Empfangens. So können wir dann RUACH HA KADOSCH[131] in uns aufnehmen. Das ist dann auch der Grund dafür, dass das Innere Licht durch uns scheinen kann und wir werden Bewohner des himmlischen Reichs. Der Buchstabennamen TZADI bedeutet als Buchstabenname „Angelhaken“ und illustriert das Prinzip der Meditation. Mit einem Angelhaken kann man aus einem Wasser Fische angeln. Der „Fisch“ ist dem Buchstaben NUN zugeordnet, das Wasser entspricht dem Buchstaben MEM. Demnach ist die Wechselwirkung der Buchstaben TZADI, NUN und MEM für die Meditation erforderlich. Im Neuen Testament wird erwähnt, dass Jesus die Brüder Simon und Andreas sah, wie sie im Meer fisch-

[131] Hebr.: RVCh H QDVSh, Ruach Ha-Kadosch: Heiliger Geist, Der heilige Atem.

ten.[132] Er wies sie an, ihm zu folgen und zu Menschenfischern zu werden. Die Mitra ist die traditionelle liturgische Kopfbedeckung der Bischöfe und anderer kirchlicher Würdenträger christlicher Kirchen. Von oben gesehen hat die Mitra die Form eines offenen Fischmauls. Das Symbol von Jesus ist der Fisch. Er leitete das Fischezeitalter ein, welches rund 2000 Jahre andauerte. Dieses Zeitalter neigt sich nun dem Ende zu und wird durch das Wassermannzeitalter abgelöst. Das Kennzeichen dieses Zeitalters ist die Freiheit als auch die bewusste Meditation.

---

132 Markus 1, 16-18.

PFAD 27 –
DAS BEWUSSTSEIN DER AKTIVITÄT

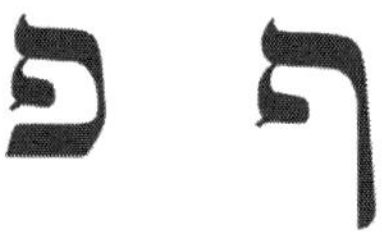

PEH - MUND

„Aus dem schöpferischen Mund strömen befreiende Worte der Gerechtigkeit."

Der Doppel-Buchstabe PEH[133] entspricht dem 27. Pfad und somit einem der drei Querpfade im Lebensbaum. Die Querpfade verbinden die männliche mit der weiblichen Säule. Die anderen beiden Querpfade sind die Pfade von DALETH und TETH. Die Querpfade haben eine besondere Bedeutung im Lebensbaum, da sie die stärksten Polaritäten überbrücken. Diese Pfade bringen graduell das Geistige in das Materielle hinab, also das Unsichtbare in das Sichtbare. Für die spirituelle Entwicklung spielen die Querpfade eine bedeutsame Rolle, da sie uns mit den enormsten Herausforderungen konfrontieren können.

Die Energie dieser Pfade strömt von der maskulinen Säule (PLUS) zur femininen Säule (MINUS). Wenn man nun diesen Weg beschreitet, dann ist die Probe mit einem elektrischen Widerstand vergleichbar. Im elektro-magnetischen Kreislauf wird ein Widerstand zum Leuchten gebracht. Wenn einer der Querpfade im Menschen unausgeglichen ist, dann fehlt die harmonische Interaktion der beiden Polaritäten. Querpfade können uns zur Synthese der Gegensätze führen. Die Position des jeweiligen Querpfades veranschaulicht uns, welche Polarität durch diesen Pfad im Lebensbaum harmonisiert wird. PEH ist der unterste Querpfad, seine Wirkungsweise entfaltet er auf der Persönlichkeitsebene. Der Buchstabenname PEH bedeutet „Mund" und stellt auch die Zunge dar. Durch den Mund strömt der Atem, auch der Lebensatem, ein und aus. Christus betonte, dass es unwichtig sei, was in den Mund hineingeht, sondern es ist belangreicher, was herauskommt. Alles, was durch den Mund aufgenommen wird, geht seinen natürlichen Weg mittels der Verdauung und wird nach Entnahme und Verwertung aller wichtigen Substanzen und Nährstoffe ausgeschieden. Was aber vom Munde herauskommt, das kommt vom Herzen.

---

133 Hebr.: PH, Peh: Mund als Organ der Sprache.

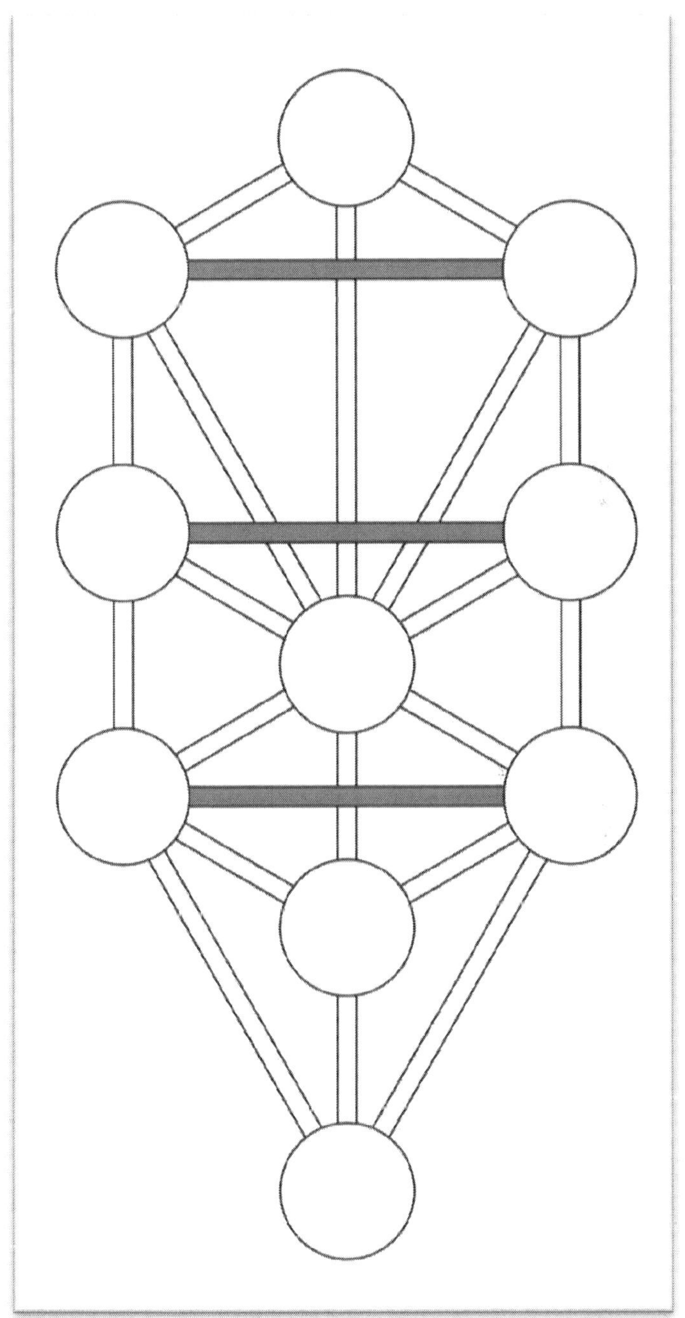

Aus dem „unreinen Herzen“ kommen Gedanken wie Mord, Ehebruch, Hurerei, Diebstahl, Lügen und Lästerung.[134] *„Das ist es, was den Menschen verunreinigt, aber mit ungewaschenen Händen zu essen verunreinigt den Menschen nicht.“*[135] Dieses Gleichnis spielt auf orthodoxe jüdische Gebote an, die äußere rituelle Waschungen und Reinheitsgebote vor dem Essen vorsehen. Zu jener Zeit als Christus diese Aussage tätigte wies er darauf hin, dass äußere rituelle Handlungen belanglos sind, wenn die Geisteshaltung fehlt. PEH ist die Brücke, die den Intellekt (HOD) mit den Gefühlen (NETZACH) verbindet. Die Emotion konkretisiert sich als Bild. PEH steht auch in Zusammenhang mit der Marskraft. Demnach verbindet der 27. Pfad die Energie von Merkur (HOD), Venus (NETZACH) und Mars. Mars ist die Antriebskraft sowie die Kraft der Zerstörung. Die Zerstörung ist ein notwendiger Aspekt der Schöpfung. Sobald der Mensch Nahrung aufnimmt, wird die ursprüngliche Form der Nahrung zerstört, damit sie als Baustein für den Körper verwendet werden kann. Alles, was neu geschaffen wird, bedingt das Zerstören der alten Form. Ein subtiler Name für den 27. Pfad ist BETH HA-ELOHIM[136]. Das Haus entspricht auf der Symbolebene dem Selbstbewusstsein. Ein Gotteshaus ist ein Haus, wo man sich zusammenfindet, um gemeinsam Gott anzubeten. Mit dieser Bezeichnung ist aber mehr gemeint als nur ein äußeres materielles Haus, sondern es stellt ein inneres Haus dar. Dieser Tempel Gottes ist ein Zentrum im menschlichen Körper. Er befindet sich im Innersten des Herzens, hier ist die Verbindung zur höheren Intuition, welche von Binah kommt. Diese Intuition ist die NESCHAMAH. In diesem Haus Gottes wird der wahre Glaube empfangen. Der Kabbalist, der NESCHAMAH empfängt, spricht aus der Gewissheit. All jene, denen diese Erfahrung fehlt, können nur aus Vermutung sprechen. Eine derartige Erkenntnis zerstört jegliche Struktur der Universitäts-Theologie, und die Irrlehren dieser Religion werden somit entlarvt. Die neue Lehre der Gotterkenntnis ersetzt das alte Bild der Theorie. Dieser Erwachungsprozess ist die zweite Entfaltungsstufe. In der ersten Stufe begegnet man einem Problem. Das Problem erscheint als Widersacher oder Teufel. Durch diese Herausforderung fühlt man sich angekettet und als Sklave der Umstände. In der zweiten Stufe hingegen werden diese Ketten zerstört, man wird durch eine höhere Kraft befreit. Die Funktion dieser höheren Kraft ist die Zerstörung, und so überrascht es nicht, dass der Turm zu Babel ein Sinnbild für diesen Pfad ist.[137] Der arrogante Mensch wollte zum Himmel emporstreben und seine eigene Macht zur Schau stellen, dieser Wahn führte jedoch zur Sprachverwirrung. Alles, was der Mensch hat, ist eine Leihgabe Gottes. Die verblendeten Menschen von Babel wollten nur ihr vergängliches ICH erhöhen.

---

[134] Markus 7, 15-23.

[135] Matthäus 15, 20.

[136] Hebr.: BITh H ALHIM, Beth Ha Elohim: Haus der Elohim.

[137] 1. Moses 11, 1-9.

Arroganz, Selbstverherrlichung, Größenwahn und die Empfindungen des getrennten Seins gehen mit dieser Fehlhaltung einher. Sobald sich der Mensch getrennt wahrnimmt, fühlt er sich isoliert von seiner Umwelt, er fühlt sich von anderen Mitmenschen und von Gott getrennt. Das Gefühl der Isolation birgt alle bösartigen Handlungen in sich, das ist die Kraft von SATAN[138]. Satan erscheint im Alten Testament der Bibel vor allem als Ankläger im göttlichen Gerichtshof, der die spirituelle Integrität von Menschen testet und Sünden anklagt. Doch die Gerechtigkeit der EINEN Kraft zerstört diese falschen Strukturen und als Folge geht das Licht in der Finsternis auf. Die falsche Krone des Eigenwillens wird mit einem Lichtblitz vom Haupt gestoßen, das ist ein äußerst unangenehmes Erlebnis, denn das Ego wehrt sich. Es möchte seine eigenwillige „Herrschaft" beibehalten. Die Zerstörung der Illusion geschieht durch das *„erregende Bewusstsein"*, das dem Pfad von PEH zugewiesen wird. Alle Fehlentscheidungen im Leben, sowie die daraus resultierende Schicksalsschläge, beruhen auf dem Wahn des getrennten Seins. Der Widersacher gaukelte vor, dass er das Sagen hätte. Dieser Widersacher ist Satan und ist gleichbedeutend mit dem Ego. Ist das Ego aufgebläht, verhindert es den Zugang zum inneren Licht, denn der Widersacher verschleiert und verbirgt dieses Licht. Je größer dieser Widersacher in uns ist, umso entstellter ist unsere Sicht der Realität. Gottes Gnade ist der ENTTÄUSCHENDE Blitz. Er holt uns auf den Boden der Realität zurück. Im unangenehmsten Leiderlebnis findet man wieder zum Ursprünglichen zurück. Familie, Partnerschaft, Geld, Beruf und Gesundheit sind oftmals der Schauplatz dieser leidvollen Erfahrungen. Die Ursache des Leids geht auf das aufgeblähte Ego zurück. Erst durch das Leid wird man wieder demütig und wendet sich Gott zu, davor boykottieren jedoch Arroganz und Ignoranz die Hinwendung zu Gott. Je mehr wir von diesen ignoranten Bausteinen in unserem Elfenbeinturm der Isolation haben, umso schmerzhafter ist der Erwachungsprozess. All die falschen und unpassenden Bausteine, die wir im Laufe des Lebens gesammelt haben, werden im Erwachungszustand durch die Marskraft zerstört. Die signifikante Eigenschaft des Widersachers ist es, vorzutäuschen, dass der Mensch aus der Persönlichkeitssphäre heraus irgendwelche Macht hätte. Man benötigt Unterscheidungsvermögen, um die höhere Ursache allen Lebens zu erkennen. Sogar ein Haus kann man erst dann bauen, wenn das Urmaterial von Gott bereitgestellt wurde auch wenn wir annehmen, dass die Ziegelsteine von uns hergestellt wurden. Das Urmaterial ist bereits vorhanden, es ist eine Leihgabe – und der Mensch ist deren Verwalter. Auch das Bild des Hauses bekommt man aus einer höheren Quelle. Sobald sich der Mensch als Besitzer erlebt, dann nimmt er sich die Rechte heraus, die ihm nicht zustehen. Das führt unweigerlich zu Fehlverhalten und Gräueltaten. Demgemäß steht Mars im unausgeglichenen Aspekt mit allen Gräueltaten in Verbindung. Solange der Mensch noch unreif

[138] Hebr.: ShTN, Satan: Ankläger, Widersacher.

ist, neigt er dazu, diese Kraft destruktiv anzuwenden, derart missachtet er auch das Leben anderer. Er beutet seine Mitmenschen überheblich aus und verletzt sie. Die Marskraft ist dann dafür mitverantwortlich, dass es Krieg gibt, aber dieser Krieg ist im Sinne des oben gesagten ein notwendiger Zustand. Überall, wo Kriege stattfinden, stellt die Mars-Kraft das Gleichgewicht wieder her. Jeder Mensch, der sich in einem Kriegsgebiet befindet, hat eine Affinität zur Energie des Kriegs. Zugleich gibt es in Kriegsregionen Menschen, welche dort leben und vom Krieg unberührt bleiben, gleichermaßen gibt es aber desgleichen Menschen, die weit entfernt von realen Kriegsgebieten wohnen und sich gleichwohl im ständigen Kampf befinden. Sie holen sich den Krieg durch diverse Medien in ihre persönliche Sphäre. Sie sind dann in einem Kriegszustand, indem sie anderen gegenüber missmutig gestimmt sind. Sie kämpfen mit ihrer Umwelt, ihren Mitmenschen – und oftmals mit sich selbst. Mars löst diese Täuschung auf, denn die ENT-TÄUSCHUNG ist eine heilende Erfahrung im Leben. Die höchste Gnade ist es, wenn man von einer Täuschung befreit wird.

PEH lässt uns die Hässlichkeit überwinden und die Schönheit erkennen. Die meisten Menschen leben in Täuschungen, ihnen fehlt der Mut, die Wahrheit zu betrachten und somit auch zu erkennen. Sie nehmen große Schwierigkeiten und viel Leid auf sich, damit sie diese Täuschung aufrecht erhalten können. Im Laufe der Zeit wird diese Täuschung zerstört werden, jede Lüge wird zerstört. Viele Lügengespinste regieren das Leben und führen zu entstellten Handlungen. Im Außen nach Ursachen zu suchen ist die falsche Strategie und ein fataler Irrweg, aber seltsamerweise versuchen dies die meisten Menschen. Das kann man zum Beispiel im Geschäftsleben beobachten. Alle Handlungen, die nur im Außen darauf ausgerichtet sind, ein Geschäft zu lukrieren, werden früher oder später misslingen. Das Geschäft ist ein Spiegelbild des Inneren, denn jede echte Veränderung geschieht zuerst im Inneren. Die wahre Stütze des Lebens ist das Geistige, denn das Leben beruht auf dem Geistigen. Für Gott ist hier und jetzt alles möglich. Auch wenn der Arbeitsmarkt scheinbar katastrophal zu sein scheint und die Wirtschaftslage problematisch ist, so ist dies nur die Folge von dahinterliegenden Ursachen. Es kann jederzeit eine neue Ursache gesetzt werden. Auch in „schwierigen" Wirtschaftslagen gibt es stets Menschen, die gerade dann wohlhabend sind, denn die Krise ist auch gleichzeitig eine ertragreiche Chance. In einer Zeit des zunehmenden Singlebooms gibt es stets Menschen, die dessen ungeachtet einen Partner haben. Der Grundfehler liegt darin, den illusionären Massensuggestionen zu erliegen. Die heutigen Medien zeigen eine einseitige und begrenzte Sichtweise, die der eigentlichen Realität entgegengestellt ist. Sie geben eine diabolische Sichtweise wieder und ziehen den Menschen in eine passive Opferhaltung hinein. Für jeden Menschen gibt es einen passenden Beruf, jeder Mensch ist mit besonderen Fähigkeiten inkarniert, um der Menschheit in der einen oder anderen Weise zu dienen. Wenn im Außen scheinbar der richtige

Beruf fehlt, dann liegt es im Potential des Menschen, einen neuen passenden Beruf zu schaffen. Jedes Bild, welches wir uns vorstellen können, hat seine Ursache in einer höheren Ebene. Wir können uns nur etwas vorstellen, wenn es für uns auch erreichbar ist. Solange man sich von kollektiven Irrtümern blenden lässt, bleiben diese Möglichkeiten verschlossen. Manche Antworten widerstreben dem Eigenwillen. Dieser Eigenwille ist der Demut gegenüber feindlich gesinnt. Auf diesem Pfad lernt der Eingeweihte, sein Haupt zu neigen und seine Knie zu beugen. Für das aufgeblähte Ego ist es äußerst schwierig, sich dieser Aufgabe zu stellen. Es wird sich hinter Ausreden verstecken, doch der Blitz der ENT-TAUSCHUNG wartet. Das Ego möchte sich über die Obrigkeit stellen und nach seinen eigensinnigen Regeln handeln, das Leid ist jedoch bereits vorprogrammiert. Der unreife Mensch unterscheidet lediglich zwischen den Verlockungen des Eigenwillens. Er glaubt, dass er die Kraft der Unterscheidung hätte, doch er unterscheidet nur zwischen den Verlockungen des Widersachers, anstatt den Widersacher selbst zu erkennen. *„Bittet, und euch wird gegeben; Suchet, so werde ihr finden; Klopfet an, und euch wird aufgetan.*“[139] Das sind universelle Wahrheiten. Arroganz verhindert, dass man bittet oder sein Haupt vor einer höheren Kraft neigt. Jetzt in diesem Augenblick hat Gott die Allmacht, das gesamte Leben zu verändern. Gott ist weder an Zeit, an Raum oder an Umstände gebunden. Sobald die Ursache gesetzt ist, wird ein Ergebnis folgen. Für den Propheten ist es belanglos, ob dies in einer Minute oder in zehn Jahren in der Manifestation sichtbar sein wird. Sobald es innerlich vollzogen ist, ist es erledigt. Der „Zauberlehrling“ hingegen lässt sich von der teuflischen Erscheinung irritieren und blenden.

[139] Matthäus 7, 7.

PFAD 26 –
DAS BEWUSSTSEIN DER ERNEUERUNG

AYIN - AUGE

„Das allsehende Auge ist die Quelle der Einsicht.“

Der 26. Pfad im Lebensbaum wird dem Einfachbuchstaben AYIN[140] zugewiesen. AYIN bedeutet übersetzt „Auge“ oder auch „Organ der Sicht“ und kennzeichnet die Quelle, aus dem alles emaniert. Sie ist mit einem Raum vergleichbar, in dem alle Möglichkeiten gegenwärtige sind. Dieser Pfad verbindet die beiden Sphären Hod und Tiphareth. Hod ist die Sphäre des Intellekts, Tiphareth ist die Sphäre des zentralen Selbst. AYIN ist einer der drei Pfade, welche nach Tiphareth führen. Dazwischen befindet sich initiatorisch das Portal der Adepten. Das ist die Brücke zwischen den niederen und den hohen Mysterien. Die niederen Mysterien befassen sich mit der Harmonisierung der vier Elemente[141] der Persönlichkeit, danach erst ist man für das Empfangen des fünften Elements[142] vorbereitet. Gemeinsam entsteht ein ausgeglichenes Pentagramm als Symbol des vollendeten Menschen.

Ein Pentagramm hat fünf Zacken. Der höchste Punkt ist die Quintessenz, während die anderen vier Zacken den vier Elementen entsprechen. Das Pentagramm ist ein Symbol der universellen Wahrheit und zeigt uns die Herrschaft der Quintessenz über die vier Elemente. Es bestätigt die Herrschaft des Geistes über die Materie. Das Geistige ist die Ursache jeder Erscheinung, die sie beherrscht. Zu diesen Erscheinungen zählen genauso der Körper, die Sexualtriebe, der Verstand und die Gefühle. Die Meisterschaft des Pentagramms ist ein unerlässlicher Bestandteil der Ausbildung in den niederen Mysterien. Der profane Mensch neigt dazu, seinen Sinneseindrücken zu viel Bedeutung zuzusprechen, dadurch ist er in der materialistischen und einseitigen Sichtweise gefangen. AYIN, SAMECH und NUN führen aus der Persönlichkeitsebene hinauf nach Tiphareth. Die Proben dieser Pfade sind zu meistern, bevor die Sphäre des Messias-Bewusstseins erreicht werden kann. AYIN stellt die Konfrontation mit dem Bösen dar. Hier begegnet man dem Teufel der exoterischen Religion, das

140 Hebr.: OIN, Ayin: Auge, Quelle.
141 Erde, Luft, Wasser, Feuer.
142 Quintessenz.

ist der Widersacher. Im Neuen Testament der Bibel wird diese Versuchung anschaulich beschrieben.[143] Jesus wurde vom Geist Gottes in die Wüste geführt, um vom Teufel versucht zu werden. Er fastete vierzig Tage, und drei Versuchungen begegneten Jesus. Bei der Begegnung mit Satan geht es um alles. Bei der ersten Prüfung schmeichelt ihm der Widersacher, wenn er Gottes Sohn sei, so könnte er doch Steine in Brot wandeln. Es geht weniger darum, ein Wunder zu tun, denn noch unzählige Wunder erwarten Jesus. Dies hätte ihm den Glauben genommen, doch Gott sorgt sowohl für die Nahrung des Leibs als auch der Seele. Jesus war hungrig, dennoch konnte er seinen Glauben beibehalten. Er wusste, dass die äußeren Probleme Erscheinung der inneren Wirklichkeit sind. Nur auf der materiellen Ebene Wunder zu tun und die geistige Ursache zu verabsäumen wäre ein Versagen gewesen. Auch wenn Jesus Steine in Brot verwandelt hätte, um den Hunger zu stillen, so wäre ihm der innere Hunger dennoch geblieben. Auf dem Kreuz hatte er eine ähnliche Probe, Spott und Versuchung gehen Hand in Hand, denn durch den Spott fühlt sich der Widersacher gestärkt. Bei der zweiten Versuchung führte ihn der Teufel in die Heilige Stadt und stellte ihn auf eine Zinne des Tempels. Satan forderte ihn auf, sich hinunterzuwerfen, da er Gottes Sohn ist. Gott würde seinen Engeln befehlen, Jesus auf Händen zu tragen. Diese Aufforderung gewinnt noch an Substanz, da sie sich auf einen Psalm der Bibel[144] gründet und das Geschehnis selbst an einem heiligen Ort stattfindet. Die zweite Versuchung kleidet sich in ein frommes Gewand und argumentiert mit der Bibel. So kann sich die Versuchung auch im Kleid der Frömmigkeit tarnen. Jesus befindet sich weder in Not noch verlangt Gott von Ihm ein solches Werk zu tun. Somit wurde Jesus diese Versuchung bewusst. Spektakuläre Effekte können den Unwissenden blenden und durch bloße Machtdemonstration vereinnahmen. Die Aufgabe von Jesus ist es, sich an das Herz der Menschen zu wenden. Er möchte den Armen und Suchenden helfen, statt sich auf ein Podest zu stellen. Diese Versuchung erinnert uns daran, dass es teuflisch ist, Bibelpassagen aus dem Zusammenhang zu reißen und für eigennützige Zwecke zu missbrauchen. Nur allzu oft findet man Politiker, die sich mit Zitaten aus der Bibel für ihre üblen Taten rechtfertigen.

Die dritte Versuchung ist die gefährlichste, die meisten Menschen würden ihr blindlings verfallen. Der Teufel führte Jesus auf einen sehr hohen Berg. Er zeigte ihm alle Reiche der Welt und bot ihm diese an, wenn er sich vor ihm niederwerfen und ihn anbeten würde. Der Teufel bot Jesus die Weltherrschaft an. Er gaukelt Jesus vor, dass er über uneingeschränkte Macht verfügen würde und demonstriert stolz sein Reich. Die meisten Menschen glauben, dass Macht und Reichtum durch materielle Wege und Skrupellosigkeit zu erlangen sind. Jesus reagiert in der einzig richtigen Weise, indem er sich daran erinnert, dass er

143 Matthäus 4, 1-11.
144 Psalm 91, 11.

nur Gott allein dient. Geld, Macht und Besitz werden bereitwillig von unreifen Menschen wie Götzenbilder verehrt. Sie verkaufen ihre Seele für Blendwerke und Spielereien und beugen ihre Knie vor dem Teufel. Sie sind mit Ketten an den Teufel gebunden und ihre Handlungen sind demgemäß bestialisch. Als Jesus bekannte, dass er nur Gott dient, verließ ihn der Teufel. Da traten Engel zu Jesus und dienten ihm. Dadurch erlangte er die wahre Autorität über die inneren Reiche, welche das äußere Reich regieren. Diese drei Versuchungen sind die Pforte zu den hohen Mysterien. Der Teufel hat seine Wirklichkeit, genauso wie das Ego. Jesus wurde in die Wüste geführt, um vom Teufel versucht zu werden, und es war Gott, der ihn zu dieser Versuchung führte. Somit kann der Teufel als Teil der initiatorischen Entwicklung angesehen werden. Wenn die Taten auf den Eigenwillen begründet sind, dann gibt es böse Konsequenzen. Je mehr sich der Mensch auf der Aufmerksamkeitsebene von Gott entfernt, umso bösartiger werden seine Taten. Ein Kind benötigt Erziehung. Diese Erziehung ist notwendig, damit das Kind sich diszipliniert. Disziplin ist in manchen Fällen eine äußerst unangenehme Erfahrung, dies ist auch einer der Gründe dafür, weshalb sich viele Menschen in hierarchischen Strukturen unwohl fühlen. Sie möchten aus ihrem Eigenwillen heraus die Welt bestimmen. Eine hierarchische Struktur ist aber ein Sinnbild von Disziplin, das bedeutet, etwas korrekt nach einem Plan zu vollziehen. Disziplin bedeutet, dass ein Haus nach einem Bauplan gebaut wird, denn nur dadurch ist es möglich, dass ein Stein auf den anderen korrekt platziert wird. Das Haus ist der Tempel Gottes. Der Große Architekt, welcher der Meistererbauer ist, ist das Zentral-Selbst, der Teufel ist die entstellte Wirklichkeit, er ist eine zusammengewürfelte Figur. Die materialistische Sichtweise gaukelt vor, dass der Mensch ein Opfer der Naturgewalten sei. Doch die Natur ist eine Reflektion des Inneren des Menschen. Das, was in der Natur geschieht, steht im Zusammenhang mit dem Menschen. Sogar die Natur können wir abhängig unserer Bildung unterschiedlich deuten. Der Priester lobpreist sie als Schöpfung Gottes (Tiphareth), der Künstler nimmt ihre Ästhetik kreativ wahr (Netzach), der Chemiker analysiert ihre Beschaffenheit (Hod). Der Psychologe erforscht schließlich das Verhalten (Yesod). Immer ist es die gleiche Natur, und doch ist die Vorgehensweise differenziert und so vielfältig.

AYIN regiert die dunkelste Zeit des Jahres, in der die Tage kurz und die Nächte lang sind. In diese Zeit fällt auch die Geburt des Lichts, nämlich das Weihnachtsfest. Die Geburt des Lichts ist ein symbolisches Fest, es ist die Einweihung in das Portal, wo die Quintessenz hinabsteigt. Hier findet die Inkarnation des Christus-Bewusstseins statt. Ein neues Bewusstsein wird im Menschen geboren, und so ist AYIN das *„erneuernde Bewusstsein“*, denn die Persönlichkeit wird erneuert. Zwischen den niederen und hohen Mysterien gibt es einen Schleier, der die hohen Mysterien schützt. Das ist eine Schranke, die nur jene passieren können, die ihr Pentagramm korrekt ausgerichtet haben. In diesen

Eingeweihten ist das Christus-Bewusstsein geboren. Die Erfinder der Flugzeuge wurden von ihren Mitmenschen einst als weltfremde Spinner verlacht. Die damalige Gesellschaft war unfähig sich vorzustellen, dass der Mensch mit Maschinen durch die Luft fliegen könnte. Es wäre ihnen wie ein Wunder erschienen. Doch die biblischen Wunder sind von einer anderen Art. Propheten vollziehen sie, indem sie auf Gott vertrauen und empfänglich für die göttliche Kraft sind. Gott lässt die Sonne scheinen. In den biblischen Geschichten können wir von Propheten lesen, die in der Lage waren, diese Kräfte aufzuheben. Sie ließen Sonne und Mond stillstehen.[145] Wundertaten können nur *durch* den Menschen vollzogen werden, denn der Mensch hat das Potential für Wunder in sich. Die meiste Zeit vollzieht er jedoch „negative" Wunder. Viele „rationale" Menschen finden es jedoch unlogisch, an Wunder zu glauben, doch gerade sie sind selbst die wahren Meister negativer Wunder. So gibt es beispielsweise Studenten an Universitäten, die ihren Lehrstoff optimal lernen und dann durch Angst versagen. Das ist ein negatives Wunder. Andere begegnen im Außen ihren Traumpartnern, durch ihren Zweifel verschwindet aber diese Möglichkeit. Es gibt Arbeitslose, die sich für einen bestimmten Beruf bewerben. Obwohl sie äußerst qualifiziert und die einzigen Bewerber für diesen Beruf sind, werden sie nicht aufgenommen. Auch das geschieht, weil sie ein negatives Wunder aus dem Gefühl der Unsicherheit heraus manifestieren. Dann gibt es jene Menschen, die ein noch größeres Wunder beherrschen: das Wunder der periodischen Krankheit. Sie schaffen es, jährlich zur gleichen Zeit einem grippalen Infekt zu erliegen – dies ist ein besonders großes Wunder. Denn diese „Viren" sind das ganz Jahr vorhanden und doch werden diese Menschen stets zur gleichen Zeit krank. Sie schaffen es, gemeinsam mit anderen Menschen einen so starken Glauben zu mobilisieren, dass sie zur gleichen Zeit dieses Krankheitsbild erleben. Das ist ein mächtiges negatives Wunder. Gleichzeitig gab es aber auch jene großen Männer und Frauen, die durch Regionen, die von Epidemien heimgesucht waren, gegangen sind und Kranke berührten, aber dennoch verschont blieben. Manche Menschen bekommen fast jedes Krankheitssymptom, andere indessen sind und bleiben völlig gesund. Das kann man bei Geschwistern und Mitgliedern der gleichen Familie beobachten. Sie leben in einem ähnlichen Umfeld, sie essen und erleben Ähnliches, und dennoch schafft es eines der Familienmitglieder, dass es regelmäßig krank ist. Das größte negative Wunder ist daher, dass der Mensch es schafft, sich klein zu machen. Das äußere Universum ist ein Abbild des Inneren des Menschen. Trotz dieser Unendlichkeit ist es dem Menschen möglich, das größte Negativwunder zu vollziehen, indem er sich begrenzt. Er stellt sein Licht unter den Scheffel, und durch Schuldzuweisungen macht er sich machtlos. Schuldzuweisungen wenden ihn von Gott ab. Die biblischen Geschichten von Jesus sind nur ein kleiner Ausschnitt jener Wunder, die mög-

[145] Josua 10, 12-13.

lich sind. Jesus vollzog Wunder ausschließlich im Einklang mit dem göttlichen Willen. Eine Heilung ist stets möglich, wenn der Glaube an das innewohnende Christus-Bewusstsein vorhanden ist. Bereits eine Woche der Selbstreflektion genügt, um mindestens ein großes Negativwunder, welches man selbst vollzogen hat, zu erkennen. Es gibt unzählige Beispiele dafür, wenn wir eine Chance auf dem goldenen Tablett unseres Lebens serviert bekamen und diese durch unseren Unglauben verworfen und vertan haben. Tagtäglich werden wir mit solchen Möglichkeiten konfrontiert. Der innere Widersacher hat aber stets verführerische Argumente parat, Satan macht uns klein. Er drängt uns dazu, nur für uns allein haben zu wollen. Er entfacht unsere selbstsüchtigen Neigungen. Der durchschnittliche profane Mensch wendet sich in vielen Fällen Satan zu, er fällt auf seine Schmeicheleien herein. Je kleiner sich der Mensch fühlt, umso größer wird die Macht Satans. Er gaukelt dem Menschen vor, dass dieser der physischen Natur ausgeliefert sei. Er wendet den Menschen von den göttlichen Geboten ab, indem er den gemütlichen Weg vortäuscht. Dadurch verliert der Mensch seine Herrschaft, auf diese Weise nistet sich die tödliche Energie der Verzweiflung in seinem Herzen ein. Die Verzweiflung hat ihren Ursprung im Zweifel, der den Menschen sterblich macht. Indem man lernt, das Pentagramm korrekt auszurichten, erlangt man sein göttliches Erbe und man realisiert, dass der Geist die Materie in jeder Situation beherrscht. Die Kabbalah bewahrt gerade in diesem Zusammenhang ein besonderes Geheimnis, denn sowohl der Versucher[146] als auch der Erlöser[147] haben in Hebräisch den gleichen Zahlenwert, nämlich 358. Die gleiche Kraft, die uns versucht, befreit uns auch. Indem Gott Satan sendet, hat der Mensch die Möglichkeit, befreit zu werden. In jeder Situation, in der sich ein Mensch als Opfer fühlt, wendet er sich dem Widersacher zu. Er macht Schuldzuweisungen und dreht das Pentagramm in die verkehrte Richtung. Sobald jedoch der Eigenwille erkannt wird, löst sich Satans Autorität auf, dann kann man über den Teufel, über jede Erscheinung herzlich lachen. Das ist das Merkmal des hohen Eingeweihten, denn er steht über der Problemsphäre. Er hat Macht über die himmlischen und dämonischen Kräfte. In jeder Situation hat er den Zugang zur befreienden Kraft des Humors. Der Humor bedingt, die Widersprüchlichkeit der Situation zu erkennen, und so kann man über das paradoxe Schauspiel vergnügt lachen. Lachen befreit und wäscht unsere Herzen rein. Über den Teufel zu lachen, bannt jeglichen Schrecken und alle Sorgen.

---

[146] Hebr.: NChSh, Nechesch: Schlange der Versuchung.

[147] Hebr.: MShICh, Meschiach: Erlöser, Messias.

PFAD 25 –
DAS BEWUSSTSEIN DER ÜBERPRÜFUNG

SAMECH - STÜTZE

„Das geistige Fundament ist die stabile Stütze des materiellen Lebens.“

Der 25. Pfad im Lebensbaum ist dem Einfachbuchstaben SAMECH[148] zugewiesen. Der Buchstabennamen bedeutet übersetzt „Zeltpflock“. SAMECH ist sowohl die physische Lebenskraft als auch das beschützende Ovum. Gleichzeitig ist dieser Buchstabe charakteristisch für das Zischen der Schlange. Die Schlange zieht den Profanen auf die niederen Ebenen der Hölle herab, doch die gleiche Schlange transformiert den spirituellen Schüler und erhebt ihn zum Himmel. Der Zeltpflock verleiht einem Zelt Stabilität, so ist SAMECH die Stütze, die alles erhält und das Obere mit dem Unteren verbindet. Auch die Wirbelsäule ist eine Stütze, durch welche das Lebensfluidum fließt und durch die die Schlangenkraft hinaufströmt. SAMECH verbindet die Sphäre von Yesod (Animalseele) mit der Sephirah Tiphareth (Höheres-Selbst). Der Pfad von SAMECH wird als „Feuerprobe“ bezeichnet. Er bereitet den Aspiranten auf die höheren Mysterien vor. In den niederen Mysterien werden die Persönlichkeitsanteile auf die Urschablone von Adam Kadmon eingestimmt. Bei den meisten Menschen sind diese Aspekte disharmonisch, denn manche Elemente sind überbetont, andere hingegen nur mangelhaft entwickelt. Dadurch ist die Persönlichkeit unausgeglichen. Sobald die unteren vier Sephiroth der Persönlichkeit ausgeglichen sind, entsteht ein gleichseitiges Kreuz. Das ist das Kreuz der Balance.

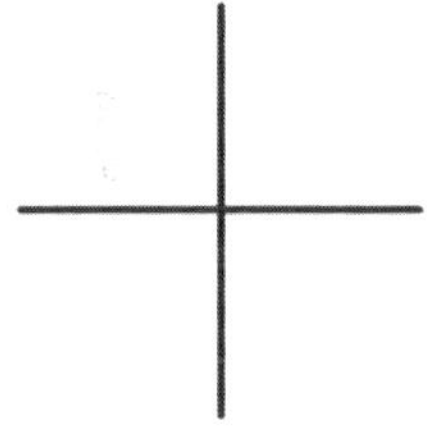

Das Resultat ist eine geläuterte Persönlichkeit. Ein solches Vehikel ist würdig, damit der Geist inkarnieren kann. In dieser Phase stellt der Aspirant den Kontakt und das Gespräch mit dem Heiligen Schutzengel her. Die notwendige Vorbereitung ist die Läuterung der Seele. Alle Fehlmuster, die den Kontakt zum Heiligen Schutzengel verhindern, werden hier umgewandelt. Gleichzeitig werden die vier Elemente unter die bewusste Herrschaft des Geistes gebracht. Die vier Elemente entsprechen dem hebräischen Tetragramm YHVH[149], der Geist wird durch den

148 Hebr.: SMK, Samech: Zeltpflock, Stütze.
149 Hebr.: YHVH, Yod-Heh-Wau-Heh: Tetragramm, Gottesname.

Buchstaben SCHIN ausgedrückt. Somit inkarniert der Geist in das Zentrum der Realität, und das ist die mystische Inkarnation des Geistes Gottes[150]. Das Ergebnis ist „JEHESCHUAH"[151]. Die Geburt des Christus-Bewusstseins ist eine initiatorische Stufe, die einschneidende Veränderungen nach sich zieht. Diese Phase kann als eine der schwierigsten Herausforderungen auf dem spirituellen Pfad betrachtet werden. Obwohl die vier Elemente bis zu einer bestimmten Stufe harmonisiert sind, so mangelt es dem Aspiranten dennoch an bestimmten Erkenntnissen. Diese „inneren" Erfahrungen sind jedoch erforderlich, um in die nächste Sephirah zu gelangen. Eine grundlegende Übung ist hier die Selbstwahrnehmung. Der Eingeweihte beobachtet den Körper, die Gedanken und die Gefühle. Aus dieser Beobachtung kristallisiert sich die Erkenntnis des SELBST-BEWUSSTSEINS heraus. Er wird sich seiner SELBST bewusst, der Eingeweihte bekommt bewussten Zugang zum „Beobachter". Dieser Beobachter steht über der Persönlichkeit, das ist jene Instanz, welche die Persönlichkeit wahrnimmt. Sobald man die einzelnen Persönlichkeitsattribute beobachten kann, kann man auch die Identifikation mit diesen lösen. Ab dieser Stufe lernt der Eingeweihte seine Aufmerksamkeit korrekt zu lenken, er richtet sie bewusst auf das Höhere. Dadurch erkennt er zunehmend, dass er stets aus einer höheren Ebene geführt wird. Seine Wandlung wird vom Heiligen Schutzengel gelenkt. Die Persönlichkeit ist das Objekt der Transformation. Durch das Beobachten des Aufmerksamkeitsflusses bekommt der Aspirant mehr Einsicht in seine Lebensumstände, ihm werden allmählich die verborgenen Zusammenhänge bewusst. Durch die Ausrichtung der Aufmerksamkeit auf eine bestimmte Situation fließt Energie in diesen Bereich und wird so zur greifbaren Realität. Der Mensch bekommt immer das, worauf er seine Aufmerksamkeit richtet. Das einzige, was wir mit den Methoden der Kabbalah ändern können, sind wir selbst. Deshalb richtet der Mensch primär seine Aufmerksamkeit auf die Führung des Höheren Selbst, das ist jene Instanz, die über der Persönlichkeit steht. Sofern der Mensch für diese Begegnung bereit ist, bekommt er den Impuls des Verlangens nach dieser Erfahrung. Dieses Verlangen ist ein Geschenk Gottes. Diese Erfahrung ist nur dann möglich, wenn der Impuls vom Höheren kommt. Alle Schlacken, die noch daran hindern, diese Einheit bewusst zu erleben, werden auf diesem Pfad geläutert.

Der 25. Pfad ist dem *„Bewusstsein der Prüfung"* zugeordnet. Grundsätzlich fürchtet sich der Mensch vor Prüfungen, doch ist insbesondere dies ein äußerst positives Erlebnis. Durch das Überprüfen bekommen wir Gewissheit. Durch Überprüfen wird die Theorie zur Praxis und zum angewandten Erlebnis. Davor haben wir die Lehren von anderen Menschen übernommen. Die Feuerprobe des

---

[150] Hebr.: RVCh ALHIM, Ruach Elohim: Geist (Atem) der Elohim.

[151] Hebr.: YHShVH, Jeheschuah: Jesus (Lat.).

Heiligen Schutzengels prüft uns auf das Äußerste und bringt die dunklen Zonen ans Tageslicht. Es gibt viele Engelskräfte im Universum, diese Engelskräfte haben unterschiedliche Tätigkeitsbereiche im kosmischen Plan. Wie bereits erwähnt, gibt es sowohl gute als auch böse Engel. Gerade die bösen Engel sind aber notwendig, damit der Mensch sich zum Guten hin entwickeln kann. Wenn eine böse Engelskraft den Menschen versucht und ihn zu bösen Handlungen verleitet, dann empfängt der Mensch die entsprechende Wirkung. Sie erscheint ihm in seinem Leben wie eine Strafe, aber an dieser leidvollen Erfahrung wächst man. Mittels der dunklen Kräfte lernt der Mensch Unterscheidungsvermögen. In dem Moment, wo er die Gewissheit hat, dass ein Verbrechen unweigerlich Sanktionen nach sich zieht, wird er sich von diesen bösartigen Taten lösen und distanzieren. Schrittweise wird er ein rechtschaffener Mensch werden. Das folgt aus der Einsicht des Gesetzes von Ursache und Wirkung. Eine böse Tat hat böse Folgen, eine gute Tat gute. So einfach diese Formel klingt, so birgt sie die Essenz der Einsicht in sich. Der Mensch wird von verschiedenen Engelskräften beeinflusst, und es gibt in der Kabbalah unterschiedliche Methoden, diese zu kontaktieren. Bestimmte Engelskräfte haben einen Einfluss auf die Emotionen, andere auf den Körper, andere auf den Intellekt, wieder andere auf die Gesundheit usw. Der Pfad von SAMECH ist die Vorbereitung auf die praktische Arbeit mit den Engelsmächten. Im Laufe der Zeit erkennt der Mensch wie Christus, dass er keinen Willen außer den Willen Dessen vollzieht, Der ihn gesandt hat. Durch diese Haltung lösen sich dann die Muster der Täuschung, der Separation und des Eigenwillens auf. Der bewusste Kontakt mit dem Heiligen Schutzengel ist ein lichtvolles Erlebnis. Dieses Licht löst viele Schlacken auf, auch die Illusion, dass man auf diesem Pfad selbst etwas für seine Entwicklung beigetragen hätte. Diese höhere Kraft führt und mäßigt sein Vehikel. Sobald der Mensch reif für eine derartige Begegnung ist, kommt ein bestimmter Impuls, dieser leitet ihn dazu, dass er intensiver strebt, betet, studiert, meditiert und seinen Körper läutert. Dann werden die erforderlichen Zentren in den einzelnen Körpern darauf eingestimmt, damit diese Erfahrung ermöglicht wird. So kann es sein, dass er in bestimmten Bereichen Enthaltsamkeit übt, indem er sich von bestimmten Medieneinflüssen und Massenhysterien fernhält. Es kann sogar vorkommen, dass er für eine kurze Phase wie ein Einsiedler zurückgezogen lebt. Die Dunkelheit und Zurückgezogenheit sind für eine kurze Spanne notwendig, denn die Illusionen und Täuschungen des kollektiven Massenbewusstseins sind so stark, dass der Aspirant auf dieser Stufe zu schwach wäre, um darüber zu stehen. Wir können diese Phase mit einer Raupe vergleichen, die in ihrem Kokon in der Zurückgezogenheit das Mysterium der Wandlung zu einem Schmetterling vollzieht.

PFAD 24 –
DAS BEWUSSTSEIN DER SCHÖPFUNG

נן

NUN - FISCH

„Der schöpferische Samen birgt das Potential des ewigen Lebens."

Der 24. Pfad im Lebensbaum wird dem Einfachbuchstaben NUN[152] zugewiesen. NUN hat, wenn es am Ende eines Wortes geschrieben wird, eine zweite Schreibform und symbolisiert die Interaktion zwischen den kosmischen Energien. Der Buchstabenname bedeutet übersetzt „Fisch". Der Fisch ist sichtlich mit seiner Umgebung vereint und hat eine sphärische Wahrnehmung. Das weist auf die Astralwelt hin, welche mit dem Element Wasser korrespondiert. NUN hat den Zahlenwert 50, diese mystische Zahl begegnet uns auch bei den 50 Toren von Binah. Es gibt 50 Korrekturen, bevor wir vollständig in die himmlische Sphäre von Binah eintreten können. Das Symbol des Fisches findet man insbesondere im Christentum, denn es ist ein offensichtliches Sinnbild für das Christusbewusstsein. Das Zeitalter der Fische neigte sich nun dem Ende zu und das Wassermannzeitalter dämmert herauf. Der Fisch ist ein Symbol des göttlichen Sohns. Da es ein geheimes Erkennungszeichen der Christen war, findet man es in den geheimen Verstecken der Urchristen. Damals war das Christentum eine kleine Sekte[153], die sich von der jüdischen Konfession löste und auch deshalb verfolgt wurde. Das Fischsymbol spielte als Akronym eine herausragende Rolle, denn der Fisch erinnert auch an die Wunder von Christus, der als Sinnbild der Multiplikation selbst Brot und Fisch vervielfachte. Er speiste aus der Substanz von fünf Broten und zwei Fischen fünftausend Menschen.[154] In Alt-Griechisch bedeutet Fisch ICHTYHS. Die fünf Buchstaben dieses Wortes bilden die Anfangsbuchstaben des Bekenntnisses:

---

[152] Hebr.: NVN, Nun: Fisch.

[153] Lat.: Secta, Sekta: Richtung.

[154] Matthäus 14, 19-21.

JESUS-CHRISTUS-GOTTES-SOHN-ERLÖSER[155]

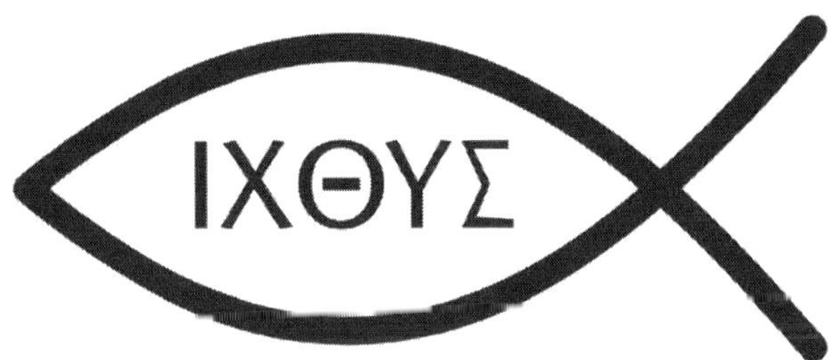

Die Fortpflanzungsmethode des Fisches ist darauf ausgerichtet, innerhalb kürzester Zeit unzählige Nachkommen zu reproduzieren. Deshalb steht auch dieses Symbol mit der Fortpflanzung in Verbindung. Der Fisch lebt im Wasser, das dem Buchstaben MEM entspricht. Es ist das Sinnbild des großen Meeres und ein Symbol von Binah. Der Fisch ist ADAM. Christus und Adam sind Eins. Der himmlische Mensch entspricht also dem Erlöser und gesalbtem König. Der 24. Pfad verbindet die Sphären Netzach und Tiphareth, die Wünsche mit dem *Solar-Logos*. Der Impuls sinkt von Tiphareth nach Netzach hinab und wird dort als Verlangen spürbar. Das Sehnen ist das Resultat eines Antriebs des Zentral-Selbst. Die Schöpfung ist vollkommen, hingegen ist das Gefühl von *Armut* das Ergebnis eines fühlbaren Mangels. Das christliche Armutsgelöbnis hat seine Wurzel darin, dass der Mensch als solcher besitzlos ist, alles im Leben ist bereits zur Verfügung gestellt. Armut bedeutet auch sich für Gottes Reichtümer zu leeren. Alles ist von Gott gegeben. Abhängig der Vibration unseres Bewusstseins erleben wir einen speziellen Ausschnitt der „Realität", und der Mensch ist der Verwalter von Gottes Mannigfaltigkeit, die ein Ergebnis des Gefäßes des Empfangens ist. Gott kann nur geben, indem ein leeres Gefäß des Empfangens vorhanden ist. Der Durchschnittsmensch fürchtet sich vor Armut, da er nur eine verzerrte subjektiv gefärbte Vorstellung von Armut hat. Sobald dieses Bild korrigiert ist, kann er Gottes grenzenlose Reichtümer empfangen. Jesus war das Paradebeispiel eines Besitzlosen, der jederzeit Zugang zu unerschöpflichen Reichtümern hatte. Sein Gefäß des Empfanges war auf Gottes Gaben ausgerichtet. Wir können nur etwas ersehnen, wenn zuvor die Initiative von Tiphareth gegeben wurde. Der Wunsch drängt zur Verwirklichung, der Wunsch führt den Menschen zur Einheit. Ob man sich Reichtum, Liebe, Berufung oder Gesundheit wünscht, ist sekundär. Durch den Weg der Verwirklichung von Wünschen wächst die Seele an Erfahrung. Wünsche treiben den Menschen an, bestimmte Erfahrungen zu machen. Eine Aufgabe liegt darin, sich zu leeren, denn dann hat

---

155 Altgriech.: **I**esous-**Ch**ristos-**Th**eou-**Y**ios-**S**oter.

das Gefäß des Empfanges Platz, um zu empfangen. In den anfänglichen Stufen fürchtet sich der Aspirant vor Leere, und er verwechselt die Leere mit Depression. Die Angst allein zu sein verhindert die höhere Wahrnehmung. Aus dieser Angst heraus strebt der Mensch nach Ablenkung. Er versucht mittels unterschiedlicher Wege die Leere aufzufüllen. Auf der niedrigsten Stufe versucht er dies durch das Anhäufen von Besitztümern oder Sex, dann durch Beziehungen, Wissen, Kultur, Religion usw. Der materiell Arme möchte mehr Besitz, denn er erhofft sich dadurch die Lösung seiner Probleme. Schlussendlich stellt er dann fest, dass, sobald er mehr Geld hat, die Probleme und der Mangel in noch größerem Maße vorhanden sind. Auch die Angst vor allfälligem Verlust wird analog dazu größer. Durch äußere Mittel ist es unmöglich, echte Stabilität zu erlangen, denn Stabilität und Zuversicht kommen von Innen. Gleichzeitig kann sich der Einsame in einer Menge von Menschen genauso einsam fühlen. Weder Bekanntschaften noch Freunde können hierbei helfen. Erst wenn das Suchen im Außen beendet ist, fängt der eigentliche Pfad der Selbsterkenntnis an. Die Irrwege der Esoterik drängen den Schüler dazu, sich mit obskuren Fähigkeiten, Kräften und Eigenschaften zu versehen. Das sind nur die äußeren Erscheinungen. Der wahre Weg lautet, sich zu leeren und ein Gefäß zu sein, um das Licht Gottes zu empfangen und mit seinen Mitmenschen zu teilen – in kniender Haltung des aufrichtigen Gebets und empfänglich für die höhere Führung. Diese Geisteshaltung ist exzellent in den Evangelien über Jesus beschrieben.

Der Pfad der Unsterblichkeit steht ebenso mit dem Buchstaben NUN in Verbindung. Unsterblichkeit bedeutet den endlichen Tod als solches zu überwinden. Der Tod ist die Wandlung der Form. Wenn sich eine Form in eine andere wandelt, dann ist nichts verschwunden, es ist nur eine Umwandlung, eine Transformation geschehen. Wenn Wasser stark abkühlt, wird es zu Eis. Es ist noch immer vorhanden, jedoch in einer anderen Form. Wenn man das Wasser kocht, dann wird daraus Dampf, und es ist gleichermaßen da. Bei der Wandlung der Aggregatzustände wäre es genauso falsch von Tod zu sprechen. Der physische Tod ist jedoch vergleichbar mit der Wandlung in eine andere Stufe. Geburt und Tod sind eng miteinander verbunden. Wenn ein Kind auf die Welt kommt, dann bezeichnen wir dieses „freudige" Ereignis als Geburt. Das ist der Beginn der Inkarnation. Doch gleichzeitig ist das ein Sterbeprozess. Das Kind stirbt sein altes Leben, das wunderbar gehütete Leben im Mutterleib. Das Geborgensein in der kosmischen Einheit wird abrupt beendet. Dieses Erlebnis ist ein Todesprozess: der Tod des Alten und die Geburt ins Neue. Die Geburt ist für das Kind eine schreckliche Erfahrung. Jedes Baby schreit vor Schreck, kaum ein Neugeborenes kommt lachend zur Welt, denn die „Geburt" ist viel schwieriger als der „Tod". Für das Kind im Mutterleib ist der Mutterleib die Welt. Es lebt in der Einheit mit der Mutter. Für das Kind ist eine Welt außerhalb des Mutterleibs unvorstellbar, da es das Leben innerhalb dieser Grenzen kennt. Ab der Geburt hat es die gleiche Erfahrung der Eingrenzung in dieser Welt. Das beruht auf seine begrenzte Wahrnehmung. Sobald auch diese Inkarnation vorbei ist, erlebt der Mensch den Übergang in eine andere Dimension. Aus unserer Ebene heraus bezeichnet man das als Sterben, das ist jedoch genauso einseitig, wie wenn die Geburt eines Kinds als Sterben bezeichnet werden würde. Wenn die Sinne nur auf die physische Welt gerichtet sind, dann erscheint alles andere als irreal, aus diesem Grund blicken solche Menschen mit Schrecken auf dieses Ereignis und fürchten sich vor dem physischen Tod. Der Tod des physischen Körpers ist eine Geburt in eine andere Daseinsform, der physische Tod ist einfacher als die physische Geburt. Darum „sterben" die meisten Menschen mit einem friedlichen Ausdruck im Gesicht, im Gegensatz zur Geburt. Leider fehlt in unserer westlichen Gesellschaft der konstruktive Umgang mit dem Tod, daher mangelt es an kompetenter Sterbebegleitung, wie dies in der tibetischen Kultur und der Mysterientradition vorzufinden ist. Die hohen Mysterien der Kabbalah befassen sich auch umfassend mit dem Tod. Durch die korrekt angewandte schöpferische Imagination beginnt der Weg der bewussten Unsterblichkeit. Der Übergang nach Tiphareth über den Pfad von NUN inkludiert als mystische Erfahrung den Tod des Egos. Von da an zählt der Eingeweihte zu den Unsterblichen, denn das Bewusstsein des ewigen Lebens wird ihm offenbart. Ab Tiphareth beginnt das Mysterium der Unsterblichkeit. Der Aspirant stirbt mit JEHESCHUAH und wird durch den Heiligen Geist wiedergeboren. Er erwacht aus den Gräbern des Irrtums und der Illusion der Isolation. Ab dieser Stufe enthüllt sich die Universalität der verschiedenen Mysterienkulte. Buddha, Krishna, Osiris und Christus bezeugen das gleiche Bewusstsein. Die Traditionen erscheinen zwar verschieden, doch der Inhalt ist gleich. Die spirituelle Lehre kleidet das Verborgene in Symbole.

PFAD 23 –
DAS BEWUSSTSEIN DER STABILITÄT

MEM - WASSER

„Die Sonne der Gerechtigkeit spiegelt sich im Wasser der Seele."

Der 23. Pfad im Lebensbaum wird dem Mutterbuchstaben MEM[156] zugewiesen, der als Endbuchstabe eine zweite Schreibform hat. Der Endbuchstabe weist auf die geistige und körperliche Fruchtbarkeit des Menschen hin. Der Buchstabenname bedeutet „Wasser". Das sind die Wasser, die uns auch in den Sphären von Binah, Chesed und Hod begegnen. In Binah sind sie das Urmeer der großen Mutter, in Chesed stellen sie die kosmische Erinnerung dar und in Hod die Mentalsphäre. Das kabbalistische Wasser ist die PRIMA MATERIA[157], aus der alles besteht. Das mütterlich-schöpferische Wasser ist eines der drei Primär-Elemente, die den Mutterbuchstaben des hebräischen Alphabets zugewiesen werden. Gemeinsam bilden sie das vierte Element Erde. MEM ist das kosmische Unterbewusstsein. Man kann die Ausdrucksweise von MEM nur in Verbindung mit den anderen Mutterbuchstaben verstehen. Der Buchstabe ALEPH steht für das kosmische Überbewusstsein, der Buchstabe SCHIN ist das kosmische Selbstbewusstsein. Die Erde ist das verborgenste Element von allen. Durch das Erforschen des Elements Erde können wir die drei anderen Elemente besser nachvollziehen. Die Erde kann symbolisch als Würfel assoziiert werden.

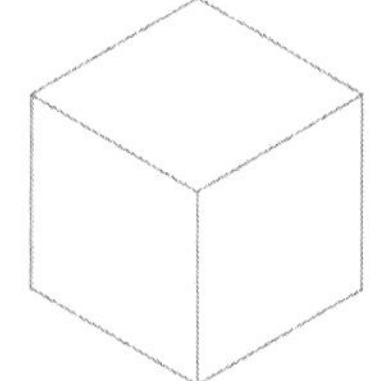

Nur gemeinsam haben die Primärelemente Bestand, da sie die Aspekte EINER einzigen Sache sind. Bei einem dreidimensionalen Würfel sind dem Betrachter nur drei Seiten von außen sichtbar. Es ist gleichgültig, wie wir den Würfel drehen und wenden, es sind nur jeweils drei Seiten direkt erkennbar. Anders verhält es sich, wenn wir im Zentrum des Würfels wären und ihn aus diesem Zentrum heraus betrachten. Aus dieser Perspektive würden wir dann mehrere Seiten und somit mehrere Dimensionen wahrnehmen. Aus dem Zentrum heraus ist die Wahrnehmungsebene also anders als auf der Oberfläche, aus dem Inneren können wir mehr bewusst wahrnehmen. Das Element Luft birgt Wasser und Feuer in sich.

---

156 Hebr.: MIM, Mem: Wasser, Meer.
157 Lat.: Prima Materia: Urmaterie.

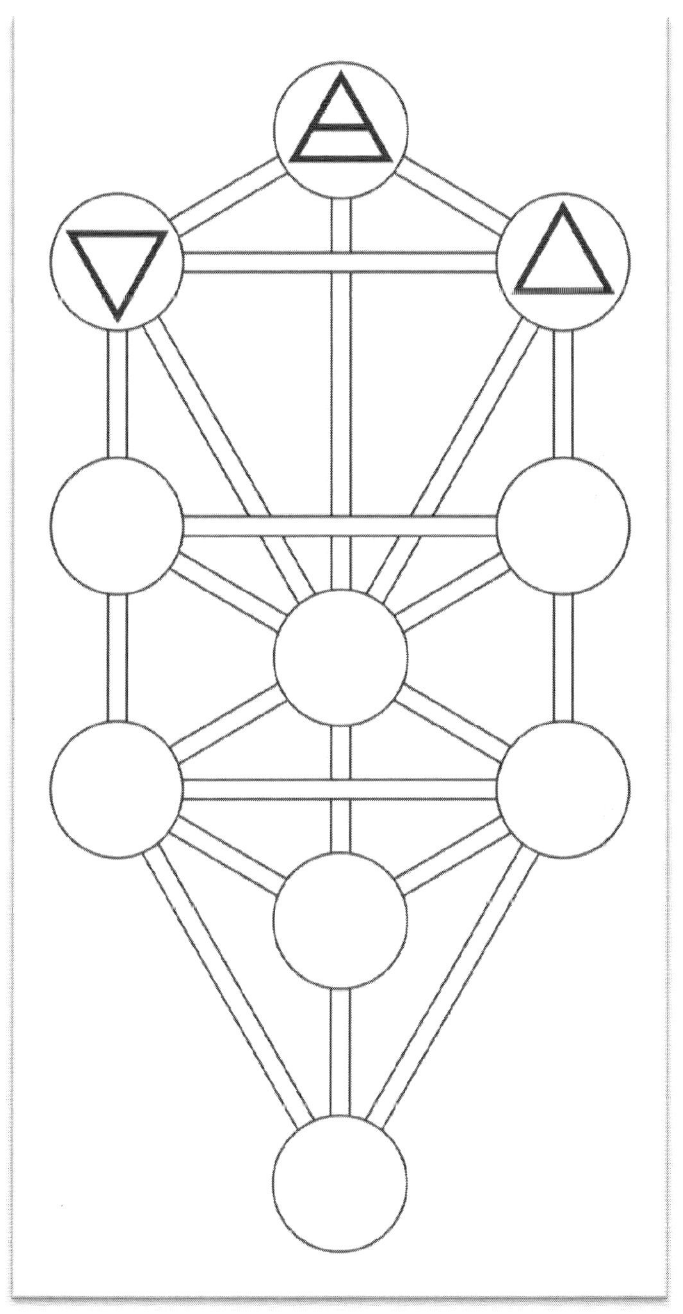

Jedes Urelement entspricht einer Säule im Lebensbaum. Die weibliche Säule ist die Säule des Wassers, die mittlere Säule entspricht der Luft und die männliche Säule dem Feuer. Die Luftsäule des Sohns kann auch als das Zusammenwirken der Feuersäule des Vaters und der Wassersäule der Mutter betrachtet werden. Die Luftsäule vermittelt zwischen den polaren und widerstreitenden Kräften der weiblichen und der männlichen Säule. Die polaren Säulen sind auch jene, die vor dem Tempel Salomons symbolisch als schwarz und weiß dargestellt wurden, um die Gegensätze zu repräsentieren. Sie versinnbildlichen das Sichtbare und Unsichtbare, Kraft und Form, Böse und Gut, Licht und Finsternis, aktiv und passiv sowie alle anderen Gegensatzpaare. Sie sind gleichwertig und gleichrangig. Die Säulen sind gleich hoch und haben den gleichen Durchmesser. Das ist ein wichtiges Detail, denn der Mensch steht zwischen diesen Kräften, und ADAM ist der versöhnende Aspekt zwischen diesen. Er ist auch Christus, der Erlöser.

Der 23. Pfad verbindet die beiden Sphären Geburah und Hod, also die Aktivitätskraft mit dem Intellekt. Die Sephirah Geburah entspricht auch der Willenskraft, der Intellekt reflektiert also durch MEM die Willenskraft. Angenommen, wir wären in einem Restaurant und möchten etwas bestellen. Wir wählen aus den angebotenen Gerichten der Speisekarte. Diese Speisekarte stellt die Schablone der Möglichkeiten dar, der Intellekt wählt aus dem bereits Vorhandenen. Wir können nur innerhalb der göttlichen Facetten wählen. Abhängig unserer Wahl folgt eine besondere Erfahrung. Ob Partnerschaft, Beruf, Besitz, Gesundheit oder Kultur, es dreht sich stets um die gleichen Aufgaben, welche in verschiedene Erscheinungsformen gekleidet sind. Unsere Verhaltensmuster wiederholen sich in allen Lebensbereichen. Die Kabbalah bietet einen Weg, um aus diesem Kreislauf hinauszuwachsen. Im Vergleich zur Kabbalah sind die meisten im Westen angebotenen esoterischen Wege eher schwache Therapieformen. Die Kabbalah ermöglicht den Kontakt zu höheren Welten, die einen direkten Einfluss auf unsere irdische Welt haben. Nur aus den höheren Welten heraus kann man die irdische Welt verändern, denn diese höheren Welten sind die wahre Ursache der physischen Welt. Somit bewahrt eine authentische initiatorische kabbalistische Mysterienschule den Kontakt zu diesen Welten. Obwohl manche Esoteriker der Meinung sind, dass Kabbalah bloß einer theoretische Wissensansammlung gleichkommt, so lebt die wahre Kabbalah nur von diesem Kontakt. Wenn es daran mangelt, ist der dargebotene Weg völlig unbrauchbar, er führt zur Zeitverschwendung und Verirrung. Es gibt zahlreiche esoterische Lehrer und Organisationen, die ihren Schülern prächtige Mogelpackungen anbieten, denen der wahre Inhalt fehlt. Die irrgeleiteten Beteiligten drehen sich dann nur im Kreis und verwechseln das Anhäufen von intellektuellem Wissen, Aktivieren von psychischen Kräften und diversen äußeren Verhaltensregeln mit dem spirituellen Weg.

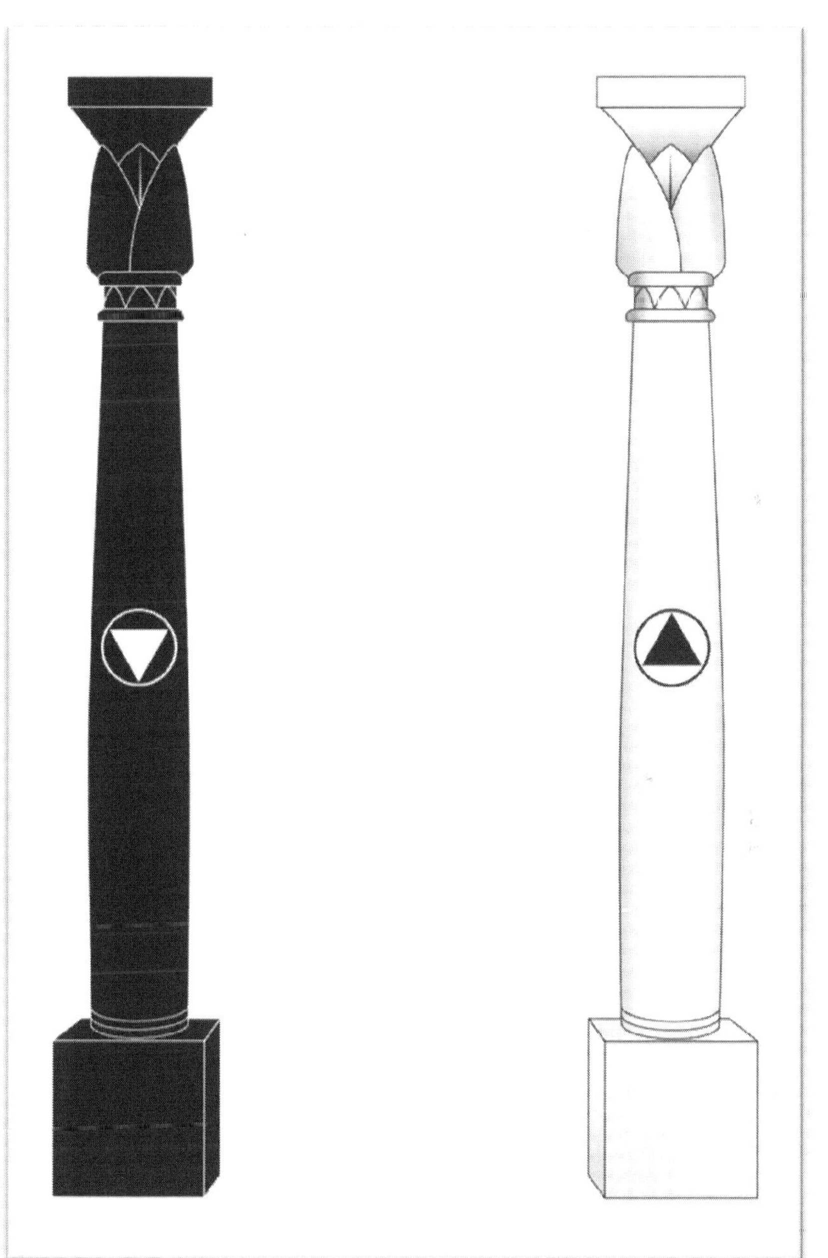

Echte Kabbalah-Schulungen brauchen nur wenige Instrumente. Diese sind jedoch umso kraftvoller, da sie als Brücke zu den inneren Welten dienen. Wenn der Kontakt fehlt, dann sind desgleichen alle Instrumente wertlos. Die Grundhaltung, welche wir im Pfad von MEM lernen, bietet uns einen Schlüssel für wahres Seelenwachstum. Die Fähigkeit, seine Persönlichkeit völlig beiseite zu stellen und sie aus einer höheren Ebene zu betrachten, verhilft die Wasser zur Ruhe zu bringen. Erst dann kann sich das Licht Gottes darin klar spiegeln. Je unruhiger dieses Wasser ist, desto verzerrter ist das gespiegelte Bild. Daraus ergeben sich alle möglichen Irrlehren am Esoterik-Jahrmarkt, angefangen bei den Verschwörungstheorien bis hin zu obskuren Weltuntergangsbotschaften. Sobald wir einen größeren Teil des Gesamtbilds sehen können, nehmen wir die Inkarnation wie eine Perle an einer Perlenkette wahr. In der Kabbalah ist es unwesentlich, wer was von wem abgeschaut hat und welche Worte er weitergibt, denn die Urlehre geht immer auf das Eine zurück. Sobald der Kabbalist von einer höheren Hand hinaufgezogen wird, damit er auch den Kontakt zur Urlehre hat, dann kann er das Empfangene in Worte, Rituale oder in Meditationstechniken kleiden. Er zieht der Lehre die Kleidung des Landes und des kulturellen Hintergrunds an. Wenn aber der Inhalt verschwindet, ist die gesamte Kleidung nutzlos. Dieser Sachverhalt ereignet sich in den meisten Glaubensgemeinschaften und religiösen Organisationen. Die unwissenden Suchenden haben dann Respekt vor dieser Kleidung dem der eigentliche Inhalt fehlt, dieser Respekt artet dann oftmals zur Anbetung von Götzenbildern aus. Wenn der Geist entschwindet, ist die gesamte Lehre wertlos. Deshalb bleibt die gewünschte spirituelle Wandlung bei diesen verbliebenen Hüllen aus. Man kann Jahrzehnte Texte studieren, die Rituale zelebrieren, am Gottesdienst teilnehmen, doch der Erfolg bleibt aus. Die Ergebnisse treten erst dann ein, wenn der innere Kontakt vorhanden ist. Dies ist abhängig von der korrekten Geisteshaltung, denn die Persönlichkeit hängt vom kosmischen Leben ab. Eine solche Haltung ist erforderlich um RUACH-HA-KADOSCH[158] zu empfangen. Das ist der kabbalistische Begriff für die Erleuchtung. Als Jesus in Nazareth in die Synagoge ging, wurde ihm das Buch Jesaja aus dem Alten Testament gereicht. Er schlug es auf und las aus Jesaja 61,1-2: *„Der RUACH*[159] *von YHVH ruht auf mir, denn YHVH hat mich gesalbt zu verkündigen das Evangelium den Armen; er hat mich gesandt, zu predigen den Gefangenen, dass sie frei sein sollen, und den Blinden, dass sie sehen sollen, und den Zerschlagenen, dass sie frei und ledig sein sollen, zu verkündigen das Gnadenjahr von YHVH.“* Und Jesus fügte hinzu: *„Heute ist dieses Wort der Schrift erfüllt vor euren Ohren.“*

Gottes Geist ruhte auf Ihm. Er war wahrlich erleuchtet und seine Worte waren die Offenbarung Gottes. Die einzige Stabilität für Jesus ist Gott. Der Buchstabe

158 Hebr.: RVCh H QDVSh, Ruach Ha Kadosch: Heiliger Geist.

159 Hebr.: RVCh, Ruach: Geist, Atem.

MEM wird auch das *„stabile Bewusstsein“* genannt. Jesus konnte nur auf dem Wasser gehen, da er diese stabile Intelligenz vollkommen gemeistert hatte. Das Wasser MEM bekommt Stabilität. Jesus war sich seiner völligen Abhängigkeit von der Lebenskraft bewusst, denn er war nur von Gott abhängig. Seine Mitmenschen, wie auch die heutigen Menschen, sind an Scheinabhängigkeiten gekettet. Sie sind abhängig von Beruf, Partnerschaft, Geld, Gesellschaft, Kunst, Mode, Politik, Wirtschaft usw. Das sind höllische Teufelspakte, die den Menschen versklaven. Die einzige reale Abhängigkeit ist die von Gott. Der erwachte Kabbalist ist dem Großen Werk geweiht, das macht ihn unbestechlich. Er vollzieht den Willen Dessen, Der ihn gesandt hat. Er ist im Zentrum allen Seins an die kosmische Verwaltung des Lebens gebunden. Dadurch hat sich die Illusion des Eigenwillens aufgelöst. Der persönliche Scheinwille löst sich im Willen Gottes auf. Gottes Wille ist allmächtig, so werden die Taten eines solchen Adepten zu Werken der Kraft. Er hat nun die bewusste Fähigkeit, aus dem Unsichtbaren heraus an der Lenkung der Welt teilzuhaben. Er wird ein Mitglied der unsichtbaren Regentschaft dieser Welt, er bewahrt über seine Kräfte Stillschweigen und arbeitet im Verborgenen. Dennoch führt er Millionen Menschen auf der inneren Ebene. Seine spirituellen Werke wandeln die Verhaltensmuster des kollektiven Unterbewusstseins der gesamten Menschheit um. Er arbeitet für die Menschheit und unterstützt auf der inneren Ebene zahlreiche Organisationen. Obwohl viele dieser Institutionen nur mehr aus inhaltlosen Hüllen bestehen, so gibt es dort dennoch suchende und hilfebedürftige Menschen. Er ist ein rechtschaffener Mensch, daher fordert ihn sein Gerechtigkeitssinn, der Menschheit mit allen seinen Fähigkeiten zu dienen. Adepten unterstützen auf der inneren Ebene auch ganze Länder und Nationen. Sie sind wie der Sauerstoff in der Luft - die Essenz auf der spirituellen Ebene. Durch ihre Unterstützung sind Erleuchtungszustände, Erkenntnisse und Heilungen möglich. In jeder Generation gibt es einige dieser großen Adepten, die den Pfad von MEM, den Pfad der Selbstopferung und Hingabe, geschritten sind. Sie sind wie ein Tropfen im Ozean aufgegangen, und dieses Meer ist mit Tränen des Mitgefühls gefüllt. Das ist auch der Grund, weshalb nur eine starke Seele diesen Pfad beschreiten kann. Der Rechtschaffene ruht wie ein stilles Pendel zwischen den Säulen der Gegensätze, er ruht im Tun. Hingabe und Meditation sind die wichtigsten Werkzeuge für diesen Pfad. Der Rechtschaffene kann durch die äußere Erscheinung hindurch blicken und die oberflächliche Welt durchschauen. Das dritte Auge der Erkenntnis und somit der Sechste Sinn sind bei ihm geöffnet. Das ist die direkte Gottesschau, bei der die Vereinigung mit dem universalen Bewusstsein erfolgt. Der Beobachter, das Beobachtete und die Beobachtung werden als EINS und untrennbar erfahren. Diese dauerhafte Einsicht in die universelle Wirklichkeit geschieht durch göttliche Gnade. Das Ergebnis ist die Harmonie zwischen Mikrokosmos und Makrokosmos. Sein „persönliches“ Los verliert für ihn an Relevanz, stattdessen bekommt für ihn das Los Gottes für die Menschheit primäre Wichtigkeit.

PFAD 22 –
DAS BEWUSSTSEIN DES GLAUBENS

LAMED - OCHSENSTACHEL

„Das karmische Gesetz gleicht jegliche Schuld aus."

Der 22. Pfad im Lebensbaum entspricht dem Einfachbuchstaben LAMED[160]. Der Buchstabenname bedeutet übersetzt „Ochsenstachel". Es gibt demnach eine Verbindung zwischen den Buchstaben LAMED und ALEPH, denn einen Ochsenstachel benötigt man, um einem Ochsen anzutreiben. Der Buchstabenname ALEPH bedeutet Ochse. Der Ochsenstachel ist sowohl etwas Richtungsweisendes wie auch Schmerzvolles, er ist der Stab des Hirten mit einem Haken. Auch Christus wird als Hirte bezeichnet. Der lateinische Begriff für den christlichen Geistlichen ist „Pastor"[161], das bedeutet „Hirte". Im alten Ägypten war der Krummstab oder Hirtenstab das Herrschaftszeichen der Pharaonen und Gottheiten. Er symbolisierte zugleich die Wiedergeburt und Regeneration. Im altägyptischen Totenbuch gehörte der Hirtenstab zum Ausrüstungsgegenstand von Osiris in seiner Funktion als Richter über die Toten. Mit dem Hirtenstab besaß Osiris die Macht, über den Eintritt in das Jenseits zu entscheiden und zur Wiedergeburt zu verhelfen. Der christliche Bischofsstab ist eine moderne Ausführung des altägyptischen Hirtenstabs. LAMED steht durch den Ochsenstachel mit dem „Karma" in Verbindung. Das Sanskrit-Wort „Karma" heißt übersetzt *Wirken* oder *Tat*, deshalb ist LAMED ein geheimes Symbol für das Große Werk. Dieser Pfad verbindet die Sphären Tiphareth (Höheres Selbst) und Geburah (Willenskraft). Die Willenskraft ist der Wille des Kosmos, es gibt nur eine Willenskraft im gesamten Universum. Sie ist oberhalb der Persönlichkeitsebene und gehört zur Individualität. Es gibt drei hebräische Buchstaben, welche die Schlangenkraft darstellen. Die Schlange ist ein Synonym für die Kundalini, eine ätherische Kraft im Menschen. Sie befindet sich ruhend am unteren Ende der Wirbelsäule und wird als eine schlafende zusammengerollte Schlange dargestellt. Sie ist die der Materie nächststehende Kraft im Menschen. Durch kabbalistische Praktiken wird sie erweckt und steigt stufenweise die einzelnen Energiezentren hoch. Der Buchstabe TETH stellt die zusammengerollte Schlange dar. LAMED ist die

---

160 Hebr.: LMD, Lamed: Ochsenstachel, Treibstock.

161 Lat.: Pastor: Hirte.

emporsteigende Schlange und SAMECH ist die Schlange, die sich selbst in den Schwanz beißt. Das ist dann die höchste Vollendung. Diese drei Buchstaben weisen auf drei Stufen der Entfaltung hin. TETH ist die erste Stufe und hat mit der bewussten Herrschaft über die Natur zu tun. Die Natur ist der feminine Aspekt der Schöpfung, sie wird durch die „Kunst“ verfeinert. Der Begriff „Kunst“ wird in der heutigen Zeit wesensfremd verwendet. Im Mittelalter und Zeitalter der Inquisition wurde mit dem Begriff „Kunst“ auch die Alchemie bezeichnet. Die alchemistische Kunst befreit oder erlöst die Natur, dieser natürliche Vorgang ist evolutionär. Jedes Wesen erlebt Evolution. Das Mineral-, Pflanzen- und Tierreich machen Evolution, ebenso wie der Mensch. Der Mensch wandelt sich vom profanen zum spirituellen Menschen, denn durch die alchemistische Kunst wird die natürliche Evolution beschleunigt. Außerdem vermag die alchemistische Kunst etwas zu manifestieren, das die Natur von sich aus nicht manifestieren kann: den *Lapis Philosophorum*[162], ein künstliches Produkt. Der Stein der Weisen bringt dem Besitzer Fähigkeiten, die dem profanen Menschen verschlossen sind. Die Wirkungsweise von LAMED ist für die Herstellung des Steins der Weisen notwendig, denn LAMED veranschaulicht das Gleichgewicht im Werk. Im Universum herrscht eine Kraft, die stets darauf ausgerichtet ist, Gleichgewicht herzustellen, so wie die beiden Waagschalen des Lebens dauerhaft in Harmonie sind. Wenn man den Pfad LAMED initiatorisch von Tiphareth nach Geburah beschreitet, dann wird dem Aspiranten bewusst, dass er durch eine höhere Kraft dorthin geführt wurde. Dieses kurze Aufflackern der Wirklichkeit zerstört die Irrtümer der Vergangenheit. Allmählich wird der letzte schmerzvolle Funke des eigenen persönlichen Willens von der Flamme des EINEN Willens verzehrt. Die quälende Illusion, dass der spirituelle Weg eine persönliche Anstrengung sei oder ihren Ausgangspunkt in der Persönlichkeit hätte, löst sich endgültig auf. Der Kabbalist nimmt von da an wahr, dass er in jedem Augenblick hinaufgezogen wurde. Manchmal erschien dieser Vorgang wie ein mühevolles Hinaufklettern. Doch auch die Mühe war ein Mittel der höheren Führung. Das ist der „Ochsenstachel“, der den Menschen in seiner Bahn hält, und das ist gleichzeitig die Vollstreckung des kosmischen Gesetzes von Ursache und Wirkung. Je mehr man sich von diesem Weg entfernt, desto leidvoller und schmerzlicher wird die ZU-RECHT-WEISUNG. Das Ergebnis ist der verinnerlichte Glaube. *„Alle Dinge sind möglich dem, der da glaubt.“*[163] LAMED wird dem „*gläubigen Bewusstsein*“ zugeordnet. „*Da wandte sich Jesus um und sah sie und sprach: Sei getrost, meine Tochter; dein Glaube hat dir geholfen. Und das Weib ward gesund zu derselben Stunde.*“[164] In den hohen Mysterien werden die alten Glaubenssätze und Überzeugungen erneut überprüft

[162] Lat.: Lapis Philosophorum: Stein der Weisen.
[163] Markus 9, 23.
[164] Matthäus 9, 22.

und durch Gottesliebe: das ist wahre AGAPE[165]. Die Zehn Gebote, insbesondere das Gebot der Nächstenliebe stellen das Glaubensbekenntnis durch die Wirkungsweise der zehn Sephiroth dar. Glaube auf dieser Stufe bedeutet Treue durch Theosophie[166]. Die Welten sind Ausdruck von Gottes ewiger und bedingungsloser Liebe. Der biblische „Abraham" ist ein besonderer Archetyp für den unerschütterlichen Glauben und die Gottesliebe. Solcher Glaube unterscheidet sich von blinder Vermutung. Auch im Koran wird auf diesen unerschütterlichen Glauben hingewiesen: *„Wir glauben an Gott und an das, was uns herabgesandt worden ist, und was Abraham, Ismael, Isaak, Jakob und den Stämmen (Israels) herabgesandt wurde, und was Moses und Jesus gegeben wurde, und was den Propheten von ihrem Herrn gegeben worden ist. Wir machen zwischen ihnen keinen Unterschied, und Ihm sind wir ergeben."*[167]

Vor einigen Jahrtausenden vermuteten viele Menschen, dass die Erde eine Scheibe sei. Doch mit dem Begriff „Glaube" meint der Kabbalist etwas Tiefsinnigeres als nur „wissenschaftlich" populäre Thesen über die Beschaffenheit der irdischen Erscheinung. Wahrer Glaube sieht hinter allem Bestehenden die Realität Gottes. Das ganze Dasein hat Gott als Ursache. Welche physikalischen Definitionen irdische Erscheinungen haben, ist für den „Gläubigen" vollkommen belanglos, da er Gottes Allmacht anerkennt. Das schließt mit ein, dass für Gott alles möglich ist. Die wahre Sicht der Realität setzt die Kraft der dahinterliegenden Wirklichkeit frei. Die albernen Glaubenskonzepte des Materialismus sind für die Begrenzungen des menschlichen Daseins verantwortlich. Wahrer Glaube bestätigt die Erkenntnis der Alten. Es geht weniger darum zu diskutieren, ob die Erde oder die Sonne das Zentrum dieses Systems ist, vielmehr geht es um die Erkenntnis, dass in der Unendlichkeit jeder Punkt das Zentrum ist. Alles hat Bestand auf Grund des Bewusstseins, denn jede Erscheinung ist vom Menschen selbst abhängig. Würde der Mensch fehlen, dann wäre die Schöpfung unvollständig. *„Und Elohim sprach: Wir wollen einen Menschen*[168] *machen, in unserem Ebenbild nach unserem Gleichnis, sie sollen herrschen über die Fische im Meer und über die Vögel der Himmel und über das Vieh und über die ganze Erde und über alle Kriechtiere, die auf Erden kriechen. Da schuf Elohim den Menschen in seinem Ebenbild, im Ebenbild der Elohim, männlich und weiblich erschuf Elohim sie. Und Elohim segnete sie und sprach zu ihnen: Seid fruchtbar und mehrt euch und füllt die Erde und macht sie euch untertan und herrscht über die Fische im Meer und über die Vögel der Himmel und über alles Getier, das auf Erden kriecht."*[169] Alles wurde erschaffen, um die Erfahrung des Men-

---

165 Griech.: Agape: Gottesliebe.
166 Griech.: Theosophia: Göttliche Weisheit.
167 Koran 2, 136.
168 Hebr.: ADM, Adam: Mensch.
169 1. Moses Kap. 1, 26-28.

schen zu ermöglichen. Solche Erkenntnisse sind unabhängig von äußeren Erscheinungen, wie zum Beispiel Kultur, Erziehung, Gesellschaftsform, Konfession etc. Sie sind die Zeitlose Weisheit, welche jeglicher Religion voran geht. Die Zeitlose Weisheit ist jenseits der Vergänglichkeit. Himmel und Erde sind spirituelle Aspekte einer dahinterliegenden Wirklichkeit. Der Kabbalist interessiert sich vorrangig für die Ursache anstatt der vergänglichen Erscheinung. Die äußere Erscheinung ist die Frucht und das Spiegelbild des Inneren. Die Gesetzmäßigkeiten des Inneren entscheiden über die Erscheinung im Außen. Die Kenntnis dieser Gesetzmäßigkeiten verleiht dem Kabbalisten die Herrschaft über alle Erscheinungen, da er sich des Ursprungs bewusst ist. Eine solche Herrschaft beruht auf der Bewusstwerdung einer bereits vorhandenen Tatsache. Die exoterische Wissenschaft beschäftigt sich damit „Konkretes" zu erfassen, doch die Wirklichkeit ist unfassbar und unendlich. Bereits beim „rechten Winkel" betreten wir einen künstlichen Bereich, der „unnatürlich" ist. Jeder Architekturplan sowie die mathematischen Berechnungen gehen davon aus, dass es so etwas wie einen perfekten rechten Winkel gäbe. Der rechte Winkel ist jedoch eine geistige Abstraktion. Viele für selbstverständlich gehaltene „Tatsachen" sind künstliche Dogmen. Doch sowohl im salomonischen Tempelbau[170] als auch in der Arche von Noah[171] spielten Maße und Winkel eine erhebliche Rolle. In den biblischen Beschreibungen geht es um Proportionen und die dahinter wirkenden Kräfte.

So erlangt der Kabbalist einen Universalschlüssel, damit er seine gegenwärtige Situation und Position erfassen kann. Daher verschwindet durch die kabbalistische Betrachtungsweise die problematische Haltung zur Situation. Die Probleme des Kindes sind für den Erwachsenen völlig belanglos, und das trifft auch auf die Probleme des Durchschnittsmenschen im Vergleich zum Kabbalisten zu. Wenn ein Kind in der Sandkiste spielt, und ein anderes Kind zerstört die wunderschone Sandburg dann ist das für den Erwachsenen eine Bagatelle, doch für das Kind geht eine „Welt" zu Grunde. Gleichermaßen sind die meisten Durchschnittsprobleme trivial, doch sobald der Mensch erwachsen wird, wird ihm die Belanglosigkeit einer zerstörten Sandburg bewusst. Eine Sandburg ist ebenso vergänglich wie jede andere Erscheinung. Das, was gemeinhin als „Schicksalsschläge" bezeichnet wird, ist für den Kabbalisten eine harmlose vergängliche Situation. Der Durchschnittsmensch trachtet nach einem gemütlichen Leben. Das wird aber dann zum „Problem", wenn die Welt einseitig interpretiert wird. Diese Welt wird sich dann sehr schnell von ihrer ungemütlichen Seite präsentieren. Unter anderem zeigt es auch der Sport sehr deutlich, dass die Überwindung eines Widerstandes hilft, bestimmte Fähigkeiten – und parallel dazu die entspre-

[170] 1. Könige 6.
[171] 1. Moses 6, 14.

chende Ausdauer zu entwickeln. Der Begriff *Problem*[172] entstammt einem griechischen Wort mit der Bedeutung „das, was vorgelegt wurde". Die Lösung ist meist mit einer schwierigen Aufgabe verbunden. Probleme sind die Verpackung, in der das Geschenk der Erkenntnis enthalten ist, daher sind Probleme für spirituelle Entwicklung genauso wichtig wie für den Hürdenläufer die Hürden. Der Hürdenläufer trainiert seinen Körper für das schnellere Überwinden von Hindernissen, der Kabbalist entwickelt seine feineren Körper und entfaltet dadurch unterschiedliche Fähigkeiten. Aus kabbalistischer Sicht ist es daher notwendig, dass die vier Körper der Persönlichkeitsebene balanciert werden, damit dann der fünfte, also das Messias-Gefährt, verwirklicht werden kann. Dieser Körper ist die Vorbedingung, damit die Individualität eine bewusste Verbindung zu dieser Welt hat. Dadurch erst ist die Persönlichkeit bewusst mit dem Höheren Selbst verbunden, davor dient alles der Vorbereitung für diese Vereinigung. Eine derartige Transformation hat sogar eine unmittelbare Auswirkung auf den Tod, denn der Tod kann als Übergang in eine höhere Dimension betrachtet werden. So hat die Individualität einen Körper geschaffen, der eine Brücke in die nächste Welt ist. Diese irdische Welt ist ein spiritueller Kindergarten, der den Menschen für die nächste Welt vorbereitet. Für den Übergang ist ein Vehikel nötig. Nach dem physischen Tod sterben auch die niederen Persönlichkeitsattribute, denn alles, was auf der Persönlichkeitsebene ist, ist vergänglich und sterblich. Darum ist die intensive Arbeit mit den niederen Körpern eine belanglose Tätigkeit, da sie vergänglich sind. Es geht eigentlich darum, dass der fünfte Körper entsteht und in der Folge die weiteren Körper. Dafür ist jedoch die Harmonisierung der unteren vier Körper bis zu einer bestimmten Stufe erforderlich. Erst wenn der fünfte Körper gebildet wurde, kann der Übergang stattfinden. Wenn nur die unteren Körper balanciert sind und der fünfte Körper am Ende der Inkarnation noch fehlen sollte, dann wird eine weitere Inkarnation nötig sein, um die unteren Körper neuerlich zu harmonisieren, damit der fünfte Körper gebildet werden kann. Die Wandlung ist in vielen Bereichen unangenehm, aber gerade dadurch erlangt man Widerstandskräfte. Je schneller die Erneuerung ist, umso unangenehmer kann dies empfunden werden. Das liegt jenseits des „Natürlichen", das ist ein künstlicher Vorgang. Man könnte ihn als magischen Eingriff bezeichnen. Wenn die Verbindung zwischen den oberen und unteren Seelenanteilen abgeschlossen ist, dann ist das die „Chymische Hochzeit". Das korrekte Maß bei der Entwicklung der niederen Körper ist eine wichtige Voraussetzung. Diese Körper werden als Vehikel oder Gefährt betrachtet. Auch wenn es für den Anfänger interessant erscheint, die mentalen, die emotionalen oder vitalen Fähigkeiten bis zum Exzess zu verfeinern, so ist das alles irrelevant, da sie sterbliche Persönlichkeitsanteile sind. Es geht im spirituellen Werk um ein Vehikel, das für die nächste Welt geeignet ist. Im Neuen Testament der Bibel

---

[172] Griech.: PROBLEMA: das Vorgelegte.

wird dieser Übergang als Christi Himmelfahrt beschrieben. Christus wurde in den Himmel auf den Platz zur Rechten Gottes erhoben.[173] Es ist möglich, aus der „anderen“ Welt auf diese Welt einzuwirken. Die hohen Meister der Inneren Schule sind Bewohner der nächsten Welt, sie reduzieren ihre Schwingung, um in unserer stofflichen Welt erscheinen zu können und bestimmte Taten zu vollbringen. So zeigte sich auch Christus seinen Jüngern vierzig Tage lang nach seiner Auferstehung im verklärten Körper. Er stiftete eine neue Religion. Solche Meister lenken das spirituelle Geschehen unserer Welt. Sie gründen Mysterienschulen und nähren sie wie einen Kelch mit göttlichem Licht. Sie wandeln dadurch das Karma der Menschheit, indem sie von einer höheren Welt aus in das Geschehen einwirken. Sie führen die spirituellen Lehrer dieser Welt wie mit einem Ochsenstachel auf dem Weg der Befreiung, damit sie die Bruderschaft der Menschheit hier auf diesem Planeten verwirklichen. Dieser Pfad erfordert eine große Portion Mut, denn durch ihn werden schmerzvoll die Illusionen der Eigenständigkeit zerstört. Dadurch enthüllt sich die allumfassende Gerechtigkeit allen Lebens.

---

[173] Markus 16, 19.

PFAD 21 –
DAS BEWUSSTSEIN DER ASPIRATION

KAPH – GESCHLOSSENE HAND

„Die vollen Schalen des Reichtums ergießen sich auf die Schöpfung."

Der 21. Pfad im Lebensbaum entspricht dem Doppel-Buchstaben KAPH[174]. Dieser Buchstabe KAPH drängt uns in die Dualität, um uns über sie zu erheben. Die beiden Buchstaben KAPH und YOD stellen zwei Aktivitäten der Hand dar. YOD ist die offene Hand, eine offene Hand kann etwas empfangen, sie ist das Symbol des Annehmens. KAPH ist die gleiche Hand während des Zugreifens, gleichzeitig auch die Faust, und so versinnbildlicht KAPH also das Angreifen und Begreifen. Man begreift etwas, wenn man sich zuvor mit einer Sache befasst hat. Als Endbuchstabe deutet er auf die Erlangung des individuellen Daseins hin, so wie dies am Anfang erfasst wurde. Dieser Pfad ist ein Kanal, durch den die kosmische Erinnerung von Chesed in die Wunschsphäre von Netzach strömt, darum entspricht ihm das *„Bewusstsein des sehnsüchtigen Strebens"*. Jeder Wunsch hat einen direkten Bezug zu den kosmischen Zyklen und möchte uns von der illusionären Versklavung befreien. Die Erfüllung von Wünschen verspricht den Zuwachs an Macht. Wenn man nach materiellen Besitztümern strebt, dann wünscht man sich Macht über die Materie. Wenn man in Liebesbelangen unglücklich ist, möchte man Macht über die Liebe. Wenn man krank ist, möchte man die gesundheitlichen Belange beherrschen. Indem man die Schöpfung aus der Sicht der Begrenzung erlebt, fühlt man sich arm, klein, schwach und ungeliebt. Das Rad des Glücks hält für uns die Lösung bereit. Eine maßvolle Energie fließt von Chesed über den Pfad KAPH hinab und versorgt Netzach mit dem Impuls, etwas zu erstreben. Die Erinnerung an die Erfüllung drängt uns zur Verwirklichung. Sowohl die Sphäre von Chesed als auch von Netzach befinden sich auf der rechten, also der maskulinen Säule. Die maskuline Säule gibt, die feminine empfängt. Die offene Hand ist fähig anzunehmen, die geschlossene Hand kann den Besitz behalten. Das sind zwei unterschiedliche Lebensbereiche, die jedoch einander bedingen. Man kann nur das Begreifen,

---

[174] Hebr.: KP, Kaph: geschlossene Hand.

was von einer höheren Ebene herabgekommen ist. Das Begriffsvermögen ist abhängig davon, welche Impulse von oben in unsere Wunschsphäre hinabfließen. Sobald wir für den spirituellen Pfad vorbereitet werden, entfaltet sich in uns eine höhere Aspiration. Der Weg beginnt also im Inneren, deshalb nimmt die Praxis der Meditation einen wichtigen Platz ein. Die Meditation ist ein Mittel, um höhere Erkenntnisse zu erlangen, sie bietet einen Schlüssel, um die inneren Tore zu durchschreiten. Wenn eine „spirituelle" Lehre die Meditation verneint oder als unwesentlich betrachtet, ist sie gewiss eine Irrlehre. Durch die tägliche Praxis der Meditation lernt der Aspirant die Wasser der Mentalsphäre zu beobachten und zu steuern. Der Faktor der Aufmerksamkeit bestimmt, in welche Form das Wasser fließt.

Für den Durchschnittsmenschen ist es nur schwer vorstellbar, dass Fülle auch in Beziehung zum Maß steht. Chesed ist die Sphäre der Fülle und gleichzeitig regelt sie maßvoll den Fluss in die unteren Sphären. Zu viel Milde duldet Tyrannei und zu viel Strenge bewirkt Tyrannei. Eine ausgeglichene Harmonie zwischen Gnade und Strenge ist hierbei unerlässlich. Die Wunschnatur bereitet uns den Weg. Der gängigste Wunsch ist es, sich von der Armut zu befreien. Armut dient als Synonym für alle Bereiche, wo man Mangel spürt. Das kann in beruflichen, finanziellen, partnerschaftlichen, familiären, sexuellen, zwischenmenschlichen, gesundheitlichen oder spirituellen Angelegenheiten sein. Die Armut kann man in allen Lebensbereichen erleben. Je mehr man versucht ist, sich nur auf der äußeren Ebene von der Erscheinungsform der Armut zu befreien, desto größer wird dadurch die Armut werden. Indem wir einen Wunsch – und gleichzeitig Armut in uns empfinden, streben wir nach etwas. Das Mysterium der Schöpfung ist es, dass wir uns trotz der bestehenden Vollkommenheit gering und mangelhaft erleben. Es ist unwesentlich, wie außergewöhnlich unsere Persönlichkeit, unser Unterbewusstsein, Intellekt und unsere Gefühle geläutert sind, es gibt stets etwas darüber. Formen sind jedoch erforderlich, damit wir die Polarität des Lebens erfahren können. Gegensätze bedingen auch die Unterscheidung von Innen- und Außenwelt. Die physische Welt ist das *Rad des Schicksals*, das uns letztlich Erlösung und Wohlstand bringt. Manche vermeintlichen Heilslehren des esoterischen Jahrmarkts propagieren die Weltflucht, doch der Rückzug in die einsame Höhle ist nur für eine kurze Phase der Besinnung förderlich. Die eigentliche Aufgabe wartet in der Konfrontation mit und in der Welt. Weltflucht und die Vermeidung von Auseinandersetzungen mit den Lebensumständen verlagert lediglich die Aufgaben auf die kommende Inkarnation. Die Erlösung – also Befreiung vom Rad des Schicksals – kann nur erfolgen, wenn die Meisterschaft erlangt wurde. Das Symbol des Kreuzes weist uns den funktionierenden Weg. Das Kreuz stellt die Balance der Kräfte dar. Christus, der auf dem Kreuz geopfert ist, stellt die Bindung an die Form dar. Christus auf dem Kreuz veranschaulicht das Leid, welches der beste Lehrmeister ist. Der unreife Mensch möchte idealerweise dem Leid aus dem Weg gehen. Der Kreuzgang ist ein höchst leidvoller Weg, der den Kabbalisten beim Übergang in die Erlösung erwartet und begleitet. Christus steht über dem Leid und ist dadurch zur Meisterschaft gelangt. Eine spirituelle Lehre, die nur Friede, Freude, und sonstige Versprechungen proklamiert, ist ein getarnter Weg des Widersachers. Der spirituelle Mensch steht bei seiner Reise der Selbsterkenntnis zwischen polaren Kräften. Einerseits zieht es ihn in Richtung Luzifers, der den berauschenden, schwelgenden Pol der Weltflucht darstellt, auf der anderen Seite lockt Satan mit dem materialistischen Pol. Das Christus-Prinzip ist der Versöhner zwischen diesen Kräften und bietet den wahren Weg zur Selbsterkenntnis. Viele teuflische Wege kleiden sich in fromme Gewänder und versprechen Erlösung durch therapeutische Methoden, durch Kenntnis von vergangenen Leben, Lichtnahrung oder egoistischen Bestellungen beim Universum. Der westliche Mensch fällt leicht diesen Irrlehren zum Opfer. So glauben manche Schüler, dass sie durch Fasten, Reisen in „alte" mystische Länder (Indien, Ägypten, Mexiko, Israel), Drogen, Wellness-Kuren oder Lesen bestimmter Bücher spirituelle Erleuchtung erlangen könnten. Echte kabbalistische Schulungssysteme stoßen hingegen bei vielen Schülern auf taube Ohren. So haben die inneren Widersacher gängige Ausreden parat und versuchen den Schüler mit scheinbaren Abkürzungen, damit man „schneller" vorankommt. In den ersten Etappen lernt der Schüler somit „Differenzieren". Auf dieser Stufe fehlt ihm jedoch die Urteilskraft, um die falschen von den wahren Wegen zu unterscheiden. Bereits vor Jahrtausenden fanden sich unzählige Scharlatane auf den spirituellen Pfaden, die mit ähnlichen Methoden hausieren gingen wie die heutigen.

Der 21. Pfad offenbart entgegen jeglicher Scheinlehre die harmonische Interaktion der Welt. Jetzt in diesem Augenblick ist die Welt vollkommen in Ordnung. Das ist eine signifikante Aussage für diesen Pfad. Solange der Mensch versucht ist, in der „äußeren" Welt Ordnung zu schaffen, arbeitet er am Ziel vorbei, denn das ist die verkehrte Vorgehensweise. Es geht eher darum, den Zusammenhang zu den inneren Wesensanteilen zu erkennen. Die Welt ist YHVH und diese Realität ist eins.[175] Die mannigfaltigen Formen der Welt sind Verpackungen einer *einzigen* Wirklichkeit. In unserem Leben wandeln sich scheinbar die Formen, doch die Aufgaben oder Themen bleiben solange gleich, bis sie gelöst werden. Ob man den Beruf, Partner oder Wohnort wechselt, trotzdem wird man fortwährend mit ähnlichen Situationen konfrontiert, der Inhalt bleibt gleich. Man wird feststellen, dass die Flucht von einer Form in die nächste wohl kaum automatisch die Erlösung mit sich bringt. Die inneren Themen und Inhalte sind es, womit sich die Kabbalah im Gegensatz zu vermeintlichen esoterischen Scheinlehren beschäftigt, die sich nur um die äußeren Formen bemühen und an

[175] Hebr.: YHVH AChD, Yod Heh Wau Heh Echad: Gott ist Eins (Einheit) (5. Moses 6, 4).

diesen gründlich hantieren. Die Kabbalah offenbart uns eine Realität, die jetzt in Ordnung ist. Wir verändern uns im Rahmen der Evolution, doch das sind innere Wandlungen. Die heutige exoterische Wissenschaft müht sich vergeblich ab, um die optimalen Formen zu finden, die uns das Heil bringen sollen. Die Schulmedizin ist ein Paradebeispiel für die satanische Vorgehensweise, da sie immer wieder versucht ist, die Form unabhängig der dahinter wirkenden Ursache zu verändern. Das eigentliche Problem bleibt bestehen und das „harmlose“ akute Krankheitssymptom verschwindet und wird durch eine weniger harmlose chronische Erscheinung abgelöst. Die innere Aufgabe ist jedoch noch immer vorhanden und sucht nach einer Veräußerung. Je intensiver wir auf der Grundlage einer derartigen fehlsichtigen Vorgehensweise bemüht sind, die Erscheinung zu wandeln, desto ungemütlicher wird die Welt für uns erscheinen. Einfache Probleme werden dann zu überwältigenden Menschheitsproblemen. Bereits die Anzahl der heutigen chronisch Kranken zeigt, wie unbeholfen und infantil die schulmedizinische Vorgehensweise ist. Ganz allgemein nehmen viele Menschen an, dass der moderne Mensch ein komfortableres Leben als jene Menschen vor 2000 Jahren hätte. So verbringen die westlichen Menschen ihren Alltag vor einem Computermonitor, haben zu wenig Bewegung und ernähren sich von gesundheitsschädigender Kost. Ihre Freizeit wird von einem Fernseher mit stupiden Unterhaltungsprogrammen dominiert, der ihnen ein verdrehtes Weltbild präsentiert – und den Kreis der Familie auf einen Halbkreis reduziert. Die spirituelle Reife und Einsicht der westlichen Zivilisation ist auf einem erschreckend niedrigen Niveau. Der enorm hohe Verbrauch von Pharmazeutika, Antidepressiva und schmerzbetäubenden Medikamenten weisen uns darauf hin, dass ein radikales Umdenken gefordert ist. Der westliche Mensch konsumiert Unmengen von mentalem Fastfood und vernachlässigt seine Gefühlswelt. Darum ist es für den Kabbalisten auch von großer Bedeutung, von alten Kulturen, wie zum Beispiel der des Orients, bestimmte Qualitäten wie Gastlichkeit, Gemeinschaftssinn, Herzlichkeit und Familienliebe zu erlernen.

PFAD 20 – DAS BEWUSSTSEIN DES WILLENS

YOD – OFFENE HAND

„Der göttliche Wille erstrahlt in unversehrter Einheit.“

Im zwanzigsten Pfad des Lebensbaums begegnet uns der Einfachbuchstabe YOD[176]. Er hat die Bedeutung der „offenen Hand“ oder der „ausgestreckten Finger“. Die Hand versinnbildlicht die Kraft, die schöpferische und gelenkte Energie, welche für den individuellen Bestand sorgt. Die offene Hand ist ein Symbol des Mikrokosmos, die geschlossene Hand für die Einheit des Zentrums, aus dem alles ausströmt. YOD ist der kleinste Buchstabe und bezieht sich auf die ursprüngliche Vibration des Alls. Alle Buchstaben des hebräischen Alphabets sind Variationen und Zusammensetzungen dieses Buchstabens. In YOD haben alle Buchstaben ihren Ursprung – und so haben alle Verbindungspfade eine direkte und subtile Beziehung zu diesem Pfad. YOD ist der erste Buchstabe des Tetragrammatons[177] und damit der Anfang der Realität. Der Zahlenwert von YOD ist zehn, die kabbalistische Zahl der Vollendung, gleich wie Malkuth die Vollendung der Schöpfung ist. YOD ist ein maskuliner und HEH ein femininer Buchstabe. Hier bekommt die biblische Allegorie von Abraham und Sarah große Bedeutung. Zuvor hießen sie Abram[178] und Sarai[179]. Der Buchstabe HEH wird beiden Namen zugefügt.[180] Doch bei Sarai wird der Buchstabe YOD entfernt,[181] und dieses YOD ist sodann die Wurzel ihres Sohnes Isaak.[182] Sarah[183] stellt die erneuerte und entfaltete Menschheit dar. Isaak ist ein Synonym für das höhere Bewusstsein, welches mit Christus vergleichbar ist. Abraham[184] ist das Vater-Prinzip, Sarah das Mutter-Prinzip und Isaak der Sohn. Isaak stammt aus einer Wortwurzel mit der Bedeutung „Lächeln“. Sarai hat bei der Ankündigung Gottes gelächelt. So erinnert uns Isaak daran, dass Lachen ein Synonym für das

---

176 Hebr.: YVD, Yod: Offene Hand.

177 YHVH.

178 Hebr.: ABRM, Abram: Eigenname Abram.

179 Hebr.: ShRI, Sarai: Eigenname Sarai.

180 1. Moses 17, 5.

181 1. Moses 17, 15.

182 Hebr.: ITzChK, Isaak: Eigenname Isaak.

183 Hebr.: ShRH, Sarah: Eigenname Sarah.

184 Hebr.: ABRHM, Abraham: Eigenname Abraham.

höhere befreite Bewusstsein ist. Isaak erlangte das mystische Alter von 180 Jahren, das auch die kabbalistische Entsprechung der „Quelle" ist. 180 ist das Produkt von 3x10x6. Das weist daraufhin, dass Körper, Geist und Seele (3) in der vollkommenen Verwirklichung (10) des Christus-Bewusstseins (6) sind. Dem zwanzigsten Pfad wird das „*Bewusstsein des Willens*" zugewiesen. Die große Prüfung begegnete Isaak bei der Aufforderung Gottes, dass Abraham ihn opfern solle. Abraham war in unerschütterlicher Einheit mit dem Willen Gottes, jeglicher Zweifel war ausgeschlossen. Isaak wurde wie Christus an Händen und Füßen gebunden, um geopfert zu werden. Das höhere Bewusstsein kann sich erst entfalten, wenn die niederen Persönlichkeitsattribute Gott geopfert werden. Eine derart kraftvolle Symbolik finden wir auch beim Übergang der niederen zu den hohen Mysterien, auch hier findet das Opfer der Kreuzigung statt. Abrahams Prüfung war eine Initiation, bei der Abraham der Initiator und Isaak der Schüler der Einweihung war. Der Engel Gottes wurde herabgerufen, um dieses Opfer für Gott anzunehmen. Der Engel ist der Vermittler zwischen Gott und dem Menschen. Nach dem Opfer wird die Energie des unerschütterlichen Glaubens und der bewussten Gott-Führung freigesetzt, die den Eingeweihten zu einem Adepten wandelt. Der Adept nimmt dann an der Opfer-Erfahrung von Isaak teil und wird dadurch ein Bewohner des neuen Reichs.

Die gesamte spirituelle Reise findet unter der weisen Führung des Höheren statt. Wenn man den spirituellen Pfad beginnt, dann wird man von der Motivation geführt, irgendwo anzukommen. Man möchte die Höhen der spirituellen Erkenntnis erklimmen, doch anfangs glaubt man, das aus eigenem Antrieb erreichen zu können. Der Pfad YOD weist uns aber auf eine andere Tatsache hin. Von Anfang an werden wir von einem höheren Licht hinaufgezogen, denn der Wille entspringt einer höheren Quelle. Die meisten Menschen meinen, dass sie einen persönlichen, also einen eigenen Willen hätten. Die Willenskraft ist jedoch universell und jeder Mensch hat daran teil, genauso wie er teil hat an der Luft, die er atmet. Im gesamten Universum gibt es nur einen Willen, und jeder einzelne Mensch nimmt daran teil. In der Kabbalah wird der Begriff „Wille" sehr gezielt verwendet. Abhängig von der Ausdrucksform des Willens gibt es dafür unterschiedliche Namen. Der höchst Wille ist identisch mit JECHIDAH, dem unteilbaren Selbst, daraus folgen die unterschiedlichen Ausdrucksweisen dieses ungeteilten Willens. Der *Urwille zum Guten* ist Kether, die erste Absicht. Dieser Wille reflektiert sich über Chokmah, dem ersten männlichen Prinzip des Gebens zur weiblichen Sphäre des Nehmens (Binah). Schließlich emaniert er zur Selbsterinnerung in Chesed und setzt sich in der Antriebskraft von Geburah fort. Tiphareth ist der Kelch, in dem die Schattierungen des Willens durch die höheren Sephiroth hineinströmen und ihren universellen Ausgleich finden. Darunter ist dieser Wille als Sehnen (Netzach) spürbar und formt sich dann als mentale Idee (Hod) bis hin zur Triebkraft (Yesod). Malkuth ist sodann das Ergebnis des

Willens von Kether. Alles ist nach dem Willen des Einen geformt – und dieses Eine ist in seiner Essenz das Licht. Das spirituelle Licht ist der Schild von David, der durch das Hexagramm ausgedrückt wird.

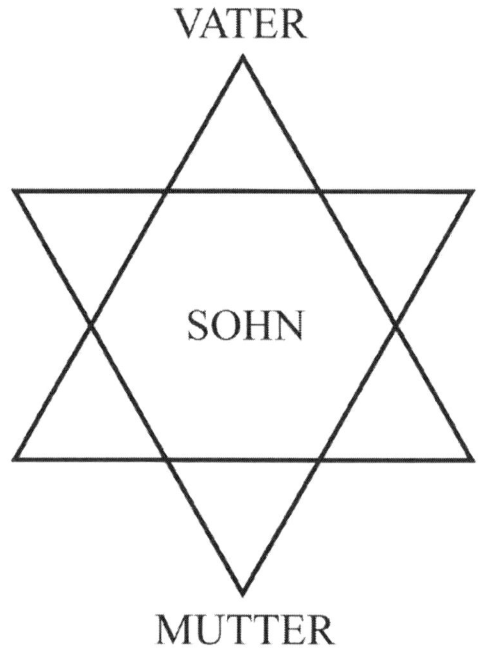

Der Schild von David birgt in sich Vater, Mutter und Sohn, die Dreifaltigkeit. Das äußere Licht der Sterne ist die Manifestation des inneren Lichts. Dieses Licht ermöglicht in der materiellen Welt das Leben. Wenn wir eine spirituelle Erkenntnis machen, dann geht das Licht in uns auf. Der 22. Pfad verbindet die beiden Sphären Chesed und Tiphareth, also die zentrale Sphäre der rechten Säule mit dem Zentrum der mittleren Säule. Auf dem initiatorischen Pfad ist dies der Übergang zum barmherzigen und befreiten Adepten. Jene Eingeweihten, die diesen Pfad geschritten sind, sind von Licht erfüllt, denn sie sind die Verkörperung des Heiligen Grals, der mit dem Blut Christi gefüllt ist. Christus ist symbolisch *Agnus Dei*[185], und es ist das Blut dieses Opferlamms, das für die Vergebung aller Sünden geflossen ist. Beim Letzten Abendmahl[186] zelebrierte Jesus die rituelle Synthese der Dreifaltigkeit. Er war eins mit dem Willen seines Vaters, somit war er ewig. Alle seine Wunder, die er vollbrachte, beruhten auf dieser entscheidenden Erkenntnis. Das ist eine Stufe der Vollendung und somit

---

185 Lat.: Agnus Dei: Lamm Gottes.
186 Markus 14, 22-25.

der Neubeginn eines Zyklus. Jesus wird zum Alten der Tage, ein Symbol der Ewigkeit, denn er nimmt sich seit Anbeginn der Zeit wahr. Er ist ehe Abraham war. Dadurch hat er die Quadratur des Kreises vollbracht: Geist und Materie versöhnen sich in der Einheit. Ein solcher Adept erkennt die Welt in sich und ist ALL-EIN. Er hat den heiligen Berg beschritten und hält seine Lampe empor, um anderen das Licht zu weisen. Jene, die noch unten sind, werden von diesem Licht nach oben gezogen. Eine essentielle Übung der Kabbalah ist die bewusste Lenkung der Willenskraft. Hierzu stellt die Beobachtung ein wichtiges Werkzeug dar. Bereits so einfache Fragen wie *„woher kommt dieser Wunsch"* oder *„weshalb entscheide ich mich auf diese Weise"*, machen auf eine höhere Instanz aufmerksam. Die Konfrontation mit der Welt führt zur Erkenntnis, dass alles in Ordnung ist. Diese höhere Ordnung ist das Ergebnis des Urwillens zum Guten. Ordnung bedeutet, dass ein kosmisches System der Vollendung hinter allen Welten tätig ist. Die Realität als solche bedarf weder der Korrektur noch einer speziellen Wandlung, denn als Spiegel ist sie wertfrei und neutral. Es ist unwesentlich, was im Spiegel der Welt sichtbar ist, viel wichtiger ist die korrekte Interpretation dessen. Das einzige, was einer Veränderung bedarf, ist der Mensch selbst.

PFAD 19 – DAS BEWUSSTSEIN DES GEHEIMNISSES ALLER SPIRITUELLEN AKTIVITÄTEN

TETH - SCHLANGE

„Die mächtigste Kraft ist im Innersten des Daseins verborgen."

Der neunzehnte Pfad im Lebensbaum entspricht dem Einfachbuchstaben TETH[187]. Als Buchstabenname bedeutet er Schlange. Diese Schlange ist die potentielle Kraft, gleich einer Schlange direkt vor dem Zubeißen. TETH ist der mittlere Querpfad, somit das Zentrum der kraftvollsten Vereinigung. Der Pfad von TETH verbindet die Sphären Geburah und Chesed, also die mittleren Sphären der linken und rechten Säule, die Gnade mit der Strenge. Insbesondere der Ausgleich dieser beiden Pole ist eine der größten Herausforderungen auf dem spirituellen Pfad. Die meisten spirituellen Schüler haben die Neigung, sich zu sehr der rechten Säule der Gnade zuzuwenden. Zu viel Gnade lässt jedoch Böses zu und ist ein Zeichen der Schwäche, gleichwie zu viel Strenge zur Grausamkeit führt. Gerade der profane Mensch ist zu sehr auf der Säule der Strenge verankert, denn ihm mangelt es an der Gnade. Für eine ausgeglichene Persönlichkeit ist die Ausgewogenheit beider Pole erforderlich. Die Schulung von Fertigkeiten bedarf großer Disziplin, die manchmal sogar als äußerst unangenehm empfunden werden kann. Die Disziplin ist jedoch für den erfolgreichen Lernprozess obligatorisch. Für den Lehrer ist die Disziplin ein Instrument, um seinem Schüler bestimmte Fertigkeiten mit Erfolg beizubringen. Einige spirituelle Lehrer haben anfangs Schwierigkeiten, im Bedarfsfall konsequent streng zu sein. Der unreife Schüler macht naturgemäß fortwährend Fehler, und manche bedürfen einer strengen Korrektur. Darum achten spirituelle Lehrer besonders darauf, wem sie welche Instrumente für die Persönlichkeitstransformation in die Hand geben. Ein Kind wird ein scharfes Messer nur ungeschickt verwenden können und sich sowie anderen Menschen möglicherweise Verletzungen zufügen. Verantwortung bedeutet, sich der Folgen bewusst zu sein und intelligent zu handeln. Darum findet man in vielen publizierten Büchern der Esoterik nur wenig über die inneren Mysterien des Pfads von TETH, denn dieser Pfad birgt das „*Bewusstseln des Geheimnisses aller spirituellen Aktivitäten*". Es wäre leichtfertig, dieses Geheimnis in einfachen Worten zu veröffentlichen, darum ist

[187] Hebr.: TITh, Teth: Schlange

und bleibt es eines der bestgehüteten Geheimnisse auf dem spirituellen Pfad. Seine Enthüllung ermöglicht dem Menschen ungeahnte Fähigkeiten. Das Geheimnis aller spirituellen Aktivitäten beinhaltet das große Wissen darüber, wie man alle Reiche der Natur beherrschen kann und somit auch den Zugang zu den übernatürlichen Ebenen. TETH ist ein Symbol der Kundalini-Kraft. Die praktische Erweckung dieser im Durchschnittsmenschen latent schlummernden Energie ist wahrhaft ein echtes Geheimnis. Es gibt zwar einige Bücher darüber, wie man diese Energie emporheben könnte, doch die mächtigen und wirksamen kabbalistischen Methoden sind seit jeher geheim. Das unachtsame Experimentieren mit dieser Energie birgt ernsthafte Gefahren für den Menschen. Die ethische Läuterung und graduelle Schulung ist hierbei von enormer Bedeutung und daher eine erforderliche Voraussetzung. Als Begleiterscheinung der aufsteigenden Kundalini-Energie treten spirituelle und manchmal auch körperliche Auswirkungen auf. In der Apostelgeschichte des Neuen Testaments wird beschrieben, wie Saulus bei der Begegnung mit dem Messias erblindete. Die energetische Wucht dieser Begegnung bewirkte, dass er drei Tage blind war und weder aß noch trank.[188] Durch den enormen Energiefluss können kurzzeitig unterschiedliche Begleiterscheinungen, wie zum Beispiel körperliche Schmerzen, Kälteschübe, Hitzewallungen, Zuckungen, Stechen, Taubheitsgefühl der Hände oder Füße, Schwankungen des Sexualtriebs, emotionale Äußerungen wie Lachen oder Weinen, ekstatische Glückseligkeit und geistige Visionen folgen. Genauso können bei rituellen kabbalistischen Initiationen diese Erscheinungen vorübergehend auftreten, in seltenen Fällen kommt es zu flüchtiger Taubheit, Ohnmacht oder sogar Erblindung. Normalerweise ist der Aufstieg der Kundalini-Kraft aber ein sich selbst regulierender Vorgang. Wenn die Energie für das Vehikel zu stark ist und Blockaden den sanften Aufstieg verhindern, dann können heftige Krisen ausgelöst werden. Darum ist die Erhebung der Kundalini-Kraft nur unter der Aufsicht von Adepten innerhalb der Mysterientradition ratsam, die ethische Ausbildung ist eine Vorbedingung.

Die Kundalini-Kraft drückt sich im Menschen vor allem durch die Fortpflanzungsenergie aus. Deshalb ist es auch erforderlich, sich mit den Mysterien der Sexualität zu befassen und die falschen Ansichten diesbezüglich zu korrigieren. Je weiter sich der Aspirant entwickelt, desto stärker wird der Ausdruck seiner Liebeskraft. Seine Mitmenschen, hauptsächlich jene des anderen Geschlechts, werden in manchen Fällen die entgegengebrachte Sympathie und Liebesenergie mit partnerschaftlicher oder sexueller Anziehung verwechseln und davon angezogen werden. Seine brüderliche Liebe ist jedoch mit der familiären Liebe vergleichbar. Das ist das Ergebnis der rituellen und meditativen Praxis. Die

[188] Apostelgeschichten 9, 9.

begehrliche Liebe wird EROS[189] bezeichnet, diese drückt sich speziell in der sexuellen Liebe aus. Die brüderliche Liebe heißt PHILIA[190] und findet sich vor allem in spirituellen Gemeinschaften. Sowohl Abraham als auch Isaak bezeichneten ihre Ehefrauen in der Bibel demnach auch als ihre Schwestern. Die höchste Form der Liebe ist AGAPE[191], die Gottesliebe. Als Jesus von einem Schriftgelehrten gefragt wurde, welches das größte aller Gebote sei, antwortete er: *„Höre Israel, YHVH, unser Gott, ist ein eins; und liebe Gott, deinen HERRN, mit ganzem Herzen, mit ganzer Seele, mit ganzem Gemüte und mit allen deinen Kräften.“*[192] Das entspricht der Aussage: *„Liebe deinen Nächsten wie dich selbst.“*[193] Die Welt wird genährt von der ewigen und bedingungslosen Liebe Gottes. Die Liebe wird im Neuen und Alten Testament der Bibel als wichtigste Tugend beschrieben, selbst wichtiger als Glaube und Hoffnung. Die meisten Schmerzen sind das Ergebnis von falschen Vorstellungen in Bezug zur Liebe. Die Liebe drückt sich auch durch die sexuelle Vereinigung aus. Die gleiche Kraft, die im Herzen Liebe zu unseren Mitmenschen strömen lässt, ist auch für die Fortpflanzung und sexuelle Vereinigung verantwortlich. In der Fortpflanzungsenergie schlummert das größte Mysterium der Menschheitsgeschichte. Exoterische Religionen haben die gefährlichsten Irrlehren über die Sexualkraft verbreitet. Sogar jene esoterischen Wege, die eine dauerhafte zölibatäre Lebensweise als Voraussetzung des spirituellen Lebens ihren Schülern anpreisen, enthüllen nur die halbe Wahrheit. Enthaltsamkeit konzentriert die Sexualkraft, gerade diese Energiekonzentration setzt automatisch im Unterbewusstsein unterschiedliche Kräfte frei. Die Gefahr beginnt, wenn der Schüler falsche Bilder in Bezug auf zwischenmenschliche Kontakte oder auf die sexuelle Vereinigung hat, denn dann wird diese Energie gegenteilige Auswirkungen haben. Die meisten Aspiranten, die eine strenge zölibatäre Lebensweise führen, haben in ihrem Inneren noch viele unreine Verhaltensmuster. Darum neigen sie dazu, das andere Geschlecht herabzuwürdigen oder zu unterdrücken, ebenso haben sie die Tendenz zum Größenwahn. Die Menschheitsgeschichte ist voll von solchem Fehlverhalten. Die Enthaltsamkeit ist auch in der Kabbalah ein wichtiges Thema, aber hier geht es um eine andere Form. Die Enthaltsamkeit für einige Wochen kann in bestimmten Phasen wie eine Fastenkur eine entschlackende Wirkung haben, sofern die Energie für die spirituelle Entwicklung genutzt wird. Der Buchstabe TETH symbolisiert die korrekte Lenkung der Sexualkraft. Es gibt einige Bücher über die Kundalini-Kraft sowie über die Mystik und Magie der Sexualität, deren Pseudolehren die gefährlichsten Pfade sind, welche in den

---

[189] Griech.: EROS: begehrlichen Liebe.

[190] Griech.: PHILIA: Freundschaftsliebe, Bruderliebe.

[191] Griech.: AGAPE: Liebe, göttliche Liebe.

[192] 5. Moses 6, 5, Markus 12, 29.

[193] 3. Moses 19, 18; Markus 12, 31.

meisten Fällen in dunkle Sackgassen führen. Oft werden primär die Neurosen genährt, und es mangelt den Schülern an richtungsweisenden Schablonen, um die Sexualkraft in korrekte Bahnen zu lenken. Solange die Sexualität auch heute noch ein derartiges Tabuthema ist, hat sie zerstörerische Auswirkungen auf den Menschen. Der Sündenfall im Paradies wurde von der exoterischen Religion entstellt weitergegeben, denn die Schlange der Versuchung ist auch der Erlöser. Diese Religionen gehen davon aus, dass der Mensch die Fähigkeit besäße, zwischen Gut und Böse zu unterscheiden, doch das Gegenteil ist der Fall. Dem Menschen, der aus dem Garten Eden gefallen ist, mangelt es an Unterscheidungskraft. Er hat vom Baum der Erkenntnis gegessen und kann aus diesem Grund zwischen den Gegensätzen unterscheiden.[194] Nun hat der Mensch die Aufgabe, das scheinbar Böse und Gute im rechten Licht zu interpretieren. Jede Erfahrung ist notwendig, sogar Gräueltaten sind für manche Menschen unerlässlich, um soziale Qualitäten zu integrieren. Eine liberale Geisteshaltung bedingt, dass der Mensch für die Freiheit und das Wohl seiner Mitmenschen eintritt.

Das Emporsteigen der Kundalini-Kraft erhebt den Menschen in die Neue Weltordnung, und so entfalten sich seine Fähigkeiten, er wird ein Glied in der Kette der Bruderschaft der Menschheit. In dieser Neuen Weltordnung wird der Mensch das Universalheilmittel entdecken. Die Kundalinikraft ist eine gewaltige Energie, die den unvorbereiteten Menschen sogar in den Wahnsinn treiben kann, denn sie öffnet psychische Sinne, die den unreifen Schüler an Illusionen und Scheinwelten haften können. Der Mensch steht auf der selbstbewussten Ebene über den Reichen der Natur. Erst der Stein, dann die Pflanze, dann das Tier, schließlich kommt der Mensch als Vermittler, und darüber ist Gott. Der Mensch ist der Grund dieser Evolution, allein für den Menschen hat Gott die Schöpfung in all der Herrlichkeit erschaffen. Darum sind wir aufgerufen, Mensch zu werden. Die meisten, die sich für Menschen halten, sind jedoch noch viel zu sehr dem animalischen Bewusstsein zugeneigt. Sie sind noch in einer Zwischenetappe, auch jene, die sich phantasievoll für große geistige Abenteurer halten, die ihre Fähigkeiten auf der psychischen, intellektuellen oder emotionalen Ebene entwickelt haben. Sie sind genauso unentwickelt wie jene, die dies auf der körperlichen Ebene tun. Erst wenn alle Persönlichkeitsaspekte geläutert sind, ist man vermenschlicht. Schließlich ist man darauf vorbereitet, dass das Christus-Bewusstsein im Herzen inkarniert und man den Schritt zum Gottmenschen vollziehen kann. Das größte Mysterium ist im Menschen selbst verborgen. Wer die Erfüllung nur lediglich im Außen sucht, der sucht vergeblich.

---

[194] 1. Moses 3, 6-11.

PFAD 18 – DAS BEWUSSTSEIN DES HAUSES DES EINFLUSSES

CHETH - ZAUN

„Der erlösende Wille regiert im Feld der Persönlichkeit."

Der achtzehnte Pfad im Lebensbaum entspricht dem Einfachbuchstaben CHETH[195]. Er verbindet die beiden Sphären Binah und Geburah auf der linken, also der femininen Säule. Er strömt von der Muttersphäre (Binah), dem Großen Meer und verdichtet sich als Willenskraft (Geburah). Dieser Pfad gibt uns die Antworten auf die Kernfrage nach dem freien Willen. Der Begriff CHETH hat eine Analogie zum Beruf des Schneiders sowie auch des Nähens, beide Wörter weisen auf die Herstellung von Kleidung hin. Der Körper ist die Kleidung der Seele, wobei der Mensch verschiedene Körper, wie z.B. den Astralkörper, den Mentalkörper und den Ätherkörper hat. CHETH ist die Atmung der Lebenskraft, das polare Gesetz der Anziehung und Abstoßung, das sich gegenseitig bedingt. CHETH bedeutet als Buchstabenname „Feld" oder „Zaun", und hat somit die Bedeutung einer Begrenzung. Es gibt politische, wirtschaftliche, familiäre, gesellschaftliche und kulturelle Grenzen, doch sind dies menschliche Konstruktionen. Grenzen entstehen und bestehen ausschließlich durch Definition. Man kann eine bestimmte Region nur künstlich eingrenzen oder teilen, innerhalb dieser Grenze gibt es dann ein künstliches Reich. Ein Zaun ist demnach eine Erfindung, um etwas zu begrenzen, damit man es unterscheiden kann. Der Mensch kann künstliche Grenzen schaffen, um etwas scheinbar zu besitzen oder zu schützen. Dieser Mensch möchte etwas besitzen und dadurch erhofft er sich Schutz – und Einfluss. Anfangs baute sich der Mensch eine Behausung. Das Haus ist BETH, die Mauern dieses Hauses geben dem Bewohner in gewisser Hinsicht Schutz. Genauso schützt der Zaun das Reich oder das Feld, in dem sich dieses Haus befindet. Das Feld ist die Persönlichkeit, und der Zaun ist die Kontaktstelle zur Welt. BETH ist das Haus des Selbstbewusstseins im Zentrum des Grundstückes. CHETH ist das Feld der Persönlichkeit mit den verschiedenen Vehikeln: Körper, Triebe, Intellekt und Gefühle. Durch CHETH wird die illusionäre Täuschung des Getrenntseins aufgelöst. Sobald der künstliche Charakter des Zauns wahrgenommen wird, kann man die dahinterliegende Einheit

[195] Hebr.: ChITh, Cheth: Feld, Zaun.

erkennen. CHETH schützt jedoch auch vor dem strahlenden Dunkel des unendlichen Lichts, denn dieses Licht ist zu stark, um von sterblichen Augen erblickt zu werden. Diese gleißende Strahlung verzehrt jeden Funken des Sterblichen. Der 18. Pfad führt in die überirdische Triade und ist somit der Aufstieg zur wahren Meisterschaft. Der Meister der Weisheit geht wie ein Tropfen im Ozean der Liebe auf. Er hat Mitgefühl mit der gesamten Menschheit, das Leid der Menschheit ist auch sein Leid. Er hat seine Eigenheit für das Gesamte geopfert. Der Meister hat einen freien Willen, denn er steht über der Ebene der Willenskraft. Seine Handlungen drücken die Gerechtigkeit Gottes aus, er zählt zu den Reihen der rechtschaffenen Propheten. Die Willenskraft führt in der Persönlichkeit des ungeläuterten Vehikels dazu, dass sich der Mensch als getrennt wahrnimmt. Dieser Wahn des Getrenntseins ist die Ursache jeglichen Übels, deswegen baut der Mensch die Mauern der Isolation und den Turm von Babel. Dieser Turm ist allerdings auf einer Illusion errichtet, die Krone des Selbstwahns führt zur Sprachverwirrung.[196] CHETH regiert die Sprache, aber gleichzeitig begrenzt CHETH die Sprache wie ein Zaun. Jeder Mensch hat viele Möglichkeiten, um eine Erfahrung oder Emotion verbal zu konkretisieren. Sobald man versucht, sie in Worte zu kleiden, grenzen wir sie ein, damit sie auf der Sprachebene verständlich wird. Die Sprache ist das Ergebnis der Begrenzung von CHETH. Sprache begrenzt das Unendliche in endlichen Formen. Das ist auch der Grund, warum es lange untersagt war, die Heiligen Lehren schriftlich zu überliefern, wegen der Festlegung mit der Schrift kommt es zur Verwirrung. Wenn dann manche Menschen versuchen, die Heiligen Schriften nur buchstäblich, also wörtlich zu interpretieren, hindern sie sich selbst daran, das unendliche göttliche Potential dahinter zu erkennen.

Die Worte der Heiligen Schriften sind mehr als nur eine tote Schrift. Die Schrift hat von sich aus kein Leben, wenn sie nur als theoretische Schrift angenommen wird. Die Heilige Schrift wird erst dann lebendig, wenn man Zugang zum dahinterwirkenden Licht bekommt. Die Worte sind leer, wenn die praktische Bedeutung fehlt. Der Begriff „Liebe" bleibt ein theoretischer Begriff, sofern die Erfahrung der Liebe fehlt. Sobald uns das Wort „Liebe" den Weg weist und wir durch das begrenzte Wort zum unbegrenzten Reservoir der Liebeserfahrung geführt werden, dann nehmen wir Teil am lebendigen Wort. Die kabbalistische Tradition lehrt uns das Geheimnis des lebendigen Wortes. Man lernt schrittweise, sich mit dem Reservoir hinter den Worten zu verbinden. Wir könnten stundenlang über die Liebe dahindiskutieren, aber das bleibt nur eine mentale Spielerei und wäre daher nur die unterste Ebene der spirituellen Lehre. Darüber gibt es allerdings eine Ebene, welche die direkte Erfahrung ist – und das steht jenseits von mentalen Diskussionen und Besserwisserei. Genau

196 1. Moses 11, 7.

dadurch unterscheidet sich die authentische lebendige Lehre der Mysterientradition von toten Scheinlehren der exoterischen Religionen. Die Scheinlehren sind völlig macht- und inhaltslos. Es gibt viele Gaukler, die sich als Kabbalisten bezeichnen und aus der Ahnungslosigkeit ihrer Mitmenschen Profit schlagen wollen. Sie leben von der Neugier ihrer Mitmenschen und spielen mit Zahlen und Worten, um das „große Schicksal" zu enthüllen. Das sind die tückischen Bereiche der Kabbalah, wo Möchtegern-Kabbalisten mit Zahlen, Worten und intellektuellen Beispielen jonglieren und sich als große Weise ausgeben. Die Kabbalah hingegen lebt nur von der direkten Erfahrung. Eine Handvoll eigener Erfahrungen ist mehr wert als unzählige fremde Erfahrungen. Wenn man versucht ist, nur die Worte zu beschreiben anstatt des selbsterkannten Inhalts, dann verläuft man sich. Wenn man nur weise Berichte anderer wiederkäut, dann erscheint man zwar vielleicht gelehrt, doch mangelt es an wahrer Kabbalah. Die Worte sind nur eine Brücke zur dahinter verborgenen Realität. Nur wenn wir durch diese Worte Zugang zur göttlichen Selbsterkenntnis bekommen, werden die Worte lebendig. Worte sind aus sich heraus wertlos, außer sie schaffen eine Brücke zur göttlichen Wirklichkeit. Jedes Wort der Heiligen Schrift ist mit einem Feld vergleichbar, doch es wäre ein Trugschluss, sich nur mit dem Zaun der Worte zu befassen und diese sodann mit der Realität zu verwechseln. Die Zeitlose Weisheit wird zu einer toten Form, wenn der Zugang zum dahinterliegenden Prinzip verlorengeht. Dann erscheint die Lehre im Außen zwar korrekt, aber es fehlt das eigentliche Leben. Jesus ist Fleisch geworden um das Wort zu erfüllen, anstatt es zu ändern. Alle seine Aussagen bekräftigen die Gesetze des Alten Testaments und enthüllen das darin verborgene Licht der Nächstenliebe.[197] Jede Religion, die sich als christlich bezeichnet und die Gesetze des Alten Testaments als nichtig erklärt, bleibt eine Irrlehre.

Die Aufgabe des 18. Pfads liegt darin, den lebendigen ungeteilten Willensstrom hinter jeglichem Antrieb zu erkennen. Hier erwartet uns die Erfüllung der Neuen Weltordnung. Eine solche Ordnung wird weder mit körperlicher Gewalt noch mit Waffen verteidigt, sondern mit der korrekten Anwendung der schöpferischen Sprache. Im Johannesevangelium finden sich einige Hinweise zum Logos oder Wort Gottes, das die Menschwerdung Gottes und somit Christus in sich birgt.[198] Die korrekte Anwendung der Sprache versklavt oder befreit, abhängig der Seelenreife des Menschen. Seit der Sprachverwirrung von Babel sind die Worte des profanen Menschen banal und verwirrt. Gegenwärtig kann man diese Banalisierung sehr leicht beobachten. Bereits der tägliche Konsum der verzerrten Sprache in den Medien weist darauf hin, auf welcher Stufe sich der Mensch

[197] Matthäus 5, 17.
[198] Johannes 1, 1-18.

wirklich bewegt. Die Illusion des getrennten Seins wird in vielen Facetten in den Medien proklamiert, deren aktuelle Botschaften sind wie ein modernes Teufelswerk, das die Menschheit mit trügerischen Illusionen hypnotisiert. Darum ist es so lebenswichtig, unser individuelles Feld vom Unkraut zu befreien. Dieses Feld gleicht anfangs eher einem verwüsteten Kriegsschauplatz, doch mit beharrlicher Arbeit wird es wieder zum fruchtbaren Land werden, in dem der Herrscher wieder seinen Thron einnimmt. Vorerst ist es ein mühevoller Weg, der äußerste Disziplin verlangt, doch dann ist der Triumph greifbar. Symbolisch erleben wir innerlich den Heiligen Krieg, wo wir zu einem tapferen Krieger des Lichts werden. Ein solcher Krieger trägt das Schild der Liebe und den Speer der Einheit. In seine Hände sind die himmlischen Armeen und die dämonischen Legionen gegeben. Sein Mitgefühl erweckt Tote zum Leben und heilt die Gebrechen. Er ist ein Vermittler zwischen den oberen und unteren Kräften, zwischen dem Licht und der Finsternis.

PFAD 17 – DAS BEWUSSTSEIN DER VERFÜGUNG

ZAIN - SCHWERT

„Das Schwert der Unterscheidung wandelt Zwietracht in Eintracht."

Der 17. Pfad im Lebensbaum verbindet den mütterlichen Schoß von BINAH mit dem Licht der Sonne von Tiphareth. Der Name des Einfachbuchstabens ZAIN[199] bedeutet Schwert. Das Schwert ist eine Waffe, die für den Stand des Adels oder Kriegers steht. Nur der Ritter darf ein Schwert tragen. Es dient dem Angriff und der Verteidigung. Die Bibelpassagen von Jesus, die sich auf das Schwert beziehen,[200] werden oft verwendet, um Gewalttaten, Glaubenskriege, Folter, Mord und Totschlag zu rechtfertigen. Jesus war sich dessen bewusst, dass das Christus-Bewusstsein zuerst das Schwert, anstatt den erhofften Frieden, auf die Erde bringt. Das ist eine natürliche Auswirkung. Dennoch weist Christus auch darauf hin, dass jene, die zum Schwert greifen, durch das Schwert getötet werden.[201] Anfangs entzweit das Christus-Bewusstsein innerhalb der Familie, denn alle irrigen Bande und Scheinsicherheiten lösen sich auf. Nur wenn das Christus-Bewusstsein höchste Priorität hat, dann ist man auf dem richtigen Weg. Solange man irdische Bande für wichtiger hält als das höhere Selbst, verhindert man dadurch die Realisation von Christus. Nur durch das Opfer der niederen Wesensanteile an das Höhere kann man sich zum höheren Dasein erheben. Dadurch löst sich der Eigenwahn, also die falsche Identifikation mit dem Ego, auf. Dann schenkt das Christus-Bewusstsein den erhofften Frieden und die Erlösung. Hier geht es vor allem um eine innere Erfahrung, anstatt einem äußeren irdischen Frieden hinterherzulaufen. Das Schwert ist ein Symbol für die Unterscheidenskraft und der Trennung. Die große Unterscheidung begann, als Adam und Eva vom Baum der Erkenntnis aßen. Seither gibt es auch die Feindschaft mit der Schlange der Versuchung. Christus, der Messias, ist die Verkörperung der erlösenden Schlange. Der schmale Pfad, der Tiphareth und Binah verbindet, ist scharf wie eine Rasierklinge, er führt weder nach links noch nach rechts. Auf diesem Pfad sinkt die göttliche Intuition NESCHAMAH hinab und offenbart das Gesetz der allumfassenden Liebe. Binah ist die Mutter-Sphäre. Die Geburt des Kindes ist ein schmerzvoller Vorgang. Das Kind verlässt die Einheit des Mutterschoßes und betritt die Welt der Trennung. Binah ist die Mutter der Menschheit,

---

199 Hebr.: ZIN, Zain: Schwert.
200 Matthäus 10, 34.
201 Matthäus 26, 52.

sie ist auch die Sphäre des kosmischen Leids und der Trauer. Es bedarf großer Seelenstärke, um für diesen Kontakt bereit zu sein. Das individuelle Leid wird von kollektivem Leid ersetzt, gleichzeitig fühlt der Eingeweihte Verantwortung und Fürsorge für die gesamte Menschheit. Der Weg zum wahren Unterscheidungsvermögen ist mit Leid gepflastert, denn alle Lebenserfahrungen tragen den Beigeschmack von Leid. Bereits in unseren ersten Liebesbeziehungen begegnet uns der Herzschmerz. Falsche Erwartungen und Uneinsichtigkeit zählen zu den Ursachen des Leides. Im Laufe unserer Entwicklung eignen wir uns größeres Mitgefühl an, da wir durch das Leid geformt werden. Je weniger Leid ein Mensch erfahren hat, desto naiver und überheblicher ist er. Durch unsere Lebenserfahrungen lernen wir dann die Wirkungsweise der femininen und maskulinen Kräfte zu verstehen. Nur wenige Menschen haben das Potential in diesem Leben, die inneren Gesetzmäßigkeiten zu ergründen, stattdessen sind sie vom Traum der Sinne benebelt und geben der äußeren Welt die Schuld für ihr Versagen. Dies ist auch der Grund, warum sie wenig lernen und sich daher trostlos im Kreise drehen.
Jeder Mensch hat beide Wesensanteile in sich, sowohl den weiblichen als auch den männlichen Pol. Der weibliche Aspekt ist die Anima, der männliche ist Animus. Die Begegnung mit unserer inneren Frau und unserem inneren Mann verschafft Klarheit in Bezug unserer äußeren Erfahrungen. Das ist der Beginn der Heilung. Normalerweise laufen wir im Außen jenen Partnern nach, die unserer Vorstellung über unserer inneren Anima oder unserem Animus nahekommen. Oft ist die innere Vorstellung verzerrt und mit Irrtümern behaftet, weshalb uns dann die partnerschaftlichen Beziehungen Leid zufügen. Wir ziehen insbesondere jene Menschen in unser Leben, die uns ENT-TÄUSCHEN. Wie ein Magnet ziehen wir Partner an, die unseren verborgenen Schatten sichtbar werden lassen. Sobald die Intimität beginnt, werden gleichzeitig leidvolle Erfahrungen ermöglicht. Sofern diese Zwischenetappe der Integration dieser unterdrückten Wesensanteile überwunden ist, ist man frei um Liebe in der Partnerschaft fließen zu lassen. Wir können durch diesen anderen Pol erkennen, welche Aspekt der Integration wir benötigen. Wenn wir uns weiterentwickeln, wird sich auch der Partner mit uns mitentwickeln, doch sobald die Aufgabe erfüllt ist, ist auch die Beziehung erfüllt. Dann scheiden sich die Wege, um neue Erfahrungen zu ermöglichen. Manche Menschen jagen der Ansicht nach, dass es tugendhaft wäre, einen einzigen Idealpartner zu finden, mit dem man bis zum Lebensende in Liebe sein Leben teilt. Doch die Wirklichkeit sieht zumeist anders aus. Wir haben das Bild des Seelenpartners in uns, und jede Beziehung ist eine Vorbereitung auf diese Begegnung. Jeder Partner ist im Augenblick der ideale Partner, der genau jetzt seine Aufgabe mit uns erfüllt. Zu viele leben aus Angst und Unsicherheit in bereits „toten“ Beziehungen, die nach einer „Lösung“ rufen. Die Grundaufgabe ist dann Loslassen zu lernen und die Kunst des ALL-EINS sein zu zelebrieren. Nur wenn wir innerlich EINS sind und unsere weibli-

chen und männlichen Wesensanteile vereint haben, können wir in der äußeren Beziehung glücklich werden. Dann erst ist man unabhängig von der äußeren Situation und kann frei von Erwartungen und Tauschgeschäften lieben. Liebe möchte einfach GEBEN und erfreut sich daran, zu fließen. Der Liebende ist glücklich beim Lieben. Sobald wir lieben, fließt die stärkste Kraft des Universums durch uns und erfüllt unser Herz mit Liebe. Sobald wir jedoch diesen Zustand krampfhaft festhalten wollen, verfliegt die Liebe. Die Liebe weist den Weg zur Einheit in uns. Die spirituelle Partnerschaft ist eine hohe Kunst, die zuerst in uns selbst beginnt. Wer nur auf den Traumprinzen oder die Traumprinzessin hofft, die ihm das ersehnte Glück herbeizaubert, wird unweigerlich enttäuscht werden. Glück ist unabhängig von äußeren Erscheinungen, denn das Glück ist ein inneres Erlebnis. Erst wenn die maskulinen und femininen Kräfte in uns korrekt ausgerichtet sind, können unsere äußeren Lebensumstände die innere Harmonie spiegeln. Diese Ausrichtung unterscheidet sich von orthodoxen Verhaltensregeln oder den Geboten der exoterischen Religionen und Glaubensgemeinschaften. Solche Fehlinterpretationen haben durch Jahrtausende hindurch dazu geführt, dass Mann und Frau zu Sklaven ihrer Beziehungen wurden – und so geschieht es auch noch heute. Die Frau wurde unterdrückt und als Folge davon auch die Männer. Diese Tendenz wandelte sich in der heutigen Zeit. Die unterdrückte Frau erkämpfte sich mehr Macht, bis sie auf vielen Ebenen vorteilhafter bewertet wurde als der Mann. Dieses Ungleichgeweicht wird sich in den kommenden Jahren ausgleichen, damit eine harmonische Balance entstehen kann. Der Fall aus dem Garten Eden bedingt, dass wir die Trennung erleben – und dennoch haben wir die Möglichkeit, zur verlorenen Einheit zurückzufinden. Der objektive Geist des Menschen ist der maskuline Aspekt. Er hat die Fähigkeit zu beobachten, zu unterscheiden, das Eine oder das Andere zu wählen. Der weibliche Aspekt empfängt diese Impulse und folgert daraus. Beim Durchschnittsmenschen ist der weibliche Aspekt auf den niederen objektiven Geist ausgerichtet und ist somit primär für Suggestionen auf dieser Ebene empfänglich. Darum ist es für die Umwandlung von Verhaltensmustern essentiell notwendig, zuerst die Worte und Gedanken zu optimieren, um das Unterbewusstsein auf eine neue Richtung auszurichten. Alle Gedanken und Worte haben eine direkte Wirkung in unserem Leben. Die logische Konsequenz dieser Erkenntnis ist es, sich selbst zu beobachten und die mentalen Vorgänge auf das gewünschte Ziel hin zu optimieren. Damit ist die Befreiung aus der Knechtschaft ansatzweise möglich. Die wahre Freiheit kann jedoch nur dann verwirklicht werden, wenn das Unterbewusstsein von der Sklaverei gegenüber dem niederen objektiven Geist befreit wird. Nur durch die Ausrichtung auf das Höhere Selbst kann die echte Freiheit erfahren werden. Dadurch erfüllt sich die Dreifaltigkeit sogar in der Persönlichkeit. Der weibliche Part ist auf das Höhere Selbst ausgerichtet und reflektiert dem objektiven Geist die Realität des höheren Daseins. Der Kontrollzwang der Verstandesebene ist sehr tückisch, das ist das zweischneidige

Schwert, das meistens starke Wunden hinterlässt, wenn es falsch benutzt wird. Diese Wunden werden durch die Ausrichtung auf das Höhere Selbst geheilt.

In der biblischen Geschichte von Jakob und seinen Frauen Rahel und Leah wird das Prinzip der Unterscheidungskraft beschrieben. Jakob verliebte sich in Rahel, welche die niedere Braut darstellt und somit den verführerischen Glanz der irdischen Welt Malkuth.[202] Die ältere Schwester Leah ist aber die verborgene, also spirituelle Braut, welche Binah ist. Jakob ist von Rahels Jugend und Schönheit verzaubert. Diese subtile Prüfung begegnet jedem Eingeweihten des 17. Pfads. Das sind die weiblichen Pole und deren Dienerinnen, welche die zwölf Stämme Israels gebaren, also die irdische Manifestation des himmlischen Tierkreises. Jakob entwickelt sich vom Messias-Bewusstsein empor und wird der Stammvater des Heiligen Volks. Als Jakob den Segen von Isaak bekommt,[203] beginnt seine höhere Umwandlung, da er der Vater der zwölf Stämme werden soll. Hierfür wird er zur Korrektur zum Bruder seiner Mutter geschickt,[204] wo er in der Symbolik von Jahreszahlen die Grundtransformationen vollzieht. Er lernt frei zu dienen, sich zu fügen und Gottes Gebot zu befolgen. Dies ist eine harte Arbeit, die seinen Tribut verlangt. Sein Lohn ist sowohl die irdische als auch die spirituelle Braut und andere Reichtümer. Jakobs Vater Isaak ist die Verkörperung von Messias, seine Mutter Rebekka ist die Reinkarnation von Eva. Jakob selbst ist die Verkörperung von Adam, worauf mehrere symbolische Passagen in der Bibel hinweisen. Die Söhne von Rebekka und Isaak sind die Zwillingsbrüder Esau und Jakob. Esau ist der Erstgeborene und kann in manchen Aspekten als die Personifikation von Netzach angesehen werden. Jakob hingegen ist der jüngere Sohn und in diesem Fall die Personifikation von Hod. Anfangs wird Jakob als listig und schlau beschrieben, sein Zwillingsbruder Esau ist der wilde Jäger. Ihre Geschichten zeigen die Wechselwirkung der Kräfte von Netzach und Hod. Beide wandeln sich im Laufe ihrer Korrekturen und erheben sich zu einem höheren Bewusstsein. Im Gegensatz zu Jakob vereint sich Esau mit dem unreinen Volk und bringt chaotische Kräfte als Nachkommen in die Welt. Bei Jakobs Rückkehr nach Hause schenkt er seinem Bruder Esau sein ganzes Hab und Gut – Esau küsst ihn und bekundet ihm seine Liebe.[205] Vor seiner Abreise hasste ihn Esau und wollte ihn töten, da Jakob sein Erstgeburtsrecht als auch Isaaks Segen an seiner Stelle bekommen hat. Diese Begegnung bei der Rückkehr nach Hause ist die symbolische Beschreibung des transformierten Jakob, der seine Feinde durch Demut und Liebe zu Freunden wandelt. Gleichfalls veranschaulicht diese biblische Geschichte die Notwendigkeit, nach dem ersten Nachkommen (Esau) einen Ausgleich durch den zweiten Sohn (Jakob) in der Schöpfung zu schaffen.

---

[202] 1. Moses 29, 18.

[203] 1. Moses 27, 27-29.

[204] 1. Moses 28, 1-5.

[205] 1. Moses 33, 1-16.

PFAD 16 –
DAS BEWUSSTSEIN DES TRIUMPHS

VAV - NAGEL

„Das Joch des Gesetzes offenbart die innere Verbindung des Lebens."

Der 16. Pfad im Lebensbaum entspricht dem Einfachbuchstaben VAV[206] und bedeutet „Nagel" oder „Haken". Beide, Nagel und Haken, verbinden zwei Gegenstände miteinander, deshalb wird dem Buchstaben VAV auch die „Verbindung" zugewiesen. Der Nagel ist ein phallisches Symbol der Einheit mit Gott durch die Eigenschaft des Eindringens. Andererseits ist VAV auch die fruchtbare Substanz, welche für die Schöpfung erforderlich ist. Der Buchstabe VAV hat eine Affinität zum Buchstaben GIMEL, doch ist VAV eher die verbindende Qualität der Schwingung des Tons. Akasha ist in der östlichen Tradition die allgegenwärtige transzendente und ewige Quelle jeglichen Seins, also das Urprinzip hinter allen Elementen. Alles entstammt dieser allverbindenden Essenz. Akasha hat eine Beziehung zum Klang und dadurch zum Buchstaben VAV. VAV ist das Symbol für die Innere Stimme, die sich von all den anderen Stimmen unterscheidet. Das ist die leise Stimme der Stille, die sich aus dem Nichts offenbart, sie ist die Stimme Gottes, welche die Propheten der Bibel hörten. VAV ist der dritte Buchstabe im Tetragrammaton, somit entspricht er unter anderem dem Element Luft. Das Tetragrammaton birgt in sich die göttliche Familie. Der Buchstabe YOD ist der göttliche Vater (Chokmah), HEH ist die göttliche Mutter (Binah), aus der Vereinigung dieser entstammt der himmlische Sohn (Tiphareth), der dem VAV gleichkommt. Das HEH am Ende ist die göttliche Tochter oder die Braut (Malkuth). Der Pfad VAV ist ein Kanal, durch den die Vitalenergie von Chokmah zum kosmischen Gedächtnis von Chesed strömt. Das ist somit auch der höchste Verbindungspfad der männlichen Säule. Auf dem Einweihungsweg wird der Adept zur göttlichen Erfahrung von Abraham, des Stammvaters des Heiligen Volks, erhoben. Somit erlangt er Zugang zum universellen Wissen des Lebens und ist stets empfänglich für die Offenbarung Gottes. Dadurch wird er ein wahrer Offenbarer der Mysterien. Er spricht mit der gleichen Autorität wie die großen Propheten Abraham und Jesus. Es gibt viele Stimmen im Inneren, seien dies der Intellekt, die Gefühle, das Gemüt, die Triebe als auch fremde Stimmen, welche Diskussionen in unserem Inneren

---

[206] Hebr.: VV, Vav: Nagel, Haken.

führen. Die vielen Stimmen sind für den inneren Dialog verantwortlich, den die meisten mit sich führen, ob dies nun Diskussionen, Argumentationen, Streitereien, Zwiegespräch über die Verletzungen der Vergangenheit, mit den Sorgen der Zukunft oder den heftigen Auseinandersetzungen mit der Umwelt sind. Der Durchschnittsmensch ist mit innerem Lärm erfüllt, seine Innenwelt ist mit Lärm verschmutzt, und dieser Lärm zeigt sich dann auch im Außen. Je lärmender die äußere Umgebung ist, desto lauter ist es im Inneren, es gibt also einen direkten Zusammenhang zwischen dem Außen und dem Innen. Sind wir in einer geschäftigen Umgebung, so sind wir innerlich genauso beschäftigt, sind wir in einer lauten Umgebung, so ist es in uns selbst zu diesem Zeitpunkt laut. Wir könnten im Außen gegen Lärm kämpfen und versuchen, den Schall einzudämmen, doch wir werden enttäuscht werden. Egal, ob wir unseren Wohnort oder Beruf ändern, die Ruhe, nach der wir uns sehnen, kann nur dann erfolgen, wenn wir auch innerlich zur Ruhe gekommen sind, wenn es in unserem Inneren leise geworden ist. Die innere Ruhe macht uns dann empfänglich für die Stimme der Stille. Diese leise Stimme ist nur hörbar, wenn der Lärm der anderen störenden Stimmen zur Stille gekommen ist. Die Stille ist vergleichbar mit der Leere, dann können wir das Wort der Weisheit empfangen. Je mehr wir durch innere Gespräche erfüllt sind, desto weniger können wir die leise Stimme hören. Jemand, der im Außen bei jeder Gelegenheit spricht und nicht zuhören kann, hört auch im Inneren zu wenig zu. Die innere Stimme enthüllt uns ständig die Zusammenhänge des Lebens, sie kann jedoch nur wahrgenommen werden, wenn man sich zuvor geleert hat und empfänglich ist. Die Kabbalah weist uns einen Weg, wie wir für diese Stimme empfänglich werden. Die Stimme der Stille ist der Offenbarer der Mysterien, der große Weltenlehrer. Die Weisheit aller Weisen hat ihre Grundlage im inneren Meister. Der innere Meister ist identisch mit dem Prinzip, das hinter Buddha, Christus, Lao-Tse, Krishna und anderen Menschheitslehrern wirkt. Der innere Meister steht über der Persönlichkeit, dadurch ist er unabhängig von Name und Form, er ist zeitlos und unsterblich. Auf der Persönlichkeitsebene wird die Offenbarung des inneren Meisters abhängig des kulturellen, religiösen und spirituellen Hintergrunds interpretiert.

Aus diesem Grund findet man zahlreiche Ähnlichkeiten der großen Lehren. Man erkennt sie, wenn man dafür vorbereitet ist, die Botschaft hinter der oberflächlichen Erscheinung wahrzunehmen. Die metaphysischen Sinne sind Erweiterungen, also eine Verfeinerung der physischen Sinne. Der Mensch erfährt sich in der Welt durch seine Sinne, sein Sinnempfinden ermöglicht die Wahrnehmung der Welt. Die Welt, wie wir sie erleben, ist eine Welt, wie sie uns durch die Sinne vermittelt wird. Genaugenommen sind wir ein ungetrennter Teil der Welten, und unser Leben ist innerhalb dieser Welten. Durch die Verfeinerung der Sinne sind wir in der Lage, auch andere Bereiche der Welt wahrzunehmen. Wenn wir einen Baum betrachten, dann sehen wir bestimmte Formen, riechen

Düfte, hören das Rauschen der Blätter, können die Struktur fühlen usw. Gleichzeitig wäre es auch möglich, die energetische Vibration des Baums zu spüren sowie die dahinterliegende Schablone, das ist jedoch abhängig vom Fokus unserer Sinne. Unsere Wahrnehmung hat einen großen Einfluss darauf, wie wir uns und unsere Welt erfahren. Wenn unser Bewusstsein geschult ist, dann kann man sogar mangelhafte Eindrücke korrigieren und umfassender interpretieren. Wir können den Sonnenuntergang täglich sehen, und durch unser Bewusstsein wissen wir, dass die Sonne weder auf- noch untergeht. Dennoch ist die äußere Sinnestäuschung vorhanden. Genauso können wir uns von anderen Menschen getrennt erleben und dennoch durch unser Bewusstsein die Einheit allen Seins spüren – trotzdem bleibt die äußere Sinnestäuschung bestehen. Da in der deutschen Sprache Worte für höhere Sinne fehlen, so könnte man den Begriff WAHR-NEHMUNG für den nächsthöheren, also den Sechsten Sinn verwenden. Die spirituelle Wahrnehmung geschieht aus der Gedankenstille heraus, wenn die Klaviatur der Gefühle zur Ruhe gekommen ist. Erst dann nimmt man die Intuition wahr. „Intuition“ bedeutet im ursprünglichen Sinne „erwägen, betrachten“ und deutet auf die Einsicht hin. EIN-SICHT ist das Ergebnis der Wahrnehmung der verborgenen Einheit hinter allen Erscheinungen. Als Instrumente für die intuitive Wahrnehmung können die anderen Sinne dienen. So ist es durchaus möglich, dass manche Menschen die intuitive Eingebung visuell sehen, akustisch hören oder im Bauch etwas spüren. Das Instrument oder der Sinn, durch den die Intuition erfahren wird, ist jedoch nur der Kanal. Intuition ist davon abhängig, wie geschult unsere subtilen Sinne sind und wie wir diese Botschaften interpretieren können, da man ansonsten dazu neigt, in die Ebene von Aberglauben abzugleiten. Intuition bedeutet für den Kabbalisten das Erkennen der Wirklichkeit. Die Wirklichkeit ist das, was hinter der oberflächlichen Erscheinung wirkt. Der Buchstabe VAV verbindet uns mit der Wahrheit, die ein Synonym der Verbindung ist. Der Erkennende, das Erkannte und die Erkenntnis verschmelzen in der Einheit. Das kabbalistische Wissen unterscheidet sich grundlegend von universitärem Wissen, denn die exoterische Wissenschaft begnügt sich damit, beispielsweise berechnen zu können, wie groß eine Fläche oder eine Erscheinung ist. Der Kabbalist möchte den Zusammenhang, also die Verbindung einer Erscheinung zur göttlichen Wirklichkeit erfassen.

Alles im Außen steht in Verbindung zu der Realität im Innen. Doch auch das Innen wird in der Kabbalah graduell unterschieden, da es mehrere Innenwelten gibt. Die höchste Welt der Archetypen ist die Urquelle der niedersten schöpferischen Innenwelt, worauf die äußere irdische Welt als Ergebnis folgt. Intuition eröffnet uns die verborgenen Zusammenhänge dieser Welten. Die höchste Offenbarung des inneren Meisters lautet: *„Sei still, und wisse, dass ich Gott bin“*. Diese Offenbarung erinnert uns an die Wirklichkeit. Durch Erinnerung nehmen wir die Zusammenhänge wahr, denn die Sphäre Chesed ist das kosmische Gedächtnis, also die Selbsterinnerung der Schöpfung. Alles, was jemals war, vom Anbeginn der Zeit, ist in Chesed aufgezeichnet. Die Akasha-Chronik ist das Buch des Lebens, das in immaterieller Form das allumfassende Weltgedächtnis enthält. Scharlatane und Wahrsager missbrauchen die Unwissenheit ihrer Klienten und geben manchmal vor, in der Akasha-Chronik die Zukunft ihrer Klienten lesen zu können. Sie sind die größten Opfer ihres Selbstbetrugs und täuschen sich selbst mehr als ihre Klienten. Die Aufgabe liegt weniger darin, Informationen zu erkennen, sondern diese Informationen korrekt zu deuten. So wie der Mensch nach dem Bilde Gottes erschaffen ist, so kann schon diese einfache Information zu vielen Fehldeutungen führen. Darum legen kabbalistische Mysterienschulen einen wesentlichen Wert darauf, dass die Persönlichkeitsvehikel ausreichend geschult werden. Ein mangelhafter Intellekt oder eine ungeschulte Gefühlsnatur können für den Schüler ein ungeahntes Risiko darstellen, wenn er Zugang zu den Botschaften aus den inneren Welten erlangt. Die Exegese, also die Auslegung der himmlischen Botschaften, wird nur in einem begrenzten und wörtlichen Sinne stattfinden. Solange es an Unterscheidungsvermögen mangelt, wird der Schüler ein Opfer von fatalen Trugschlüssen sein. Aus der Selbsterinnerung von Chesed schöpft der Kabbalist seine Erkenntnisse und Einsichten. Das übersteigt das kleine Wissen des neugieren „Forschers“, der sehnsüchtig in die Vergangenheit blicken möchte, um zu erkennen, welche grandiosen Inkarnationen er hinter sich hat. Die Selbsterinnerung betrifft sogar das Wissen um die Schöpfung und die Natur. Die innere Stimme ist fern davon, dem Ego zu schmeicheln, vielmehr wird sie ermahnen und auf den rechten Weg hinweisen. Der innere Widersacher versperrt wie ein Hüter den Weg zum inneren Meister. Der unreife Mensch wird davon abgehalten, mit Heiligtümern zu freveln oder den inneren Tempel mit schmutzigen Füßen zu betreten. Wir werden mit dem Widersacher konfrontiert. Das ist der Wahn der Eigenheit, also der Identifikation mit dem sterblichen und getrennten ICH. Solange man in diesem Wahn gefangen ist, fehlt die echte Selbsterkenntnis. Der Gelehrte und universitäre Theologe ist zwar in den Schriften und Worten der Propheten bewandert, er kennt die Theorie, doch es mangelt ihm am eigentlichen Wesen seiner Studien, nämlich der praktischen Erkenntnis Gottes. Angelerntes und theoretisches Wissen ist nur Scheinwissen, denn es ist totes Wissen. Das lebendige Wissen wird von der inneren Stimme enthüllt, erst wenn wir für die innere Stimme empfänglich sind, werden wir in die Reihe der Kabbalisten aufgenommen, da der Kabbalist die Offenbarung der Stimme empfängt. Mittels VAV enthüllt Gott uns Sein Wesen. Die wahre Lehre der Kabbalah entstammt also dem Ewigen, deshalb sind solche Offenbarungen der Zeitlosen Weisheit, welche vor tausenden Jahren waren, auch in tausenden Jahren gültig, im Gegensatz zu den Irrlehren der exoterischen Wissenschaften, die bereits nach wenigen Jahren überholt sind. VAV ist das „*triumphierende Bewusstsein*“, das ewig ist. Dieses Bewusstsein zeigt, dass die Schöpfung stets ein siegreicher Vorgang ist. Vom

Anbeginn der Schöpfung, die mit dem Ausatmen Gottes begann, bis zu ihrem Ende, das dem Einatmen Gottes gleichkommt, ist die Schöpfung die triumphierende Selbstoffenbarung Gottes. Triumph bedeutet, dass jeder Ursache eine Wirkung folgt und jeder Wirkung eine Ursache vorausgeht. Dieses Gesetz ist stets gültig. Der Kabbalist interessiert sich demnach für die innere Ursache der äußeren Erscheinung. Dieses Wissen empfängt er durch die Intuition von einer höheren Quelle, welche die Ursache der niederen, also der irdischen Welt ist. Die Offenbarung der inneren Stimme enthüllt die allumfassende göttliche Ordnung. Der ungeschulte Verstand ist eine unbalancierte Kraft oder ein chaotischer Dämon, der am ehesten einem Zersplitterter gleichkommt. Dieser Dämon verhindert durch lautes sinnentleertes Gerede und durch Argumente den freien Empfang der Intuition. Darum ist es für den Aspiranten eine primäre Aufgabe, die inneren Dialoge zu beobachten und zum Schweigen zu bringen. Als nächstes folgt die Beruhigung der stürmischen Emotionen, schließlich bedarf es noch einer hingebungsvollen Haltung. Den Offenbarer kann man nur hören, wenn man Gott ergeben ist. Durch das aufrichtige Gebet entfalten sich die Hingabe des Herzens und die Demut der Gedanken. Viele Menschen verwechseln Gebet mit Betteln. Das Gebet erhebt den Mensch zum Thron Gottes und vereint die Polaritäten in der Einheit.

PFAD 15 – DAS BEWUSSTSEIN DER KONSTITUTION

HEH - FENSTER

„Die selbsterkennende Sicht verleiht Herrschaft über alle Welten."

Der 15. Pfad im Lebensbaum ist dem Einfachbuchstaben HEH[207] zugeordnet. Der Buchstabenname bedeutet „Fenster". Ein Fenster ermöglicht es, Licht und Luft einzulassen und ist ein wesentlicher Teil des Hauses (BETH). Gleichermaßen gibt es im Haus eine Tür (DALETH), welche die Innenwelt mit der Außenwelt verbindet. Das Fenster (HEH) bietet die Möglichkeit, dass der im Haus Anwesende Anteil an dem haben kann, was draußen, vor dem Haus, vor sich geht. Das Fenster ist eine Öffnung ähnlich einer Tür, doch dient die Tür als Übergang, um von außen nach innen oder von innen nach außen zu schreiten. Das Fenster hingegen ist der Betrachtung zuzuordnen, darum ist HEH der Funktion des Sehens zugewiesen. Die Sicht ist maßgeblich verantwortlich, wie wir die Welt erleben. Die Sicht ist mehr als nur das physische Sehen, denn auch der physisch Blinde träumt in der Nacht mittels Bildern, die er geistig sieht. Unsere Sicht ist begrenzt, denn um eine Form von der anderen zu unterscheiden, erfordert es der Begrenzung. Gleichzeitig verleiht uns die korrekte Interpretation des Gesehenen die Herrschaft über unsere Welt. Gottes Sicht ist makellos. Gott sieht in der ewigen Selbstbetrachtung die Schönheit seines Selbstausdrucks. Der inkarnierte Mensch hat ebenso Anteil an dieser Selbstbetrachtung, und so erlebt er stets die Selbstbetrachtung Gottes. Die Natur ist gleichfalls das Resultat der göttlichen Selbstbetrachtung. Gott betrachtet sich und dadurch wird die Welt in Gott offenbart. HEH ist das Prinzip des universellen Lebens hinter der Schöpfung. Die Aufgabe des Pfads HEH liegt darin, die Sicht zu schulen und das gerechte Walten der göttlichen Ordnung zu erkennen. Der Erleuchtete regiert sein Reich durch seine Sicht, hierdurch unterscheidet er sich vom Profanen, der sich selbst versklavt. So sieht der Erleuchtete Gott in Allem und Alles in Gott. Dadurch löst sich der schmerzvolle Wahn des getrennten Seins auf. Der König nimmt wieder seinen Thron in Besitz und herrscht nach dem göttlichen Gesetz. Der Mensch wird zum Herrscher seines Reichs, sobald er sich selbst und seine Position im Leben erkennt. Erst wenn die Begierden und Laster im Schmelztiegel geläutert sind, wird der Mensch zur Königswürde erhoben. Die christliche

[207] Hebr.: HH, Heh: Fenster.

Salbung bei der Taufe hat ihren Ursprung in der heiligen Salbung des Königs. Die Salbung ist wie ein Bund zwischen Gott und dem Menschen. Sie erhebt den Menschen in die Königswürde und somit zum „*konstituierenden Bewusstsein*". „Christus" ist die lateinische Version des griechischen „Christos" und bedeutet „der Gesalbte". Darum wird Jesus als König der Juden bezeichnet, da er die Salbung des Priesterkönigs empfing. Bei den biblischen Königen galt der Weiheritus der Salbung als entscheidender Akt der Königserhebung. Gleichfalls ist die Salbung ein unerlässlicher Bestandteil in kabbalistischen Riten der hohen Mysterien. Der gesalbte Regent wird für die göttliche Schau vorbereitet. Er übt wahre Herrschaft aus, frei von Zwängen oder Tyrannei. Seine Autorität gründet sich auf seine befreite Sicht. Der profane Mensch möchte seine Umgebung, seine Mitmenschen, seinen Beruf, seine Familie, seine Finanzen, seinen Partner und jede erdenkliche Situation kontrollieren. Doch solange er an seinem Eigenwillen haftet, wird er selbst davon kontrolliert und bleibt ein erbärmlicher Knecht seiner Lebensumstände.

Der Buchstabenname HEH wird mit zwei HEH geschrieben. Der erste der beiden Buchstaben deutet auf Einsicht hin und der zweite bedeutet Voraussicht. Einsicht erlangt man durch die Sicht der Einheit, wenn Subjekt und Objekt der Betrachtung zu einem Sein verschmelzen und sich die Dualität darin auflöst. Der Eingeweihte dieses Pfads ist sich gleichzeitig des Geistes im Inneren und der äußeren Welt bewusst. Er kann seinen irdischen und geistigen Aufgaben und Tätigkeiten nachgehen und gleichwohl in der Einheit mit Gott verbleiben. Der Erkennende erkennt sich im Erkannten und ist die Erkenntnis selbst. Der, der erkennt, und das, was erkannt wird, ist auch als die Erkenntnis Eins. Von dieser Erleuchtung berichten die großen Weisheitslehren. Übertragen auf den Alltag würde das für uns bedeuten: wir betrachten eine Situation unseres Lebens, daher sind wir der Betrachter, also das Subjekt. Die Situation ist das Betrachtete, also das Objekt. Sofern wir einen Zusammenhang zwischen diesen scheinbar getrennten Gegensätzen finden, erwächst daraus die Erkenntnis, und wir befinden uns in der Einheit. Fehlt uns aber dieser Zusammenhang, so sind wir in der Trennung und dadurch machtlos. Demnach kann es leicht vorkommen, dass man eine neutrale Situation als Übel bewertet. Wir werden durch das Leben herausgefordert uns ausdrücklich dem Übel zu stellen und die heilende Brücke der EIN-SICHT zu bauen. Daher entfernen uns die Glaubensinhalte jeder exoterischen Religion von Gott, denn Gott kann nur erkannt werden, indem der Mensch zur göttlichen Einheit hin erhoben wird. So mancher Esoteriker ist dem Größenwahn erlegen, sobald er davon hörte, dass der Mensch göttlich sei. Gott kann nur von Gott erfahren werden, solange aber ein Funke Eigenwahn vorhanden ist, trennt dies den Menschen von der Gotterfahrung. Die Voraussicht ist abhängig von der Wahrnehmung der göttlichen Vision. Geradeso wie die Schöpfung einen Anfang hat, hat sie eine selbsterfüllende Absicht, ein Ergebnis, wohin sie sich evolutionär entwickelt. Demnach liegt die Ursache jeder Lebenserfahrung gleichzeitig im Ergebnis selbst. So wie ein Maler die Vision eines Gemäldes zuerst in seinem Bewusstsein hat, ist dieses vorausgesehene Ergebnis gleichzeitig die Ursache für sein materielles Gemälde. Voraussicht bedeutet die Wirkung der Ursache klar einzuschätzen, und damit hat man eine prophetische Sicht. Die meisten Menschen fühlen sich vor vollendete Tatsachen gestellt, dadurch erschweren sie es sich selbst, die wesenhafte Ursache hinter ihrer gegenwärtigen Lebenssituation zu sehen. In diesem Augenblick setzen wir durch unser Sosein ständig Ursachen für die künftige Welt, wir strahlen eine Vibration aus, die sich als unsere Welt veräußert. Echtes Hellsehen enthüllt die Ursache unserer Erfahrung. Die Hellsicht kann sich sogar auf andere Daseinsebenen erstrecken, doch ist sie darum wohl kaum höher zu bewerten. Wie beim Sehen im Traum ist der richtungsweisende Faktor die Interpretation der gesehenen Symbole. Sogar unsere irdische Welt ist geprägt von Symbolen, und diese Symbole gilt es, erfassen zu lernen und gleichzeitig in einem umfangreichen Gefüge zu durchschauen. Ein törichtes Verhalten ist es, andere Situationen zu erwarten, solange man das gleiche Verhalten beibehält, also die gleiche Ursache zu wiederholen und sehnlichst auf andere Wirkungen zu warten. Im Beruf, in der Partnerschaft, in finanziellen Angelegenheiten oder in der Gesundheit kann nur dann eine Veränderung einsetzen, wenn wir uns innerlich verändern und eine neue Ursache ausstrahlen, die sodann unumstößlich eine Veränderung nach sich zieht.

HEH hat einen Bezug zum Intellekt, wie DALETH zur Emotion. Im letzten Jahrhundert gab es eine Revolution des Intellekts. Der Verstand wurde stark betont, jedoch nur bestimmte Aspekte davon, im Gegenzug wurde in der westlichen Kultur die Gefühlsebene stark vernachlässigt. Künftig erwartet uns eine notwendige Wende, damit ein Gleichgewicht dieser Pole hergestellt wird. Zu viel Intellekt kann zu einer rauen, lieblosen, sterilen kalten Welt entarten, in der die eigentlichen Werte der Menschlichkeit fehlen. Das Ungleichgewicht beginnt bereits in unserem derzeitig praktizierten Schulsystem, wo der Intellekt der Kinder überbetont wird und die Gefühle vernachlässigt werden. Kinder wissen zwar, welche die größten Flüsse sind und wie die Weltmeere heißen, doch liegt es außerhalb ihrer Fähigkeiten, ihre Gefühle bewusst in konstruktive Bahnen zu lenken. Neid, Eifersucht, Hass, Angst, Kummer und Gier plagen die meisten Menschen bis ins hohe Alter. Man kann den heutigen Menschen als einen Analphabeten der Liebe betrachten. Eine intellektuelle Schulung ist wichtig, macht jedoch nur dann einen Sinn, wenn auch unsere anderen Instrumente berücksichtigt werden. Rationales Denken schließt die Fähigkeit zur Abschätzung von Ursache und Wirkung ein. Durch den Intellekt kann man erkennen welches Mittel wirkt, um einen angestrebten Zweck zu erreichen. Man kann jedes Instrument aber auch einseitig und destruktiv verwenden. Mit Körperkraft kann man andere Menschen auf der körperlichen Ebene verletzen. Genauso kann man mit intellektueller Kraft seinen Mitmenschen auf dieser Ebene Schaden zufügen. Die destruktive Anwendung des Intellekts hat den Menschen in eine düstere Sackgasse geführt. Der Verstand ist ein gutes Werkzeug, doch ist es bedenklich, ihn auf einen Thron zu erheben. Im Lebensbaum entspricht die achte Sephirah Hod dem Verstand. Bereits diese Gegebenheit gibt uns zu denken, denn darüber existieren noch weitere sieben Sphären. Der westliche Mensch hat dem Verstand totalitäre Autorität verliehen, damit ist die Not vorprogrammiert. Dieses Ungleichgewicht schreit nach Korrektur. Die Wahrung ethischer Richtlinien ist für jedes menschliche Werkzeug, also auch für den Intellekt erforderlich. Die Aufgabe lautet, über den niederen Verstand hinauszuwachsen und weitere Fähigkeiten zu entfalten. Bevor man den Verstand überschreiten kann, ist es erforderlich, dass er mental geschult ist. Die nächste Instanz kann als multidimensionale Wahrnehmung bezeichnet werden. In diesem Bewusstsein nimmt man direkt die Wirklichkeit hinter dem äußeren Schein im Hier und Jetzt wahr. Symbolisch wird im Läuterungsprozess der raue Stein der Persönlichkeit zu einem perfekten Würfel veredelt. Der Würfel stellt die Vereinigung von Vater und Sohn dar. Das ist EBEN[208], der Stein, der aus den Wörtern für Vater[209] und Sohn[210] besteht.

Der Buchstabe HEH birgt ein besonderes Mysterium über die Zeugungskraft. Der Begriff „Genialität" entstammt der lateinischen Sprachwurzel für „Erzeuger" und hat ebenso einen Bezug zu den Genitalien, also den Zeugungsorganen. Die Energie (TETH), die in den Zeugungsorganen (NUN) schlummert, wird durch die kabbalistische Praxis emporgehoben und energetisiert dadurch jene Gehirnbereiche, welche vom Buchstaben HEH regiert werden. Dadurch entfaltet sich das spirituelle Sehzentrum und ermöglicht die höhere Wahrnehmung. Eine Vorbedingung ist, dass die Verbindung zwischen den beiden Gehirnhälften geöffnet ist und dadurch die universelle Wahrnehmung ermöglicht wird. Danach wird ein weiterer Gehirnbereich (Zirbeldrüse) aktiviert, das führt zur EINSICHT, symbolisiert durch das AllsehendeAuge.

---

208 Hebr.: ABN, Eben: Stein.
209 Hebr.: AB, Ab: Vater.
210 Hebr.: BN, Ben: Sohn.

Die 32 Strahlen rund um das Auge stellen die 32 kabbalistischen Pfade der Weisheit dar. Das sind die 32 unterschiedlichen Ausdrucksformen des EINEN Lichts. In der physischen Manifestation ist die Sonne die Quelle des Lichts. Das Licht ist für das Sehen erforderlich, für das äußere wie auch für das innere. Alles, was wir sehen, wird durch das Licht ermöglicht. Wir sehen die Formen, die das Licht annimmt, alles ist aus Licht gemacht. Die feinstofflicheren Vibrationen des Lichts sind dafür verantwortlich, dass wir in unserem Inneren sehen können. Dieses innere Licht entstammt der geistigen Sonne, deren irdischer Körper die physische Sonne in diesem Sonnensystem ist. Diese Sonne hat ihren höchsten Ausdruck in jenen Gehirnarealen, welche vom Buchstaben HEH regiert werden.

PFAD 14 –
DAS BEWUSSTSEIN DES LEUCHTENS

DALETH - TÜR

„Unermessliche Liebe strömt durch das Tor der Welt."

Der 14. Pfad im Lebensbaum entspricht dem Doppel-Buchstaben DALETH[211]. DALETH kann als Archetyp der Pforte zur Manifestation angesehen werden. Der Buchstabenname DALETH bedeutet „Tür". Eine präzisere Übersetzung ist „Eingang" oder „Durchgang". Die Tür ist eine Verbindung zwischen zwei Räumen. Man betritt durch die Tür das Innere des Hauses (BETH), DALETH verbindet die Innenwelt mit der Außenwelt. Durch dieses Tor tritt die Schöpfung in Erscheinung. DALETH verbindet als Querpfad die höchsten Sphären der rechten und linken Säule des Lebensbaums, also Chokmah mit Binah. Dieser Pfad ist das Spannungsfeld zwischen den stärksten Polen, zwischen dem Prinzip des Gebens und Nehmens, zwischen Licht und Dunkel, zwischen Mann und Frau. Chokmah ist das väterliche Urprinzip und Binah der ergänzende weibliche Aspekt, die nährende Mutter allen Seins. DALETH ist der Akt der Vereinigung, in dem die Mutter den befruchtenden Samen der Schöpfung empfängt, so wandelt sie sich von der sterilen Frau zur schwangeren Mutter. Sie ist schwanger mit den Formen der Welt und ist somit der nährende Schoß der Schöpfung. Aus diesem Schoß entspringt alles, was wir in der Welt von Namen und Formen erleben. Die Schöpfergottheiten ELOHIM[212], welche in der Genesis beschrieben werden, entsprechen Binah. Der vierpolige Name YHVH korrespondiert mit Chokmah. Die Vereinigung von Chokmah und Binah ermöglicht die Schöpfung. DALETH ist die göttliche Gebärmutter, durch welche die Schöpfung ins Sein tritt. Diese Pforte ist die Kontaktstelle zur schöpferischen Imagination. Sie ist der Durchgang, durch den die schöpferischen geistigen Bilder in das materielle Dasein kommen. DALETH kann auch als Pforte zum Göttlichen dienen. Im Gleichnis des guten Hirten aus dem Johannesevangelium wird diese Tür beschrieben: *„Ich bin die Tür, jener, der durch mich eingeht, der wird selig werden und wird ein und aus gehen und Weide finden."*[213] Im Symbol der weißen Taube sinkt die göttliche Intuition NESCHAMAH herab. In der Bibel findet die

---

211 Hebr.: DLTh, Daleth: Tür.

212 Hebr.: ALHIM, Elohim: schöpferische Gottheiten.

213 Johannes 10, 9.

Taube mehrmalig Erwähnung. Im Neuen Testament stellt die Taube den geistigen Bund der Taufe dar. Im Alten Testament ließ Noah die Taube von der Arche ausfliegen. Die Arche symbolisiert das Heiligtum, die Taube ist der Heilige Geist und das weibliche Pendant zu Gottvater. In den Psalmen findet sich eine weitere Beschreibung: *„Du Taube mit silbernen Schwingen und goldenen Flügeln.“*[214] In der Kabbalah finden sich sowohl weibliche als auch männliche Aspekte Gottes. Das höchste göttliche Prinzip steht jedoch jenseits dieser Dualität. Der Heilige Geist oder Heilige Atem ist weiblich und stellt die mächtigste und wirkungsvollste Gegenwart Gottes dar. Fünfzig Tage nach Ostern ist Pfingsten, das ist der Tag, an dem der Heilige Geist auf die Jünger von Christus ausgegossen wurde. Die christliche Pfingstfeier geht auf das jüdische *Schawuot-Fest* zurück und wird wie dieses am fünfzigsten Tag nach Ostern (christlich) bzw. Pessach (jüdisch) gefeiert. Zwischen diesen rituellen Feierlichkeiten liegen fünfzig Tage, welche auf die 50 Tore von Binah hinweisen, also 50 Korrekturen (Tikkun) um initiatorisch in die Sphäre von Binah einzutreten. Pfingsten ist in der kabbalistischen Tradition die Entsendung des Heiligen Geistes, darum auch ein Zeitpunkt, um spezielle initiatorische Riten zu zelebrieren.

Der Begriff „Heiliger Geist“ erscheint ungefähr 100 Mal im Neuen Testament der Bibel. Die wichtigsten Passagen sind, wie Maria Jesus durch den Heiligen Geist empfängt. Diese Stelle hat viel Unfrieden und Unverständnis gestiftet und wurde von der exoterischen Religion zur Proklamation törichter Scheintugenden missbraucht. Von wahrer Bedeutung ist, dass das Christus-Bewusstsein durch den Heiligen Geist empfangen wird. Das ist die jungfräuliche Geburt des höheren Bewusstseins. Die Vereinigung der göttlichen Eltern bewirkt die Geburt des göttlichen Sohns in unserem Herzen. In der Offenbarung von Johannes finden sich Parallelen, denn hier wird eine Frau erwähnt, die mit der Sonne bekleidet ist, zu deren Füßen sich der Mond befindet und die mit einem Kranz von zwölf Sternen gekrönt ist. Sie war schwanger und schrie vor Schmerz in ihren Geburtswehen. Sie gebar einen Sohn, der über alle Völker mit eisernem Zepter herrschen wird. Die Johannes-Offenbarung ist ein Meisterwerk der Kabbalah. Sie ist mit reichhaltigen, kabbalistischen Metaphern und Symbolen versehen. Ursprünglich wurde sie in Griechisch verfasst, doch haben auch die griechischen Buchstaben ihren Ursprung in den alten Buchstabensystemen des Aramäischen. Diese Urbilder drücken sich auch in der Geschichte des griechischen Alphabets. Die einzelnen griechischen Buchstaben haben wie das Hebräische eine zahlenmäßige Entsprechung und sind somit Zahlenbuchstaben. So kann man die griechischen Texte des Neuen Testaments mit einem ähnlichen zahlenproportionalen System wie das Alte Testament entschlüsseln. Die Metaphern der Bibel dürfen aber nur bis zu einem gewissen Grad konkretisiert werden, denn durch

[214] Psalm 68, 14.

die schriftliche Auseinandersetzung wird die Zeitlose Lehre verdinglicht, dadurch würden die unendlichen ewigen Prinzipien unserer Wahrnehmung verschwinden. Der Großteil der zeitlosen kabbalistischen Lehren ist unveröffentlicht – hierbei handelt es sich um die ungeschriebene und geheimste Tradition der Kabbalah. Die Kabbalah wird seit Anbeginn von Mund zu Ohr, vom Lehrer zum spirituellen Schüler weitergegeben. Diese Tradition führt in einer uralten Kette bis zu den Anfängen der Menschheitsgeschichte zurück. Die schriftliche Überlieferung, die im Laufe der Jahrtausende in Erscheinung getreten ist, hat aus kabbalistischer Sicht nur eine geringe Bedeutung. Es ist zwar bemerkenswert, wenn Teilbereiche der spirituellen Lehre schriftlich verfasst wurden, doch sind sie im Vergleich zur mündlichen Tradition der Einweihung ein belangloser Tropfen auf dem heißen Stein. Die höchsten göttlichen Mysterien bleiben ungeschrieben, ja sogar wortlos. Je kryptischer die Aussagen der Heiligen Schriften sind, desto größer ist die Wahrheit, welche sie formuliert. Je einfacher die Worte, desto harmloser ihr eigentlicher Inhalt. Die ungeschriebene Kabbalah wird durch den Heiligen Geist offenbart. Eine eindrucksvolle Beschreibung der Gaben des Heiligen Geistes findet sich im ersten Korintherbrief:

„Es gibt verschiedene Gaben, aber nur einen Geist. Es gibt verschiedene Dienste, aber nur einen Herrn. Es gibt verschiedene Kräfte, die wirken, aber nur einen Gott, der alles in allen bewirkt. Jedem aber wird die Offenbarung des Geistes geschenkt, damit sie anderen nützt. Dem Einem wird vom Geist die Gabe geschenkt, Weisheit mitzuteilen, dem andern durch den gleichen Geist die Gabe, Erkenntnis zu vermitteln, dem dritten im gleichen Geist Glaubenskraft, einem andern – immer in dem einen Geist – die Gabe, zu heilen, einem andern Wunder zu tun, einem andern Weissagungen, einem andern die Fähigkeit, die Geister zu unterscheiden, wieder einem mancherlei Sprachen, einem andern schließlich die Gabe, die Sprachen zu deuten. Das alles bewirkt ein und derselbe Geist; jedem teilt er seine besondere Gabe zu, wie er will.“[215]

Eine weitere signifikante Stelle ist im Galaterbrief: *„Die Frucht des Geistes aber ist Liebe, Freude, Friede, Geduld, Freundlichkeit, Güte, Glaube, Sanftmut, Selbstbeherrschung.“*[216]

Der 14. Pfad wird dem *„leuchtenden Bewusstsein“* zugeordnet. Die Kraft, die diesem Pfad das Leuchten verleiht, entstammt Chokmah. Chokmah ist die belebende Zeugungskraft, welche auch das Licht der Sterne ist. Die Strahlkraft der Sterne auf der materiellen Ebene ist Chokmah. In Chokmah ist der Tierkreis, somit die zwölf Stämme Israels. Im Laufe des Jahres tritt die Sonne in jedes dieser Zeichen ein. Sobald dic Sonne in einem Zeichen ist, wirkt die spezielle

215 1. Korintherbrief, 12, 4-11.
216 Galaterbrief 5, 22.

Prägung oder Vibration eines heiligen Stammes. Jeder Mensch ist die Summe dieser Stämme. Bei der physischen Geburt des Menschen herrscht eine einmalige himmlische Konstellation. Dieses Sternbild ist der Ausdruck einer inneren Konstellation der Wechselwirkung von Kräften. Abhängig der äußeren Gestirne agieren polare Kräfte im Inneren des Menschen. Der Kabbalist kann durch die Theurgie diverse destruktive Spannungsfelder harmonisieren und sein Vehikel zu einer synergetischen Ganzheit entwickeln. Die Stämme Israels sind Kraftzentren, welche den Menschen auf den archetypischen, balancierten Ausdruck der Tierkreiszeichen einstimmen. Sie sind die Schablone des transformierten Menschen, dessen Tierkreis ausgeglichen ist. Dadurch strahlen in seinen feineren Vehikeln die zwölf astrologischen Aspekte in voller Pracht. Kabbalistische Gottesnamen, welche dem Tierkreis entsprechen, verbinden mit dem Licht der zwölf Stämme und dadurch erheben sie den Menschen in eine neue Ordnung. Für den Kabbalisten stellen die Gleichnisse der Bibel die Wirkungsweisen von göttlichen Kräften dar. Wer die Bibel nur wortgetreu interpretiert, zählt zu den armseligen und unwissenden Heuchlern. Erst wenn der Heilige Geist über uns kommt, also das Licht sich auf uns ergießt, dann werden wir es aus eigener Erfahrung wissen. Einen Großteil dessen, was wir bis zu diesem Zeitpunkt gelernt haben, werden wir als nutzlos erachten. Viele Esoteriker eignen sich das Wissen aus zahlreichen spirituellen Büchern an und bilden sich dann ein, dass sie große Experten wären. Das Lehrsystem der Universitäten, das sich auf das Verwalten manch fragwürdiger theoretischer Inhalte stützt, ist für den spirituellen Weg eine sterile Sackgasse. In der Kabbalah zählen weniger die wohlklingenden Theorien als vielmehr die praktische Erfahrung. Die höchsten Mysterien sind die mündliche Tradition. Sie sind ungeeignet um lediglich theoretisch studiert zu werden. Der Schüler kann nur von einem autorisierten Lehrer auf einen Weg hingewiesen werden, wo er selbst die Lehre empfängt. Bevor jedoch ein Schüler würdig ist, wird er bis aufs äußerste ethisch erprobt und geschult, damit der letzte Schatten an Eigenwahn verschwindet. Der universitäre Theologe studiert die Bibel sowie ihre Exegese und meint, dass er nun zu den wahrhaft Wissenden zählt. Das mag stimmen, doch kennt er nur die Teilwahrheit und verfügt somit nur über Scheinwissen. Erst die Schulung und Erfahrung der Mysterientradition öffnet ihm das Tor zum Verständnis, erst dann überwindet er die Torheit. Dann wird er die Schriften lesen und dadurch zum lebendigen Licht der Weisheit jenseits der Buchstaben erhoben.

PFAD 13 – DAS BEWUSSTSEIN DER VEREINIGUNG

GIMEL - KAMEL

„Die äußere Welt reflektiert die Einheit der inneren Realität."

Der 13. Pfad im Lebensbaum verbindet die Sphären Tiphareth (göttlicher Sohn) und Kether (Höchstes Selbst) und ist folglich der längste Pfad im Lebensbaum. Dieser Pfad korrespondiert mit dem Doppel-Buchstaben GIMEL[217]. Er erlaubt die Kontinuität der Bewegung und Form. Der Buchstabenname bedeutet Kamel, also ein Wüstenschiff. Das Kamel bringt Reisende von einem Ort zum anderen und kann sowohl geritten werden als auch Lasten tragen. GIMEL entspricht dem „*vereinigenden Bewusstsein*", also der Wurzel der Einheit. Der Kabbalist strebt nach diesem Bewusstsein der Einheit allen Seins. Diese Einheit resultiert daraus, dass in Wirklichkeit alles miteinander verbunden ist. Das Gegensatzpaar von GIMEL ist Frieden und Streit. Kampf ist ein wichtiger Bestandteil des Lebens. Sogar im physischen Körper benötigen wir den Kampf. Unser Immunsystem ist fortwährend damit beschäftigt, feindliche Stoffe zu bekämpfen. Das gewährleistet uns Gesundheit und den Frieden. In der New-Age-Bewegung neigt man dazu, einen Pol für besser und entwickelter zu halten als den anderen. Beide Pole bedingen einander, denn nur durch Kampf kann Friede erfahren werden. Der Friede im Herzen ist das Ergebnis der Geburt von Christus in uns. Durch den Pfad von GIMEL wird die jungfräuliche Geburt,[218] also die *unbefleckte Empfängnis*[219], ermöglicht. GIMEL kann als ein Symbol für die Jungfräulichkeit von Maria angesehen werden. Nur aus diesem Kontext heraus ergeben die Gleichnisse der Bibel einen nachvollziehbaren Sinn. Der göttliche Sohn wird unbefleckt direkt von Kether, dem Urpunkt des Daseins, empfangen. Die Bibel beschreibt die göttliche Enthüllung in menschlicher Sprache, der oberflächliche Leser wird dort nur persönliche Schicksale vermuten. Jedoch haben die Archetypen einen kosmischen Bezug. Die jungfräuliche Geburt weist also darauf hin, dass das Höchste Selbst sich durch den göttlichen Sohn unabhängig der Vereinigung des göttlichen Vaters mit der Mutter manifestiert. Das bedeutet, dass Vater, Mutter und Sohn gleichzeitig emanieren. Die Pfade 11 (ALEPH), 12 (BETH) und 13 (GIMEL), strömen gleichzeitig aus Kether hinunter und enthüllen Vater, Mutter und Sohn.

---

[217] Hebr.: GIML, Gimel: Kamel.
[218] Matthäus 1, 18.
[219] Lat.: Immaculata Conceptio: unbefleckte Empfängnis.

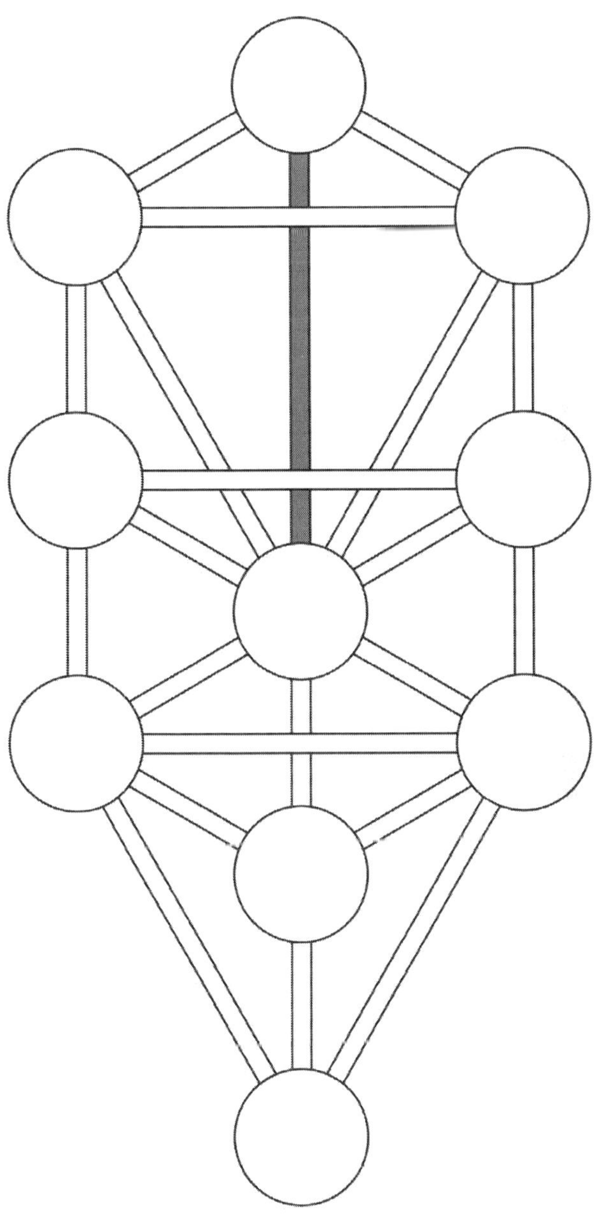

Als Emanation von Kether stellt ALEPH das kosmische Überbewusstsein dar. BETH ist das kosmische Selbstbewusstsein und GIMEL ist das kosmische Unterbewusstsein. Das Überbewusstsein ist Gott, das Selbstbewusstsein ist der Mensch, das Unterbewusstsein ist die Natur. GIMEL ist die Substanz, die alles miteinander verbindet und jungfräulich ist, stets rein und offen für Suggestionen aus der selbstbewussten Ebene. GIMEL ist ein Synonym für das Unterbewusstsein und dadurch für die Prima Materia, die Ursubstanz. Sie erfüllt jeglichen Raum, aus kabbalistischer Sicht gibt es weder Vakuum noch Leere in der Manifestation. Obwohl die heutige exoterische Wissenschaft einen Begriff wie Vakuum (leerer Raum) geprägt hat, so hat die moderne Physik und Quantenphysik dem bereits in vielen Punkten widersprochen. Mittlerweile können Wissenschaftler im Weltraum Teilchen, statische elektrische und magnetische Felder, Gravitationsfelder sowie elektromagnetische Wellen und Teilchenströme wie kosmische Strahlung und Partikel messen. In der Kabbalah wird von einer Substanz berichtet, welche die Grundlage der Materie ist, man kann sie sich am besten als mentale Substanz vorstellen. Diese Substanz ist das göttliche Wasser, das in der Genesis der Bibel beschrieben wird. ALEPH hingegen ist die göttliche Luft oder der Atem, in manchen Übersetzungen der Bibel auch der Geist. BETH ist das göttliche Feuer. Diese Ausstrahlungen von Kether ergeben gemeinsam die drei Urprinzipien der Göttlichen Dreifaltigkeit. GIMEL ist der weibliche Aspekt, allzeit empfänglich und passiv. BETH ist der maskuline Aspekt, fortwährend und aktiv. GIMEL ist somit maßgeblich dafür verantwortlich, dass die Einheit erfahrbar ist, somit gibt es eine Verbindung zur Gravitationskraft. Die Gravitation ist jene Kraft der Physik, die durch die gegenwärtige exoterische Wissenschaft am wenigsten erforscht ist. Die Wissenschaft stößt hier auf ungelöste und rätselhafte Bereiche. Die Zeitlose Weisheit hingegen ist in ihren Forschungen durch Jahrtausende hindurch wesentlich erfolgreicher gewesen und verwendete Instrumente, die der äußeren Wissenschaft weitgehend unbekannt sind. Das Ergebnis ist ein unerschöpfliches Wissen, so auch in Bezug auf die Gesetzmäßigkeiten des Kosmos als auch der Ebenen und Welten, die der äußeren Wissenschaft bisher vorenthalten sind. Die Entdeckungen der Zeitlosen Weisheit beruhen auf ewig gültigen Prinzipien. Erst wenn der Mensch die Kräfte des Geistes erkennt, kann er die Wirkungsweise der Materie verstehen. Es wird ein erleuchtetes Zeitalter folgen, wo auch die Physik und andere Wissenschaften die Gesetzmäßigkeiten der Bibel entdecken und nachvollziehen werden. Dafür sind jedoch ein höheres Verständnis sowie die geistige Entfaltung erforderlich. GIMEL ist analog dem reinen und klaren Wasser, das jede Schablone der Vorstellungkraft einnehmen kann. Die begrenzte, also formgebende Vorstellungskraft ist Binah, das ist der göttliche Kelch, in dem die Wasser des Bewusstseins Form annehmen. GIMEL ist im schöpferischen Ablauf das Kleinere Chokmah, den Chokmah ist die erste passive Sphäre in Relation zu Kether. Chokmah ist der Spiegel, in dem Gottes Antlitz reflektiert wird. Der Sohn ist untrennbar mit dem Vater vereint, also ein Spiegelbild Gottes. Darum konnten die ELOHIM den Menschen, also ADAM nur nach ihrem Ebenbild erschaffen. Die ELOHIM versinnbildlichen auch die sieben schöpferischen Kräfte, welche den sieben Doppel-Buchstaben gleichstehen. Hingegen entspricht die Permutation von YHVH den zwölf Einfachbuchstaben.

GIMEL ist eine wirbelnde spiralförmige Kraft, die in vielen Variationen in der Natur gefunden werden kann, selbst in den kleinsten Formen, wie in den Atomen und deren Teilchen. Im Sinne der Entsprechung wirkt das Gesetz der Gravitation genauso im kleinen wie im großen Universum. Die Gravitation ist eine Form der Liebeskraft. Der profane Mensch kann Liebe nur als menschliche Qualität verstehen, obgleich die gesamte Schöpfung eine Interaktion der Liebe ist. GIMEL bewahrt die kosmische Selbsterinnerung, die dafür verantwortlich ist, dass Blumen wachsen, dass es den Rhythmus der Gezeiten gibt und dass die Planeten um die Sonne kreisen. Vor allem birgt die kosmische Selbsterinnerung die Naturgesetze, denn alles, was in der Natur geschieht, ist das Walten dieser Erinnerung. Alle Heiligen Schriften, die von der Schöpfung berichten, vermögen dies nur, da ihre Autoren Zugang zur universellen Aufzeichnung, also zur Selbsterinnerung hatten. Erst wenn der Mensch die erforderlichen Korrekturen hinter sich hat, kann er in diesen Aufzeichnungen lesen. Der profane Mensch möchte nur seine Neugier befriedigen, darum bewachen die Hüter der Kabbalah die Pforten zu den Heiligtümern. Der eifrige, aber naive Schüler wünscht sich eine unverbindliche spirituelle Schulung, wo er frei von Verpflichtungen ist und für ein geringes Entgelt, vielleicht sogar unentgeltlich, die Lehren erhalten kann. Er vergisst hierbei, dass der spirituelle Weg als Voraussetzung eine ethische Wandlung bedingt. Nur wenn in unserem Herzen der Wunsch entfacht wird, Gott und der Menschheit zu dienen, werden wir jene Kräfte erlangen, welche die großen Propheten gottergeben demonstrierten. Aus diesem Grund ist eine unverbindliche Schulung der Kabbalah unvorstellbar, da der unreife Schüler die kostbaren Heiligtümer mit Füßen treten und bei erstbester Gelegenheit seine eigenen Götzenbilder anbeten würde. Die Götzenbilder sind eine sinnbildliche Definition für alle falschen Götter, denen der Mensch huldigt. Das beginnt bei Geld, Ruhm, Glamour, Luxus, Machtgier und setzt sich fort in allen materiellen, sexuellen, intellektuellen und emotionalen Abhängigkeitsverhältnissen. Den wahren Kabbalisten ist es strengstens untersagt, nur die Wissbegier von Schülern zu befriedigen. Stattdessen sind sie verpflichtet, dem Suchenden den Weg zu weisen, um den Willen Gottes und dadurch seine wahre Bestimmung zu erkennen. Aus dieser Erkenntnis resultiert das Einheitsbewusstsein, dass man Gott und der Menschheit mit ganzer Kraft und Liebe dient. Wir befinden uns an der Schwelle zu einem Neuen Zeitalter, wo wir uns gemeinsam zur Bruderschaft der Menschheit entfalten.

PFAD 12 – DAS BEWUSSTSEIN DER TRANSPARENZ

BETH - HAUS

„Die Wohnstätte des Heiligen Geistes ist im Zentrum der Welt.“

Der 12. Pfad im Lebensbaum stimmt mit dem Doppel-Buchstaben BETH[220] überein. Er verbindet den Urwillen (Kether) mit dem weiblichen Schoß der Schöpfung (Binah), und hier findet die erste Konkretisierung statt. Der Buchstabenname BETH bedeutet Haus, Zelt oder Behausung. Das Haus ist der Wohnort, also Körper des Menschen in der Welt der Dualität. Das Haus bietet Schutz und Obdach. Aus höherer Perspektive betrachtet ist das Haus ein Gefäß für das spirituelle Licht. BETH ist ein Symbol für das Gebäude des Heiligtums, des Tempels und der Arche, ebenso ein Symbol für das Selbstbewusstsein des Menschen. Der Mensch steht zwischen Gott und der Schöpfung, er ist der Vermittler zwischen Himmel und Erde, zwischen Geist und Materie. ADAM, als Symbol des Menschen, ist das Gefäß, welches das Licht empfängt. Durch die Kraft der Aufmerksamkeit gibt der Mensch die Richtung für die Form an. Die Form wird aus der Substanz von GIMEL gebildet. Welche Form in Erscheinung tritt, entscheidet der Fokus der Aufmerksamkeit. Dann kondensiert das innere Bild zur äußeren Welt, demnach ist die irdische Welt kondensierte Geistkraft. Sie erscheint uns auf Grund der Sinneswahrnehmung stabil und fest, dennoch ist sie pure Energie. Die Sinne sind auf ein Schwingungsspektrum eingestellt, damit die irdische Welt als fest erfahrbar ist. Würde sich dieses Spektrum ändern, dann ändert sich automatisch die Wahrnehmung der materiellen Welt. Wenn man träumt, dann erscheinen zumeist die Gegenstände als fest und beständig, obwohl sie „nur“ aus geistigem Material bestehen. Gleichermaßen verhält es sich mit der gegenständlichen Welt. Die Genesis beschreibt, wie die Elohim am sechsten Tag ADAM erschufen. Das ist eine Schöpfung, die noch in einer höheren Dimension ist, in den höchsten Welten. ADAM ist das Symbol für die Menschheit. In den Generationen, welche in der Bibel beschrieben werden, sinkt der Mensch hinab bis in diese irdische Welt. Der Mensch, den wir heute auf dem Planeten Erde als Menschen bezeichnen, ist noch weit von der Vollendung des Menschseins entfernt. Er hat knapp mehr als die Hälfte der Evolution hinter sich gebracht und befindet sich auf einer Zwischenstufe. Zuerst hat er sich vom Geistigen zum

---

220 Hebr.: BITh, Beth: Haus.

Materiellen verdichtet, nun entwickelt er sich vom Materiellen zur Einheit des Geistigen empor, allerdings mit der Kenntnis der irdischen Trennung. Adam, den die Elohim erschufen, war nicht der irdische Mensch, sondern feinstofflich, da er auch in einer feinstofflichen Welt lebte. Genauso verhält es sich mit der Erde, die in der Schöpfungsgeschichte erwähnt wird. Diese ist genauso wenig die heutige irdische Erde, wie wir sie kennen, sondern die feinstoffliche Erde auf der Stufe einer höheren Vibration. Demnach berichten die ersten Kapitel der Genesis über die höheren Welten, also von der graduellen Verdichtung des Geistes.
Der Begriff „Selbstbewusstsein" wird im alltäglichen Sprachgebrauch oft fehlgedeutet und für selbstsicheres oder souveränes Auftreten verwendet. Die Mysterien meinen jedoch die exakte Wortbedeutung, nämlich sich seiner SELBST BEWUSST zu SEIN. Dieses Bewusstsein unterscheidet von der Identifikation mit der herkömmlichen Persönlichkeit, es ist eine höhere Instanz. Das Selbstbewusstsein ist das Prinzip, das die Persönlichkeit als Werkzeug zur Selbsterfahrung nutzt. Der profane Mensch vertritt die Ansicht, dass er der Intellekt, die Gefühle oder der Körper sei. Da er sich mit dem Instrument identifiziert, ist er in seinen Möglichkeiten beschränkt und gebunden und macht sich zu einem Opfer der Lebensumstände. Die Identifikation mit der Erscheinung verhindert die Erkenntnis des wahren Selbst, das die eigentliche Ursache ist. Die Persönlichkeit ist das Gefährt, analog einem Fahrzeug. Unser Wagen kann funktionstüchtig, gewaschen oder ungewaschen sein, rosten, mit einem starken oder schwachen Motor ausgestattet sein, jede erdenkliche Farbe haben, er kann groß oder klein sein. Analog dazu gibt es auch grundverschiedene Facetten von Persönlichkeiten. Hinter der Maske der Persönlichkeit ist der wahre Mensch, von diesem Menschen sprechen die Heiligen Schriften und Meister, wenn sie MENSCH meinen. Dieser Mensch ist im Bild und Gleichnis Gottes erschaffen. Er ist gottgleich. Das ist die Individualität, die unsterblich und infolgedessen unvergänglich ist, sie thront im Zentrum des Herzens. Das ist ADAM, der sich von der höchsten archetypischen Welt bis in die tiefste materielle Welt hinein verdichtet. Nun hat das Pendel den tiefsten Punkt der Materie überschritten und bewegt sich hinauf zum Geistigen. Dann bekommt die Menschheit wieder Zugang zu den inneren Welten und Vorgängen. Die grobstoffliche Welt als solche wird dann verschwinden. Der einzige Sinn dieses irdischen Planeten ist, dass der Mensch hier die Evolution und Transformation seiner Vehikel erlebt. Umweltkatastrophen, Umweltverschmutzung, „Naturkatastrophen" alles, was hier auf der Erde geschieht, steht unmittelbar in Beziehung zum Menschen. Genauso stehen die Planeten in Wechselbeziehung zum Menschen, die Schöpfergottheiten ELOHIM kommen den sieben planetaren Kräften der Antike gleich. Die Kabbalah kennt die Namen und den Herrschaftsbereich dieser planetaren Wesen, und so kann sich der Kabbalist auf diese kosmischen Kräfte einstimmen. Die Planetenwesen sind eine höhere Evolution des Menschen. So wie

die Zellen in unserem Körper eine niedrigere Evolutionsstufe haben als der Mensch, so hat der auf der Erde inkarnierte Mensch eine niedrigere Evolutionsstufe als die Sonne. Menschen aus einer höheren Evolutionswelle kommen auf diesen Planeten, um die Menschheit bei ihrer Entwicklung zu unterstützen. Christus und Buddha waren wesentlich weiter in ihrer Entwicklung fortgeschritten als die heutige Menschheit auf der Erde. Solche Meister gehen ein Opfer ein und inkarnieren in Fleisch und Blut in einem Umfeld, das im Verhältnis zu ihrer individuellen Bewusstseinsentfaltung recht primitiv ist. Das kollektive Unterbewusstsein der Menschheit auf der Erde ist von der Illusion der Trennung durchflutet. Die Fleischwerdung dieser Meister bringt Licht in das kollektive Bewusstsein und setzt den Impuls der universellen Bruderschaft der Menschheit. Um diese Meister scharen sich eine Handvoll empfangsbereiter Menschen, in deren Unterbewusstsein die Saat der Zeitlosen Weisheit gepflanzt wird. In vielen Kulturen gibt es Überlieferung von solchen Meistern, so zum Beispiel bei den Ägyptern, bei den Christen, Buddhisten, Hinduisten, Maya, Griechen, Persern usw. Sie kamen hierher, um ihren Auftrag, den sie vom Solarlogos erhielten, auszuführen. Die Meister des Mitgefühls kommen im Auftrag des hingebungsvollen Dienens. Die offenbarte Lehre wird u.a. abhängig der Kultur, Nation, Sprache, Entwicklung und Karma vermittelt. Die Zeitlose Weisheit kann nur jene Früchte hervorbringen, die dem Umfeld entsprechen. Auf diese Weise wurde die gleiche Lehre des Sonnenbewusstseins in Ägypten mit Osiris verbunden, in Indien mit Krishna, in Israel mit Christus, in Persien mit Mithra und in Griechenland mit Helios. Die Menschheit hier auf der Erde benötigt die Unterstützung von höher entwickelten Menschen, damit sie sich in die nächste Evolutionsstufe entfalten kann.
Solche Evolutionsphasen dauern wesentlich länger als die exoterische Wissenschaft ahnt, denn ihre Instrumente und Methoden sind auf die äußere Erscheinung und Persönlichkeit begrenzt. Wenn man nur das Vergängliche oder die Welt der Erscheinungen erforscht, dann artet dies zu einer Scheinwissenschaft aus. Das Studienobjekt der Zeitlosen Weisheit ist das Unvergängliche. Sobald der physische Tod eintritt, löst sich auch die äußere Erscheinung auf und die niederen Persönlichkeitsbereiche zerfallen, sie werden Sammelgut für neue Strukturen, doch der Mensch dahinter bleibt bestehen. Dem Doppel-Buchstaben BETH ist das Gegensatzpaar „Tod und Leben" zugeordnet. Die meisten Menschen erleben die Welt in einem Todesprozess und glauben, dass sie zu den Lebendigen zählen würden. Im Gegensatz dazu sieht der Erwachte, dass das, was der Durchschnittsmensch für sein Leben hält eher dem Tod gleichkommt. Solange die Identifikation auf der Persönlichkeitsebene zentriert ist, sind alle Abläufe automatische Reaktionen aus dem Unterbewusstsein. Erst wenn man zu Bewusstsein gekommen ist, beginnt das wahre Leben. Davor schläft das Bewusstsein, vergleichbar der Traumebene. Der Unerwachte ist in einem Traumzustand und versucht die Gesetzmäßigkeiten des Traums zu entschlüsseln.

Sobald er aus dem Traum erwacht, treten neue Gesetzmäßigkeiten in Kraft. Er erlangt von einer höheren Bewusstseinsebene aus unweigerlich Herrschaft über den Traum. Die Traumebene ist die endliche, vergängliche Illusion, welche die indischen Weisen mit „MAYA" bezeichnen. Wir können versuchen, die physikalischen Gesetze des Traums zu analysieren, z.B. wie schwer, hoch, dicht oder schnell die Gegenstände in der Traumsituation sind. Diese „Erkenntnisse" versehen wir dann mit schwer verständlichen naturwissenschaftlichen Termini. Für den aus dem Schlaf Erwachten ist eine derlei naive Vorgehensweise extrem lächerlich. Effektiver ist es, die Symbole des Traums richtig deuten zu lernen und ihre wesentliche Beziehung zu uns herzustellen. Der Kabbalist forscht nach der Ursache der Erscheinung und erkennt dadurch die ursprünglichen Gesetzmäßigkeiten hinter den Geschehnissen. Das Selbstbewusstsein des erwachten Meisters ist das Überbewusstsein des unerwachten Menschen. Folglich ist das Unterbewusstsein des erwachten Meisters das Selbstbewusstsein des unerwachten Menschen. Die Evolution verlagert das Selbstbewusstsein des Menschen graduell nach oben, das was in der Entwicklung unter ihm ist, wird zu seinem Unterbewusstsein. Alles was über ihm ist, ist sein Überbewusstsein. Der religiöse Fanatiker ist genauso weit von der Gotterfahrung entfernt wie der exoterische Wissenschaftler, da sich beide nur mit der Erscheinungswelt beschäftigen und sich mit der Persönlichkeit identifizieren. Erst wenn das höhere Selbstbewusstsein erfahren wird, erwacht man aus dem Traum. Der religiöse Fanatiker ist versucht Gott an eine Form zu binden und bekämpft alles, was dieser Form entgegengestellt scheint. Das sind diabolische „Religionen", die dem Götzendienst huldigen. Als Moses auf dem Heiligen Berg die Zehn Gebote empfing, wie Gott zu lobpreisen sei, war das Volk ungeduldig und zwang seinen Stellvertreter Aaron, ihnen zu gestatten, ein Bildnis Gottes anzufertigen, das sie anbeten konnten. Das war die falsche Methode, Gott zu lobpreisen. Deswegen war Moses auf das Äußerste erzürnt, als er bei seiner Rückkehr feststellte, dass sein Volk dem Götzendienst verfallen war. Es gab die strengsten Sanktionen. Todesstrafe und Pein folgten für dieses Vergehen, denn Götzendienst zieht den Tod nach sich und erniedrigt das Bewusstsein zur niederen Ebene der Sterblichkeit. Alle Scheinreligionen, die einen persönlichen Gott anbeten, trennen sich durch diesen Götzendienst von Gott. Die Folge davon sind blutige Kriege und alle Formen von Gräueltaten. Die Mysterientradition war und ist jedoch schon seit Jahrtausenden im Verborgenen tätig und bewahrte die kleine und doch so mächtige Flamme der Zeitlosen Weisheit. Sie wird von jenen Meistern beaufsichtigt, welche die großen Lehren stifteten. Ihr Ziel ist die Erhebung der gesamten Menschheit, sie setzen Impulse der Einheit, Freiheit, Heilung, Weisheit und Liebe in das kollektive Massenbewusstsein und arbeiten beharrlich an der Transformation. Die erwachten Adepten der Mysterientradition sind die unsichtbaren Regenten dieser Welt. So wird der Mensch ein bewusster und durchlässiger Kanal für den Urwillen zum Guten.

PFAD 11 –
DAS BEWUSSTSEIN DES STRAHLENS

ALEPH - OCHSE

„Das höchste Licht des Geistes verkörpert sich in der niedersten Erscheinung.“

Der 11. Pfad im Lebensbaum verbindet die höchsten Sphären Kether und Chokmah und entspricht dem ersten Buchstaben des Flammenalphabets. ALEPH[221] ist ein Mutterbuchstabe und bedeutet Ochse. Der Ochse wurde in der Landwirtschaft eingesetzt, um die Erde (weiblich) zu pflügen (männlich) und dadurch bebaubar zu machen. ALEPH ist die Synthese aller Gegensätze, als Symbol für Aleph gilt auch die Swastika oder das Fylfot-Kreuz. Während der Zeit des Dritten Reichs, der Zeit des Nationalsozialismus, wurde die Swastika spiegelverkehrt verwendet und auf diese Weise pervertiert. Der Nationalsozialismus folgte diesem Symbol als Personenkult und totalitäre Diktatur. Man kann dies als ernstes Mahnmal dafür sehen, was geschieht, wenn okkulte Symbole von unreifen und profanen Menschen für eigennützige Zwecke missbraucht werden. Das Dritte Reich ist so gesehen der satanische Ausdruck der Swastika. Das Symbol wurde so stark in das kollektive Massenbewusstsein verankert, dass es heute noch gefährlich ist, es in unserem Kulturraum zu verwenden. Die Swastika als unverändertes Ursymbol stellt den ersten Wirbel und den schöpferischen Atem dar.

ALEPH ist der geistige Hauch, der sich mit der Robe des Lebens kleidet, um in die Welt von Namen und Formen hinabzusteigen. ALEPH ist der Schnittpunkt zwischen dem Nichts und dem Etwas. ALEPH ist das göttliche Ausatmen, aus dem diese Schöpfung resultiert, doch es gab bereits davor schon unzählige Schöpfungen und auch danach werden noch weitere folgen. ALEPH ist der Geist hinter der Zentralsonne des allumfassenden Lichts. ALEPH ist der Anfang so wie TAV das Ende ist, beide sind sie EINS. Sie sind das hebräische Äquivalent zum griechischen ALPHA und OMEGA und bilden die Schlüssel des Universums. Sie sind ein Gleichnis für das Allumfassende, und in der Offenbarung von Johannes sind sie ein Sinnbild für

[221] Hebr.: ALP, Aleph: Ochse.

den erhöhten Christus. In Jesaja wird Gott als „Erster und Letzter“[222] beschrieben. Christus ist mit dem Vater (Gott) vereint und darum umschließt Christus die gesamte Wirklichkeit, worüber er auch vollkommene Macht hat. Alles, was in Erscheinung tritt, ist das Ergebnis der reinen Absicht des Urwillens von Kether. Im Anfang war es der Wille Gottes, sein Licht zu offenbaren. So gestattet Gott einem Teil von Sich, als Viele und Vieles in Erscheinung zu treten. So gibt es noch das Unoffenbarte. Das dunkle ALEPH kann man als das Unoffenbarte (Nicht-Sein) ansehen, das helle ALEPH ist das in Erscheinung getretene grenzenlose Sein. Der Urwille ist der uranfängliche kleine Punkt im Zentrum des grenzenlosen Raums. Der Atem von ALEPH erfüllt und belebt diesen endlos lichten Raum. Der Begriff „Raum“ ist für viele Menschen so selbstverständlich, dass sie ihn als gegeben annehmen, nur die Wenigsten hinterfragen ihn. „Raum“ ist im Geist Gottes und daher mit mentaler Substanz erfüllt. Die Mentalsubstanz ist das Astrallicht demzufolge identisch mit der Prima Materia (Erste Materie). In Latein haben MATERIA (Materie) und MATER (Mutter) die gleiche Sprachwurzel. Die Materialisation der Welt beginnt bei der Großen Mutter. Darum betonen die Kabbalisten, dass es erforderlich ist, eine gute Beziehung zur irdischen Mutter herzustellen. Disharmonien in diesem Bereich weisen auf Ungereimtheiten in der Materie hin. Die Mystik, die hinter dem Pfad von ALEPH verborgen ist, bleibt ewig grenzenlos, daher ist es unmöglich, sie mit begrenzten Worten zu definieren. ALEPH ist der schöpferische Atem, der Odem oder das Urprinzip der Luft. Der Lebensatem ist das Prana der östlichen Lehre, das alles beseelt. Es gibt noch weitere unterschiedliche Ausdrucksformen dieses Atems.

Der Lebensbaum veranschaulicht, wie sich die Urprinzipien manifestieren. ALEPH ist die mittlere Säule der Luft, MEM ist die linke weibliche Säule des Wassers, SCHIN ist die rechte männliche Säule des Feuers. Jeder Buchstabe hat mehrere Korrespondenzen im Lebensbaum. Es wäre einseitig, nur den jeweiligen Pfad dem Buchstaben zuzuordnen. Zahlenmäßig wäre es auch korrekt, die ersten zehn Buchstaben den zehn Sephiroth zuzuweisen, also ist ALEPH auch die Zahl 1 und somit Kether. In Kether ist die Ursache des ganzen Baums enthalten, alle Möglichkeiten sind als Potential präsent. In jeder Sephirah enthüllt sich ein Grundaspekt der Urabsicht, so ist bereits das Ziel, also die Vollendung vorherbestimmt, Anfang und Ende sind Eins im Geist Gottes. Durch die graduelle Verzögerung der Materie macht es den Eindruck, dass es eine zeitlich lineare Folge von Ereignissen gäbe. Dies ist allerdings nur der Schein. Die Ursache ist allpräsent, so wie ein Same die Frucht in sich trägt. Alles, was der Mensch heute tut, ist davon geprägt, dass das Ergebnis als Absicht vorhanden ist. Das betrifft sowohl die vergangene als auch jetzige Inkarnation. Durch den

[222] Jesaja 44, 6.

überbewussten Impuls wählt der Mensch scheinbar einen Weg innerhalb der vorgegebenen Möglichkeiten. Egal ob er sich nach rechts oder nach links wendet, er schreitet innerhalb eines größeren Plans. Der Weg ist das Ergebnis des Urwillens von Kether, sogar die Erfahrungen und Erkenntnisse sind in dieser Phase bereits vordefiniert, wenn man dies aus einer höheren Ebene betrachtet. Das Überbewusstsein ist über der selbstbewussten Wahrnehmung folglich frei von räumlichen und zeitlichen Schranken. Ab der Stufe des Überbewusstseins ist es möglich, die Kraft und den Fluss der Liebe frei und ungehemmt fließen zu lassen. Die Tendenz, eine bestimmte Erfahrung zu machen, ist durch den Samenimpuls, den wir vor der Inkarnation bekommen, gegeben. Einer möchte Musiker werden, der andere Geschäftsführer oder Lehrer. Die Grundthemen in den Lebenserfahrungen sind ähnlich, doch erscheinen sie oberflächlich gesehen grundverschieden. Die inneren Impulse geben die Richtung an, wohin wir uns entwickeln und welche Menschen darauf Resonanz haben werden. Durch die Affinität können wir karmisches Gleichgewicht herstellen. Manche wünschen sich, in einem wohlhabenden oder prominenten Umfeld zu inkarnieren, doch für das Überbewusstsein sind solche Erscheinungen irrelevant. Es geht vorwiegend um das optimale Umfeld, um die erforderlichen Erfahrungen zu machen. Der Arme hat andere Aufgaben als der Reiche. Zu beachten ist, dass der materielle Besitz unabhängig von der spirituellen Entwicklung des Menschen ist. Es geht um die Einstellung zur Materie. Der Heilige wird durch seine Einstellung Materie heiligen. Der Profane wird die gleiche Materie profanieren. ALEPH ist der Beginn der spirituellen Reise, hier wird der Rucksack mit den Impulsen der Erfahrungen gepackt, bevor die Reise den Lebensbaum hinab losgeht. Alles, was war, ist und sein wird, ist im Grenzenlosen Sein gegenwärtig. Sobald der Mensch in die Welt der Namen und Formen gekommen ist, tritt er die Reise der Rückkehr an, jede einzelne Station hinauf bis zur Krone der Schöpfung. Die Bestimmung der Menschheit ist, dass sie zum Überbewussten erhoben wird. Vor uns haben Menschen den Weg zur Krone beschritten, wie zum Beispiel der Prophet Henoch. Sie haben uns den Weg geebnet und das Licht ihrer Liebe weist allen kommenden Seelen den Weg bis zu den höchsten Welten Gottes.

NACHWORT

Die kleinste Zelle des Körpers ist mit dem gesamten Körper verbunden. Gleichermaßen ist der einzelne Mensch mit der gesamten Menschheit verbunden. Menschen jeder Nation, Konfession, ethnischen Gruppe, Sprache und Kultur sind eine Zelle im großen Körper der Menschheit. Gemeinsam bilden wir die universelle Bruderschaft der Menschheit. Gemeinsam sind wir im gleichen Boot und teilen den gleichen Weg. Die Krisen dieser Welt sind Krisen in unserem Bewusstsein. Deshalb gibt es nur einen erfolgreichen Weg: indem wir uns verändern, verändern wir die gesamte Welt.

JAHRE VERGINGEN UND DIE KNECHTSCHAFT WURDE GRÖßER.

JAHRE VERGINGEN UND DIE KRANKHEIT VERMEHRTE SICH.

JAHRE VERGINGEN UND DIE ARMUT ERWEITERTE SICH.

JAHRE VERGINGEN UND DER HASS NAHM ZU.

JAHRE VERGINGEN UND DIE TORHEIT STEIGERTE SICH.

JAHRE VERGINGEN UND WIR VERGAßEN, DASS WIR EINE GEMEINSAME VISION VERFOLGEN.

WIR KÖNNEN ERST ZUFRIEDEN SEIN, WENN SICH UNSERE GESCHWISTER GEGENSEITIG UNTERSTÜTZEN UND SICH DIE HELFENDE HAND REICHEN, ANSTATT SICH MIT WAFFEN ZU TÖTEN.

WIR KÖNNEN ERST ZUFRIEDEN SEIN, WENN UNSERE GESCHWISTER IN EINEM BERUF ARBEITEN, DER IHRE BERUFUNG IST, ANSTATT BEZAHLTE SKLAVEN ZU SEIN.

WIR KÖNNEN ERST ZUFRIEDEN SEIN, WENN UNSERE GESCHWISTER GEHEILT WERDEN, ANSTATT NUR IHRE ÄUßEREN KRANKHEITSSYMPTOME ZU BETÄUBEN.

WIR KÖNNEN ERST ZUFRIEDEN SEIN, WENN UNSERE GESCHWISTER DAS EWIGE WISSEN ÜBER DAS LEBEN LERNEN, ANSTATT IN DEN SCHULEN MIT VERGÄNGLICHEM SCHEINWISSEN VERBLENDET ZU WERDEN.

WIR KÖNNEN ERST ZUFRIEDEN SEIN, WENN UNSERE GESCHWISTER IN EINEM WÜRDIGEN UMFELD LEBEN, ANSTATT DIE NATUR ZU SCHÄNDEN.

WIR KÖNNEN ERST ZUFRIEDEN SEIN, WENN UNSERE GESCHWISTER AN DER FÜLLE DES WOHLSTANDS TEILHABEN, ANSTATT IM MANGEL ZU VERHUNGERN.

WIR KÖNNEN ERST ZUFRIEDEN SEIN, WENN UNSERE GESCHWISTER DIE GESETZE DES LEBENS ERKENNEN, ANSTATT IN IRGENDWELCHEN GEFÄNGNISSEN EINGESPERRT ZU SEIN.

WIR KÖNNEN ERST ZUFRIEDEN SEIN, WENN UNSERE GESCHWISTER GOTT NACH IHRER ÜBERZEUGUNG LOBPREISEN DÜRFEN, ANSTATT VON RELIGIÖSEN FANATIKERN VERFOLGT ZU WERDEN.

WIR KÖNNEN ERST ZUFRIEDEN SEIN, WENN UNSERE GESCHWISTER SOZIALE VERANTWORTUNG FÜR SICH UND IHRE MITMENSCHEN ÜBERNEHMEN, ANSTATT ARGLISTIG ANDERE AUSZUBEUTEN.

WIR KÖNNEN ERST ZUFRIEDEN SEIN, WENN UNSERE GESCHWISTER DIE BEDÜRFNISSE DER GESAMTEN MENSCHHEIT IN IHREM HERZEN FÜHLEN, ANSTATT NUR IHRE EIGENNÜTZIGEN BEGIERDEN ZU SPÜREN.

WIR KÖNNEN ERST ZUFRIEDEN SEIN, WENN UNSERE GESCHWISTER IN DER GROßEN FAMILIE DER MENSCHHEIT LEBEN, ANSTATT ISOLIERT FÜR SICH ALLEIN.

NUN IST GENUG ZEIT VERGANGEN, JETZT LIEGT ES AN UNS, DIE PROPHEZEIUNG DER NEUEN WELTORDNUNG GEMEINSAM ZU VERWIRKLICHEN.

Der Autor Elias Rubenstein

Elias Rubenstein ist Vorstand von AOR-Hermetische Gesellschaft. Er ist zeitgemäßer Philosoph, Visionär, Theologe und ein Eingeweihter der Mysterien der Gnostik. Elias Rubenstein zählt zu den Lehrern der Hermetik als auch Kabbalah und bewahrt die Sukzession des „Ordre des Chevelier Maçons Élus Cohen de L'Univers" und des Rosenkreuzer Ordens. Er hält regelmäßig international Vorträge und Veranstaltungen.

Siegel A.O.R.-Großmeister

Weitere Bücher von Elias Rubenstein:

Magie - Das Vermächtnis der Rosenkreuzer (Verlag Bohmeier)

Die Zehn Gebote der Liebe – Die Weisheit der Bibel für eine erfüllende Partnerschaft (Gold Verlag)

Denn sie wissen nicht was sie tun – Die Gesellschaft im Kreuzverhör (Gold Verlag)

Die Ethik der Väter - Pirkey Avot (Gold Verlag)

Wenn Sie Fragen zum Inhalt dieses Buchs haben, dann können Sie den Autor über die Webseite zu diesem Buch kontaktieren:

Webseite: www.elias-rubenstein.com

Facebook: www.facebook.com/rubenstein.elias

AOR – Hermetische Gesellschaft

AOR-Hermetische Gesellschaft ist eine traditionelle Mysterienschule, welche die ewig-gültigen göttlichen Lehren unterrichtet und bewahrt. Sie bietet sowohl Frauen wie auch Männern die Möglichkeit, einen praktischen und gesellschaftstauglichen spirituellen Lebensweg zu beschreiten, um das verborgene göttliche Potential, welches durch die Kabbalah und die Hermetik überliefert ist, zu entfalten.

Webseite: www.aor-hermetik.com

Facebook: www.facebook.com/aor.hermetik

Kostenloser Hermetik-Newsletter:

www.aor-hermetik.com/newsletter.html

Das Licht, das vom Lebensbaum hinabströmt,

breitet sich auf dich aus!

Danksagung

Jedes Buch ist das Werk vieler Beteiligter, die aktiv an der Verwirklichung mitwirkten. Besonderen Dank möchte ich Aron ben Ain und Olaf Feierfeil aussprechen, die mit großem Zeitaufwand meine Vorträge und Aufzeichnungen zu einem lesbaren und verständlichen Gesamtbild mitgestalteten. Ein großes Dankeschön auch an Lisa Schamschula, welche die Illustrationen dieses Buchs kreierte. Ebenso möchte ich mich bei Ulrike Haring und Bobby Djadid bedanken, die mich besonders engagiert bei der Öffentlichkeitsarbeit unterstützten. Größte Anerkennung verdient mein Freund Daniel Wagner, der in der Bewahrung und Schulung der westlichen Mysterientradition der Neuzeit maßgeblich mitgewirkt hat. Desgleichen bedanke ich mich bei meiner Savanah Katze Sheila, die die meiste Zeit auf meinem Schoß schnurrte, während ich dieses Buch am Computer tippen durfte. Aufrichtigen Dank möchte Monika Djadid aussprechen, die mir seit Jahren tatkräftig beim Lehren der hermetischen Kabbalah assistiert.

Zum Abschluss danke ich jenen Eingeweihten, die an der Kabbalah-Vortragsreihe, die Grundgerüst dieses Buchs war, teilgenommen haben und dadurch diese Instruktionen ermöglichten.

Weitere Bücher aus dem Bohmeier Verlag von Elias Rubenstein:

Magie - Das Vermächtnis der Rosenkreuzer

ISBN 978-3-89094-636-8, 208 Seiten, Softcover, Format DIN-A5

Dieses Buch bietet einen völlig neuen Zugang zur Magie. Auf dem sicheren Fundament der alten Mysterienschulen nimmt es von falschen und überkommenen Vorstellungen über Magie Abstand. Erstmalig überträgt es das immer

noch gültige Wissen in das Wassermannzeitalter.
Es ist wohl das erste Buch, das die gängigen Fragen der Magie beantwortet und einen sicheren Weg zur wahren Magie aufzeigt – als kontinuierlicher Prozeß der eigenen Entwicklung hin zum höheren Selbst.
Elias Rubenstein ist ein spiritueller Autor und amtierender Großmeister des Alten Ordens der Rosenkreuzer (A.O.R.). Er ist ein Eingeweihter der hohen Mysterien und zählt zu den großen Lehrern der Kabbalah, Alchemie, Tarot, Hermetik, Theurgie und Gnostik.

Aus dem Inhaltsverzeichnis:

Die ethische Schulung
Die große Prüfung „Geld“
Religion – Magie
Die Verwirklichung des Messias-Bewusstseins (Das Mysterium der Auferstehung)
Kabbalah (Der Lebensbaum, Spirituelles Licht)
Die Hohe Kunst der Meditation (Die Offenbarungslehre der Hermetik)
Die magische Partnerschaft
Das Mysterium der Sexualmagie
Der Schlüssel zur Heilung (Vegetarismus)
Das Große Werk der Alchemie (Der Stein der Weisen, Das Gold der Alchemisten, Das Große Werk, Die Elemente der Alchemie)
Metaphysik
Karma (Tod und Wiedergeburt)
Die Symbole des Tarot
Astrologie und die Macht der Sterne
Kontakt mit anderen Welten durch Channeling
Einweihung – Das Tor zur Unsterblichkeit (Die Neue Weltordnung, Einweihungsstufen, Der Tod, Portale der Weisheit)
Nachwort
Danksagung
Der Autor Elias Rubenstein
Die Mysterienschule der Rosenkreuzer

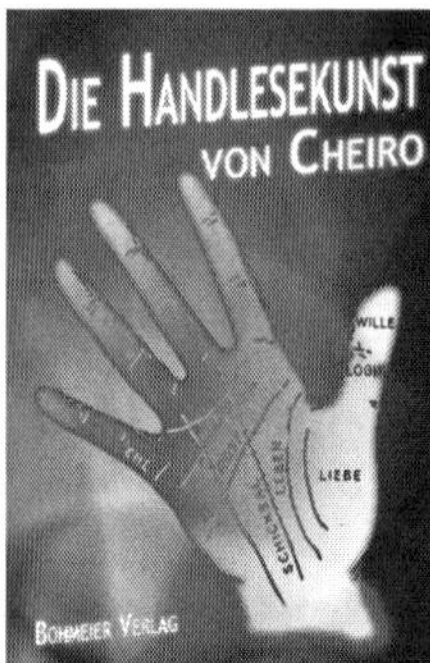
DIE HANDLESEKUNST
VON CHEIRO
BOHMEIER VERLAG

High werden ohne Drogen
Ein Bewusstseinserweiterndes Handbuch
von Frederick E. Dodson
Bohmeier Verlag

KRAFTTIERE
Die unsichtbaren Begleiter
Bohmeier Verlag

Das Geheimnis der Dualseelen,
Seelengefährten und Seelengeschwister
von Sandra Ruzischka
Bohmeier Verlag

Des Teufels Apokryphen
Zu jeder Geschichte gibt es zwei Seiten
von John A. De Vito
Bohmeier Verlag

Sternentore
Die rätselhafte sechste Dimension

Die Entsäuerung des Körpers
in 10 Schritten
Der ultimative Jungbrunnen und Schlankmacher!
Das Säure-Basen-Gleichgewicht
Anleitung zur Ausschwemmung krankmachender Säure
Bohmeier Verlag
von Patrizia Pfister

Die geheimen Botschaften,
Manuskripte und Schätze der Templer
in RENNES - LE - CHATEAU
Die Auflösung des kosmischen Geheimnisses
das bisher nur Eingeweihten vorbehalten war
von Monika Hauf

Das Buch der
Werwölfe
von Sabine Baring-Gould
Bohmeier Verlag

Küchenmagie
von Sor. Conata
Bohmeier Verlag